KB204183

애니 딜라드는 "하루하루를 어떻게 보내느냐에 따라 인생이 결정된다"라는 인상적인 말을 남겼다. 특정한 것만 존재할 뿐이다. 기독교 신앙은 현재에 서 있을 독특한 자리를 우리에게 제공하는데, 이는 구체적 역사로 형성되고 종말론적 성령에 의해 하나님의 미래로 이끌린다. 하지만 제임스 스미스가 보여 주듯이, 우리를 하나님의 시간에 가장 명확하게 자리 잡게 해야 할 그 신앙의 옹호자들이 보잘것없는 모방—'무시간의nowhen' 그리스도인들—에 만족하는 데 그칠 때가 많다. 이 책은 내게 정말로 큰 도움을 주었다. 저자는 내가 시간이라는 주제에 관해 새롭게 생각할 수 있도록 도와주었다. 그의 글에 담긴 정제된 지혜, 폭넓은 철학적 논의, 성경과 전통과 문화의 연결은 나에게 큰 즐거움을 주었다. 참으로 이 책은 우리가 삶이라는 선물을 어떻게 살아가도록 받고 있는지를 깨닫게 해 준 선물이다. 이 책이 우리 삶의 방식, 곧 우리 인생의 시간에 미치는 영향이 이 책을 읽는 데 걸린 시간보다 기하급수적으로 커지길 바라고 기도한다.

저스틴 웰비Justin Welby, 캔터베리 대주교

제임스 스미스는 성경적·철학적·심리적 통찰을 바탕으로 우리 삶을 덧없고 산만한 현재 시제에서 발견할 수 있는 것보다 훨씬 더 큰 놀라운 드라마로 엮어 낸다. 그 과정에서 그는 자신의 과거와 우리의 과거, 그리고 여전히 펼쳐지고 있는 하나님의 구속 사건을 돌아보고 인정함으로써 미래에 대한 희망을 찾는 자신의 이야기를 용기 있게 들려준다.

크레이그 반즈 M. Craig Barnes, 프린스턴신학교 총장

저자는 "모든 삶은 **시간**으로 되어 있고 우리 삶은 수고의 시간이다"라고 말한다. 하지만 그는 시간이 수고 이상임을 우리에게 보여 준다. 시간은 활용되기를 기다리는 선물이며, 이 책의 핵심 신념은 '모든 별의 주'께서 우리의 아름다운 역사에 세밀하게 초점을 맞추고 계신다는 것이다. '영적 시간 지키기'에 관한 이 명쾌하고도 매력적인 묵상에 참여하는 것은, 마치 핑크 플로이드의 〈달의 이면Dark Side of the Moon〉을 배경음악으로 성 아우구스티누스와 구스타보 구티에레스, 제임스 볼드윈, 메릴린 로빈슨이 나누는 생생한 대화에 귀를 기울이는 것과 같았다.

프레드 반슨 Fred Bahnson, 《땅과 성례전》 저자

정체성의 본질에 대격변이 일어나고 있는 시대에, 어떻게 하면 시간 안에서 잘 살아갈 수 있는지를 이야기하는 이 책이 얼마나 필요한지 모르겠다. 저자가 노래 가사와 시, 전도서 본문, 철학자의 생애를 풀어 나가는 동안 귀 기울여 들으면서 도전과 변화와 즐거움을 얻기 바란다.

제이슨 비야시 Jason Byassee, 밴쿠버신학교 교수

시간 안에서
사는 법

시간 안에서 사는 법

과거를 미래를
이해하고 바라보며 지금
충실하게
살아가기

제임스 K. A. 스미스

박세혁 옮김

비아
토르

수 존슨 Sue Johnson 을 추모하며

당신은 언제나 우리를 위해 시간을 내어주었지만
우리는 당신과 너무 짧은 시간밖에 함께하지 못했습니다.

그리스도 안에서 소망을 품는 것은
동시에 역사의 모험을 믿는 것이기도 하다.
　— **구스타보 구티에레스**, 《**해방신학**》

나는 여러분 사이에 앉아서 지켜보고 있습니다.
그리고 가끔씩 나와서 지금이 밤 몇 시인지
여러분에게 말해 줄 것입니다.
　— **소저너 트루스**

그리스도인들은 진리에 서 있다는 이유만으로
역사를 무시할 권리가 전혀 없다.
　— **캘빈 시어벨트**, 《**타락한 세상을 위한 무지개**》

절대적인 것은 모든 시대, 모든 사람에게 주어져 있다.
우리 시대보다 더 거룩한 시대도, 덜 거룩한 시대도 없었다.
　— **애니 딜라드**, 《**당분간**》

이 세상의 너무나도 많은 문제가 기억으로 야기되는데,
우리는 절반만 기억하기 때문이다.
　— **앱슬리 체리 개러드**, 《**돌아오지 않는 여행**》

지금 당신이 구원받기 위해 할 수 있는 일은 당신 자신의 역사를
마주하는 것밖에 없다…당신의 역사는 당신의 과거가 아니라
당신의 현재다.
　— **제임스 볼드윈**

우리는 시간을 앞질러 가서 성인과 의인들하고만
살고 싶어 해서는 안 됩니다.
　— **아우구스티누스**, 서한 **189**

차례

이 책을 어떻게 읽을 것인가?

제가 읽은 제이미(그를 아는 사람들은 그를 이렇게 부릅니다) 스미스의 책 가운데 이 책은 가장 '관조적contemplative'입니다. 이렇게 하라, 저렇게 하라, 이렇게 살면 좋겠다, 저렇게 살면 좋겠다라고 행동을 권하는 말이 없기 때문이 아닙니다. '시간을 기억하라'는 등 많은 권유가 이 책에 들어 있습니다. 제가 '관조적'이라 말하는 까닭은 인생을 시간의 관점에서 지긋이, 거리를 두고서, 그럼에도 자신의 삶과 관련해 바라보면서 이야기하고 있기 때문입니다. 스미스는 온전한 '봄', 곧 '테오리아*theōriā*'를 통해 우주와 하나 되기를 추구한 고대 그리스 전통과 곤고한 때에는 삶을 '라아*raah*', 곧 보고 응시하고 생각하기를 권하는 전도서의 전통에 서서 삶을 이야기하고 있습니다. 그렇기 때문에 이 책을 읽는 분들은 서두르지 말고, 천천히, 이렇게 저렇게 저자와 함께 삶을 돌아보면서 이 책을 읽으면 좋겠습니다. 한자리에 앉아, 한꺼번에 읽을 책은 분명히 아닙니다. 읽고 또 읽고, 되돌아가 또 읽으면서 삶을 생각하고, 삶을 돌아보면서 읽어야 할 책입니다.

　관조적, 관상적 태도를 가지고 시간 속의 삶을 그려 낸다고 해서 스미스의 입장이 관조적 삶 *vita contemplative*과 활동적 삶 *vita active*을 둘로 완전히 분리해서 마치 관조적 삶이 활동적 삶보다 우위에 있는 것처럼 주장하는 것은 아닙니다. 스미스가 말하는 시간과 시간 안에서 살아가는 우리의 삶은 활동하는 일상의 삶과 관계되어 있습니다. 집 짓고, 아이 키우고, 사람들을 만나고, 일하는 삶의 공간에서 일어나는 일들을 스미스는 이야기하고 있습니다. 그가 우리에게 끊임없이 깨우쳐 주고 싶은 삶은 시간 속에서, 시간과 함께, 시간을 따라 변화하는 삶입니다. 시간성이 곧 일상을 살아가는 우리의 존재임을, 그리고 우리는 시간 속에서 삶을 빚어 가는 존재이지만 또한 시간 속에서, 시간을 통하여 빚어져 가는 존재임을 우리가 늘 의식하기를 스미스는 바라고 있습니다. 이 가운데 망각과 상실, 상처와 회복, 기대와 소망이 있고, 관조와 묵상, 반성과 분별이 있습니다. 그러므로 이 책을 제대로 읽으려면 시간으로 우리를 초대하는 스미스의 이야기에 우리가 일상에서 겪은 우리 삶의 이야기를 함께 들고 가야 하겠습니다.

　이 책의 구조와 제이미 스미스가 시간과 역사에 관해 보이고 있는 관점을 미리 이해해 두면 읽기에 도움이 될 수 있겠습니다. 이 책은 크게 세 부분으로 되어 있습니다. 세 부분은 과거와 현재와 미래에 대한 묵상으로 나누어집니다. 아우구스티누스가 《고백록》 11권에서 전개한 시간론이 스미스의 논의에 가장 기본적인 골격을 제공해 주고 있습니다. 아우구스티누스는 과거는 현재의 기억이고, 미래는 현재의 기대이며, 현재는 현재의 직관이라고 보았습니다. 삶을 한편으로는 짐으로, 무거움으로, 마침내는 모든 것이 안개처럼, 연기처럼 사라지는 허무함을 그려 내면서 그럼에도 다른 한편으로는 누리고 즐거워하고 기뻐해야 할 선물로 삶을 누려야 한다는 전도서의 메시지가 책 전체에 깔려 있습니다. 그렇기 때문에 사이에 끼어 있는 전도서 묵상을 충분히 읽고, 몸과 마음으로 공감하고, 제기된 물음을 기억 속에 담은 채, 과거와 현재와 미래에 대한 묵상을 읽어 가면 적어도 큰 줄기를 놓치지 않고 시간 속에 펼쳐지는 삶을 함께 묵상해 갈 수 있을 것입니다.

시간과 역사를 이야기할 때, 그리스와 그 외 다른 지역 전통은 옛것이 다시 돌아오는 것으로 보는 반면 기독교는 창조에서 종말로 직선으로 진행하는 것으로 본다고 통상 말합니다. 시간과 역사를 되돌아옴, 곧 순환으로 보는 관점에서는 모든 일이 반복해서 일어남에 지나지 않는 것이지요. 필연과 우연과 운명이 모든 것을 결정합니다. 니체는 이를 두고 '같은 것의 영원한 돌아옴die ewige Wiederkehr des Gleichen', 좀더 옛날 번역어로는 '동일자의 영겁회귀'라고 표현했습니다. 같은 것이 영원하게 돌고 돈다는 관점입니다. 여기에는 용서와 은혜가 들어설 자리가 없고 새로움이 없습니다. 아우구스티누스는 이런 순환사관을 비판했습니다. 그는 시간과 역사를 하나님의 계획과 창조에서 시작하여 종말과 종말 이후의 새 하늘과 새 땅을 향해 나아가는 과정으로 보았습니다. 순환사관은 좋은 것은 모두 먼 과거, 오랜 옛적에 있습니다. 그러므로 잃어버린 과거에 대한 향수가 있습니다. 이에 반해 시간과 역사를 앞으로 향해 직선으로 흐른다고 보는 관점에서는 미래가 도달해야 할 시점입니다. 그러므로 좋은 것은 미래에 있습니다. 과거와 현재는 미래의 완성을 위해 존재합니다.

스미스가 이 책에서 보여 주는 관점은 무엇일까요? 큰 틀에서 스미스는 아우구스티누스를 따르고 있습니다. 시간은 미래에서 현재로 와서, 다시 과거로 흘러갑니다. 그러므로 과거는 더 이상 있지 않습니다. 우리가 말하는 과거는 이미 지나간 현재의 기억이고, 미래는 아직 오지 않은 현재의 기대입니다. 스미스는 이러한 시간 이해를 수용합니다. 그러나 섬세하게 들여다보면 역시 아우구스티누스에게도 발견되는 '시간의 중첩성'에 대한 의식이 스미스에게서 강하게 나타납니다. 과거에 현재와 미래가 담겨 있고, 현재는 과거를 품고 있고, 미래는 이미 현재 속에 들어 있다는 생각입니다. 시간은 하나님의 창조와 함께 창조되어 앞을 향해 나아가되, 통과한 과거의 시간은 온통 팽개친 채 앞으로 가는 것이 아니라 오히려 망각과 기억 속에, 한편으로는 청산을 하지만 다른 한편으로는 간직한 채, 구르듯이 미래를 향해 나아간다고 봅니다. 여기에는 시간의 구부러짐, 시간의 안으로의 휨이 있습니다. 그러므로 과거를 거쳐 오면서 개인이나 공동체가 남긴 유산도 중요하고 미래가 현재의 삶에 미리 들어와 현재를 형성하는 것도 중요합니다. 스미스는, 이 가운데서 미래를 성령 하나님 안에서 기대하고 소망하며 과거와 현재를 분별하고 깨어 있는 삶을 살아야 한다고 강조합니다.

이 책은 분명 자기 계발서가 아닙니다. 시간을 어떻게 유용하게 사용할지 가르쳐 주는 시간 사용의 매뉴얼도 아닙니다. 그러므로 이 책에서 어떤 정보information를 얻으려고 하는 시도는 (물론 이런저런 정보를 많이 담고 있기는 하나) 이 책을 잘못 읽는 방법일 것입니다. 아니, 이 책은 어떤 방법을 이야기하는 책도 아닙니다. 저자는 시간 안에서 삶을 자신과 함께 관조하고 관상하는 가운데 삶에 변화transformation가 일어나고, 일어난 변화가 한 번의 변화로 그치지 않고 쉬지 않고 삶을 형성formation해 나가기를 원합니다. 이 책은 영적 훈련spiritual exercise을 위한 책으로, 영적 형성spiritual formation을 위한 읽기로 사용하면 분명히 유익이 있을 것입니다. 그러기 위해서는 읽어야 하고, 읽되 생각하면서 읽어야 하고, 물음을 가지고 읽어야 합니다. 자신과 타인, 몸담고 있는 주변 세계와 자연, 낮과 밤, 봄, 여름, 가을, 겨울, 계절의 변화와 변화가 가져오는 색깔들을 응시하며, 그 가운데서 자신과 가족과 친구들과 아직 만나지 못한 사람들을 상상하면서 시간 속에서 펼쳐지는 삶을 그리스도를 믿는 믿음과 소망과 사랑을 가지고서 읽어야 합니다. 덧없이 지나가는 삶이지만 그럼에도 하나님이 선물로 주신 삶을 감사하면서 걸어가는 자신의 모습이 이 가운데서 떠오르는 것을 보게 될 것입니다.

강영안 | 한동대학교 석좌교수

서문

이 책은 우리가 '시간'이라고 부르는 영적 모험을 함께 떠나자
는 초대장이다. 이 책은 시간 안에서 사는 법에 관한 지침을
주겠다고 약속하지만, 당신의 일정표를 관리할 공식이나 방법
이나 비결을 기대하지는 말라. 대신, 이 책이 시간의 흐름 속
에 살고 역사의 강을 헤엄치는 피조물로 살아가는 것이 무엇
을 의미하는지에 대한 각성, 즉 깨달음의 계기를 마련할 수 있
기를 바란다. 우리가 있는 **때**를 안다면 모든 것을 바꿀 수 있
다. 지금이 황혼인지, 새벽인지를 안다면 당신이 다음 순간을
살아가는 방식이 바뀔 것이다.

　　이 책의 목표는 그 자체가 **묵상**의 열매인 **깨달음**을 촉진
하는 것이다. 묵상이라는 고되고도 조용한 일을 마칠 때 우리
는 자신과 세상, 그리고 때가 차매 우리를 만나시는 하나님과
우리의 관계에 관한 새로운 깨달음을 얻게 될 것이다. 철학자
찰스 테일러Charles Taylor의 말처럼, 한 사람이 역사 안에서 성

령과의 관계를 깨달을 때 "그 사람과 그가 행동하는 방식이 바뀐다."[1] 마치 현대 세계의 불협화음 속에서 살아가면서 마침내 역사 안에서 성령의 박자를 분별해 내고 시간 안에서 춤추는 법을 깨우치는 것과 같다.

하지만 성령의 박자를 인식하려면 세심하게 주의를 기울이고 멈추어 새로운 방식으로 세상에 초점을 맞춰야만 한다. 그런 분별은 성찰과 반추와 묵상의 열매다. 이 책은 그런 초점 맞추기 훈련, 우리가 한 번도 묻지 않았던 질문에 대해 반추해 보라는 초대장이다. 나는 당신이 당신 삶을 향한 성령의 부르심에 어떻게 응답해야 하는지를 정확히 규정할 수는 없지만, 테일러의 말처럼 그런 성찰이 우리를 변화시키고 따라서 우리가 살아가는 방식을 변화시키리라고 장담한다.

라이너 마리아 릴케Rainer Maria Rilke의 시 〈고대 아폴로의 토르소Archaic Torso of Apollo〉를 통해 묵상과 행동, 성찰과 변화가 이렇게 연결되어 있음을 느낄 수 있다. 시인은 응시하는 눈조차 없음에도 자신을 바라보고 있는 것처럼 느끼게 만드는, 망가졌지만 아름다운 고대 조각상을 만난다. 살아 있는 듯한 돌덩이 앞에 넋을 잃고 서 있는 화자는 자신을 새롭게 바라본다. 이 만남은 시의 단호한 결론을 끌어낸 깨달음으로 귀결된다. "너는 네 삶을 바꿔야 한다."[2]

이 책은 그런 깨달음을 기대한다. 하지만 이런 깨달음은 파악될 수 있는 주장이나 반복될 수 있는 공식보다는 서서히 밝아 오는 자각에 더 가깝다. 시작하기 전에 독자들에게 전하고 싶은 권면이 있다. 배우러 오기보다는 **살아가기** 위해 오라.

이 책은 앞표지와 뒤표지 사이에 있는 정보의 묶음이 아니다. 정신없이 돌아가는 일상에 정지 버튼을 누르고 늘 급한 일로 쫓기는 삶에 저항하는 방법을 발견해야만, 우리는 역사라는 영적 모험에서 자신의 자리와 소명을 이해하기 시작할 것이다. 바로 그런 이유로 이 책에는 철학과 시, 비망록과 신학이 뒤섞여 있다.

주의를 분산하고 피상성을 선호하는 경향이 있는 사회에서는 특히나 성찰이 어렵다. 이 책이 몇몇 철학자들을 그런 작업의 지침으로 제공한다면, 이는 철학이 언제나 우리가 어떻게 사는지를 성찰해 보도록—소크라테스의 표현처럼 "성찰하는 삶"을 개발하라고—초대하기 때문이다. 나는 이 책이 영적 상담이었던 고대의 철학 방법을 되살려 내기를 바란다. 어떻게 살아야 하는지, 어떻게 인간으로서 존재해야 하는지를 가르쳐 줄 때만 철학은 의미가 있다. 이 책에서 만날 철학자들은 그런 성찰을 위한 촉매제다. 철학이 어렵게 느껴지더라도 걱정하지 마라. 어렵다는 것이 핵심이다(흔히들 말하듯이, 그것은 "버그가 아니라 주요 기능이다"). 속도를 늦추고 자신을 바라보기 위해서 우리에게 어려운 것이 필요할 때도 있다.

속도를 늦추면, 우리가 대개 서두르다가 무엇을 놓치는지 알아차리는 법을 배울 수 있다. 따라서 이 책의 영적 훈련에 중요한 것은 다양한 이미지와 일화, 자연과 예술, 역사에서 시간을 묘사하는 방식, 나 자신의 경험에서 가져온 이야기들이다. 이 모두는 바로 우리 눈앞에 있지만 보이지 않을 때가 너무나도 많은 것에 관해 성찰해 보라는 초대장이다. 이 책이 인상주의 화가의 그림과 같다고 상상해 보자. 중요한 것은 "현실을 그대로 옮기는" 것이 아니다. 우리의 초점을 재구성하여 우리가 현실에 **주목하는 방식**을 바꿔 놓는 것이 중요하다. 그림과 시와 이미지는 우회로나 주의를 분산시키는 것이나 '사례'가 아니다. '핵심'을 파악하기 위해 서둘러서 이런 것들을 지나쳐 가지 말라. 시간을 들여 이미지에 관해 곰곰이 생각해 보는 것이 핵심이다. 시간을 들여 읽기를 즐기고 언어를 탐닉함으로써 우리는 시간 안에서 잘 살아가는 법을 배울 수 있다.

그러니 이제 인정하기와 분별과 소망의 모험을 시작해 보자.

우리는 어느 때에 존재하는가?
시간 지키기의 영적 중요성

이제 있는 것이 옛적에 있었고 장래에 있을 것도 옛적에
있었나니 하나님은 이미 지난 것을 다시 찾으시느니라.
─전도서 3장 15절

그곳 말고는 도움을 구할 곳이 없었을 때, 우울함이 구름처럼
나와 내가 사랑하는 이들을 덮어 버렸을 때, 내가 할 수 있는
일이라고는 분노하면서 마치 안개에서 음파를 탐지하려는 잘
못된 시도처럼 소리 지르는 것밖에 없었을 때, 다 끝내 버리고
싶다는 생각이 너무 잦아졌을 때, 그때 마침내 나는 굴욕감을
느낄 정도는 아니지만 겸손해진 마음으로 상담사를 찾아갔다.
나는 무슨 질문을 해야 할지도 몰랐다.
　처음 했던 활동이 떠오른다. 상담사는 "어린 시절 집을 지
도로 그려 보세요"라고 제안했다. 여러 해가 지난 지금 생각해
보니 그것은 내 위치를 파악하라는 권유, 내가 어디에 와 있는

지를 깨달으라는 권유였다. 나는 길을 잃고 방향감각을 잃어 버렸다. 지도 그리기 활동은 마치 눈이 먼 나에게 깜깜한 집 안에서 움직이듯이 더듬어서 주요 지형물을 찾아가 보라는 권 유였다.

내가 어렸을 때 오랫동안 건축가를 꿈꿨다는 것을 그는 몰랐을 것이다. 지도를 그리려고 연필을 집어 들기만 했는데 근육의 기억이 금세 되돌아왔다. 자전거 타기처럼 고등학교 제도 수업에서 배운 내용이 손으로 되돌아왔다. 나는 문과 창 문을 표시하는 법, 심지어는 완벽하고 단순한 화살표로 용적 을 표시하는 법까지 즉시 기억해 냈다. 나는 통제권과 자신감 을 회복하고 있다. "내가 해 봐서 알지"라고 생각하고 있다.

하지만 지금 내 영혼은 우리 가족이 산산이 부서졌던 스 네이크 트레일 로드Snake Trail Road의 그 주택으로 돌아와 있다. 아버지가 자동차를 개조하고 설상차를 수리하던 큰 차고가 있 다. 계단 아래 합판으로 마감되어 있고 작은 창문이 나 있는 지하실에는, 내가 열한 살 때 아버지 때문에 두려움을 느꼈던 방이 있다. 거실에는 바와 8트랙 전축 옆에 파란 꽃무늬 소파 가 있다. 거기서 부모님은 우리에게 다 끝이 나서 우리—어머 니와 형과 나—가 떠날 것이라고 말씀하셨다. 위층에는 원래 우리 방이었지만 이제는 아버지 정부의 자녀들이 차지한 침실 이 있다. 우리가 그곳에 있었다는 표시는 다 지워져 버렸다.

데이비드 패리어David Farrier는 "모든 집에는 추억이 있다" 라고 말한다. "모든 집은 시계다."[1] 나는 집을 그리고 있지만 역사 속으로 들어간다. 이것은 지도 제작처럼 보이지만 사실은 고고학이다. 모든 집이 시계라면 이 평면도는 연대표다. 이 것은 온타리오주 남부 비포장도로 위 '어딘가에' 있는 구조물 이 아니다. 내 안에 있는 집이다. 내가 주머니에 넣고 다니는 시계가 아니라 30년 동안 내 영혼에서 똑딱거리고 있는 시한 폭탄인 셈이다.

나는 눈을 감고도 이 집을 그릴 수 있다. 지도에 모든 창 문턱을 표시하고, 옷장을 그리고, 가구를 배치하고, 움푹 꺼진 거실로 빛이 비치는 모습을 떠올린다. 밖으로 나가 마당까지 지도에 그린다. 정원 옆에 모래 상자가 있고, 모래가 흘러 들 어가는 거대한 언덕은 우리가 나무 썰매를 타기에 안성맞춤인 곳이었다. 옥수수밭을 따라, 우리가 시간 가는 줄 모르고 요새 를 세웠던 숲으로 향하는 길이 있다. 흥미로운 모래 '사장'이 있는 머드 크릭Mud Creek이 있다. 거기서 나는 친구들과 미녀 삼총사Charlie's Angels 중에 누가 제일 예쁜지 이야기했다. 이것 은 내 어린 시절의 일부였던 꿈의 구장을 그린 지도다.

❅ ❅ ❅

흔히 우리는 방향감각 상실disorientation을 위치감각 상실, 즉 자신이 **어디에** 있는지 혼란스러워하는 것이라고 생각한다. 영 화에 자주 등장하는 상투적인 장면을 떠올려 보라. 누군가가 심각한 부상에서 깨어나 "여기가 어디예요?"라고 묻는다. 하 지만 시간의 방향감각 상실도 있을 수 있다. 햄릿의 말처럼 "시간의 이음매가 어긋나 있을" 때 우리는 혼란스러워한다. 어 느 날 아침 낯설고 몽롱한 상태로 깨어난 당신은 오늘이 몇 일인지 기억해 내는 데 시간이 좀 걸린다. 얼마나 오래 걸리는지에 따라 이 시간의 현기증으로부터 불안이 발생하기도 한다. 기시감이라는 작은 문제나 집으로 다시 돌아가는 시간 왜곡 time warp처럼 다양한 방식으로 시간에 의한 방향감각 상실을 경험할 수 있다. 시간적 방향감각 상실이 근본 문제인 상황에서 우리는 자꾸만 공간에 관한 질문을 던지곤 한다. 그 이른 아침에 시간의 혼란을 경험할 때 나는 "여기가 어디지?"라고 자문할 것이다. 하지만 말로 표현되지 않은 진짜 질문은 (문법적으로는 이상하지만) "여기가 **언제**지?"일 것이다.

이제 다른 종류의 방향감각 상실에 대해 생각해 보자. 아내 손에 들린 지도보다 자신의 방향감각을 더 확신하여 엉뚱한 방향으로 당당하게 나아가는 전형적인 아버지처럼, 자신의 위치를 정확히 안다고 확신에 차 있기 때문에 길을 잃은 것조차도 깨닫지 못하는 사람이 있다. 혹은 더 무시무시한 이미지를 떠올리자면, 자신의 방향감각을 잘못 확신하여 무의미한 죽음을 자초한 〈밴드 오브 브라더스 Band of Brothers〉의 다이크 중위는 어떤가. 이런 방향감각 상실은 순진함 때문이든 교만 때문이든 자신이 누구보다도 낫다는 망상, 특히 아무것도 고칠 필요가 없다고 여기는 망상에서 기인한다.

이렇게 인식하지 못하는 방향감각 상실과 유사한 일종의 **시간적** 혼란이 존재한다. 내가 염두에 두고 있는 것은, 논란과 역사의 영향력에서 자유로우며 시간의 파도에 잠기고 부딪치기보다는 시간의 파도를 타고 있다는 망상으로 매장되고 은폐되었기에 인식하지 못하는 일종의 시간감각 상실이다. 이러한 시간감각 상실은 '어떤 시간 안에도 있지 않다nowhen'(이후로 이 책에서는 '시간 없음', '무시간'이라는 번역어로 표현하기로 한다—역주)라는 망상, 시간의 제약을 받지 않는다는 망상에서 기인한다.[2] 어떤 시간 안에서도 살고 있지 않다고 상상하는 이들은 자신이 무시간적 원리와 변함없는 신념에 전적으로 지배받고 있다고 상상하며, 자신이 역사로 더럽혀지지 않은 영원한 관념에 전적으로 지배받고 있다고 전제하는 관념론을 드러낸다. 그들은 자신의 무의식 가운데 있는 역사의 침전물을 잊어버리고 있다. 그들은 자신의 영혼에 있는 고고학적 층위를 살펴본 적이 없다. 그들은 태어나지 않고 알에서 부화된 것처럼, 과정을 거쳐 형성되지 않고 무에서 창조된 것처럼 살아간다. 그들은 자신을 형성한 집이 시계라는 것을 깨닫지 못한다. 똑딱거리는 소리를 들을 수 없다. 이러한 영원한 시간 없음이 지배할 때 시간은 중요하지 않다.

기독교의 너무나도 많은 부분과 너무나도 많은 그리스도인(또한 적지 않은 미국인)이 이런 시간적 망상이라는 특징을 드러낸다.

❊ ❊ ❊

외상이나 질병, 유전으로 인간의 소뇌가 손상되거나 아플 때 시간을 가늠하지 못하는 **시간측정이상**dyschronometria이라는 흥미로운 상태가 발생할 수 있다. 시간측정이상을 겪는 사람들은 신뢰할 만한 내부의 시계가 없기 때문에 시간의 안개 속에서 길을 잃게 된다. 이들에게는 시간이 경과한다는 감각, 즉 하루 동안 우리를 안내하는 심리적 똑딱거림이 없다. 1분이 한 시간처럼 느껴지고 시간은 흐릿하게 번진다.

이처럼 왜곡된 시간감각을 눈치채지 못할 수도 있지만, 이는 위험하고 사람을 무력하게 만들 수도 있다. 예를 들어, 시간측정이상 증세를 보이는 치매 환자는 이미 약을 먹었다는 사실을 인지하지 못해서 다시 약을 먹는다. 뇌에 외상을 입은 부모는 시간감각을 상실하여 학교에서 자녀를 데려와야 한다는 것을 계속 잊어버릴 수 있다. 시간측정이상을 겪는 사람의 시간적 삶에는 질감이 전혀 없다. 구름 낀 하늘 아래 평평한 겨울 평원처럼, 시간은 잔물결이나 그림자가 없는 광활한 공간과 같다. 아무것도 구별되지 않는다.

현대의 수많은 그리스도인이 영적 시간측정이상 증세를 겪고 있다. 시간을 가늠하지 못하며 지금이 어떤 때인지 지각하지 못한다. 너무 많은 현대의 그리스도인이 역사를 메마르고 질감이 없는 풍경으로만 볼 뿐이다. 이를 시간의 색맹으로 생각할 수도 있겠다. 역사의 미묘한 차이와 역동성을 이해하지 못하는 증상이다. 우리는 특정한 **때**가 왜 중요한지를 분별하지 못한다. 우리가 어느 정도까지 과거의 산물인지 이해하지 못하며, 그 결과 현재에 대해 순진한 태도를 갖게 된다. 뿐만 아니라 약속된 미래에 비추어 시간을 가늠하는 법을 알지 못하며, 그 결과 소망의 자세를 길러 내기보다는 '종말'에 집착한다.

이러한 시간적 음치는 현대 기독교의 너무나도 많은 부분을 특징짓는 무시간 관점의 특징이다. 우리는 성경의 사상이 어디에서나, 모든 곳에서 동일한 방식으로 도입될 수 있는 무시간적 공식이라고 생각한다. 우리는 오늘도, 어제도, 영원히 동일하신 하나님께 우리 자신을 마땅히 의탁해야 하지만, 그것이 곧 신실함이 어떤 모습인지에 대한 천편일률적 접근 방식으로 전환된다고 착각한다. 우리 자신이 지리적·역사적·시간적으로 자리 잡고 있다는 사실locatedness을 깨닫지 못한다. 아이로니컬하게도 시간과 역사에 집착하는 듯 보이는 기독교 분파들조차도 자신들이 하나님의 눈으로 모든 것을 바라볼 수 있는 능력을 부여받았기에 시간과 역사를 초월한다고 믿는, 무시간의 신앙을 표현한다.

십대 후반에 처음 그리스도인이 되었을 때 나는 지금 우리가 '세대주의dispensationalism'라고 부르는 것을 고안해 낸 종파를 통해 신앙을 갖게 되었다. 세대주의는 19세기에 등장한 성경 해석 방법으로서 종말에 비추어 역사를 읽어 내는 데 집착한다. 존 넬슨 다비John Nelson Darby, 찰스 스코필드Charles Scofield 같은 이들은 모든 사람에게 휴거를 고대하게 하고 남겨질 것에 대해 걱정하게 만드는 그들의 흥미로운(또한 혁신적인) 성경 해석을 통해 역사의 시대 혹은 '세대dispensations'를 구별했다. 열심히 성경을 공부하는 학생이었던 나는 역사와 미래에 관한 이 은밀한 내부자 지식을 전적으로 수용했다. 나는 이 모든 것이 온타리오주 태비스톡의 작은 예배당 지하실을 압도했던 시각 자료에 구체화된 것처럼 느꼈다. 성경 공부를 할 때마다 벽을 가득 채울 정도로 거대한 클레런스 라킨Clarence Larkin의 유명한 도표가 그 방을 압도했다. 이 도표는 (라킨에 따르면 "7,000년"에 이르는) 인간 역사 전체를 도식화할 뿐만 아니라 장차 무슨 일이 일어날지도 묘사했다.

창조세계의 역사를 도식화한 그림처럼 라킨은 두 영원의 괄호 사이에 존재하는 시간 전체를 극적인 방식으로 도표로 묘사한다. 거의 역사 전체를 긴 타락의 시간으로 간주한다. 미래는 시간으로부터의 도피를 약속한다. 나머지는 카운트다운일 뿐이다. (내가 회심할 당시에는 "1988년에 휴거가 임하는 88가지 이유"를 설명하는 전도지가 있었다.)

한편으로, 이것은 역사에 매혹된 기독교의 한 형태처럼 **보인다**. 하지만 사실 도표와 예측은 스스로 역사 **위에** 존재한다고 믿는 기독교를 나타낸다. 역사는 유감스럽고도 고단한 기다림, 반복되는 타락, 점점 다가오는 멸망일 뿐이다. 사도들의 죽음으로부터 존 넬슨 다비가 중대한 통찰을 얻게 된 1928년까지의 기간을 포함해 역사의 많은 부분은 성령께서 부재하신 환멸과 미신, 기만의 시대일 뿐이다. 세대주의는 역사를 분별하기보다는 역사를 대체로 악마화하는 무시간의 기독교다.

신실함을 우선시하는 가장에도 불구하고 무시간적 기독교의 시간측정이상은 사실상 현재에 신실하지 **않은** 반응을 만들어 낸다. 한 가지 두드러진 예를 들어 보자. 경찰이 유독 흑인 미국인들에게 조직적인 폭력을 빈번히 가하는 상황에서 "흑인의 생명도 소중하다Black Lives Matter"라는 정당한 주장을 내건 운동이 거세졌다. 분명하고 특수한 억압과 착취의 역사, 결코 과거라고 할 수 없는 역사 때문에 이런 주장이 꼭 필요했다. 이에 맞서 수많은 백인 그리스도인은 갑자기 보편적인 인간 연대를 주장하고 나섰고, "흑인의 생명도 소중하다"라는 항의가 선택적이거나 협소하다고 말하면서 이에 맞서 "모든 생명이 소중하다"라고 주장했다. "모든 생명이 소중하다"라고 주장하는 사람들은 이러한 보편적 원칙에 선택적으로 관심을 기울임에도 불구하고 스스로 영원한 관념과 이상을 진술하고 있다고 생각했다.

하지만 문제는 그저 무엇이 옳으냐가 아니다. 문제는 **지금**, 이 특수한 역사를 고려할 때 이 장소와 이 순간에 무엇을 말하고 행할 필요가 있느냐다. "흑인의 생명도 소중하다"에 대응하여 "모든 생명이 소중하다"라고 주장하는 것은 원칙적으로가 아니라 **시간적으로** 틀렸다. 이런 주장은 "흑인의 생명도 소중하다"가 우리를 이곳으로 이끈 특수한 (우연적인) 역사 때문에 여기서 **그리고 지금** 말해야만 하는 무언가임을 깨닫지 못하고 있다. 이런 상황에서 "모든 생명이 소중하다"라는 이상적이고 무시간적인 진리를 주장하는 것은 수행적으로 틀렸다. 그것은 신중함이 부족하며, 여기서 지금이라는 **이** 시간에 해야 할 신실한 증언이 아니다. 신실함이 어떤 모습일지를 분별하고자 할 때 가장 중요한 요소는 우리의 (공유된) 역사다.[3]

이것은 올바른 **시간적** 영성이 갖는 집단적—사회적·정치적—함의의 한 예일 뿐이다. 개인적 제자도에 갖는 함의도 있다. 예를 들어, 시간을 평평하다고 취급하는 무시간의 기독교는 다른 인생 주기에 있는 사람들을 섬기는 목회적 섬세함과 미묘한 차이를 결여하고 있다. 자신의 영성 생활에서든, 평생에 걸친 결혼의 여정에서든, **삶의 주기**라는 현실을 인식함으로써 놀라운 해방을 경험할 수 있다. 그것이 우리의 기대를 바꾸어 놓을 뿐만 아니라, 하나님의 은혜를 삶의 다양한 시기에 다양한 방식으로 받아들일 수 있도록 우리를 조율해 주기 때문이다. 시간과 역사의 영적 동학은 공동체적인 동시에 개별적이며, 개인적인 동시에 정치적이다. 내가 자신의 역사를 마주하는 것처럼 우리는 **우리의** 역사에 주의를 기울여야 한다. 인정하기와 소망은 영혼과 사회 모두에 적용된다.

❊ ❊ ❊

영적 시간측정이상과 무시간의 기독교라는 허구에 맞서기 위해서는 시간에 대한 새로운 자각, 즉 역사의 질감과 삶의 곡절, 성령의 템포에 맞춰 조율된 영적 시간 지키기가 필요하다.

이러한 영적 시간 지키기는 시계의 똑딱거림이나 달력의 날짜 지우기처럼 단순한 시간 세기가 아니다. "우리의 날을 세는"(시 90:12, 새번역) 것은 그저 날짜를 확인할 수 없을 때 하루가 가기 전에 급하게 벽에 표시하듯 카운트다운을 하는 것이 아니다. 오히려 우리가 언제에 있는지를 알고, 시간과 역사에 맞춰 방향을 설정함으로써 우리의 방향감각을 찾으라는 권고다. 우리는 유한한 존재인데, 이는 우리가 죽기 때문이기도 하지만 우리가 시간 안에서 살아갈 수밖에 없는 피조물이기 때문이다. 죽는 존재란 시간 안의 존재라는 의미다.

영적 시간 지키기는 근본적으로, 우리가 역사 안에 자리 잡고 있음embeddedness을 자각하고—개인적으로 또한 공동체적으로—우리의 시간성에 주의를 기울이는 것에 관한 문제다. 그것은 우리를 지은 집의 지도를 그리는 활동이다. 시간이 란 무엇인가라는 신비를 해결하는 문제라기보다는 어떻게 시 간이 역사인 동시에 미래로서 우리를 형성하는지를 분별하는 문제. 아우구스티누스는 "주님, 내가 아직도 시간이 무엇인 지를 알지 못함을 주님께 고백합니다. 주님, 또한 내가 이렇게 말할 때 나 자신이 시간에 의해 제한되고 있음을 안다고 주님 께 고백합니다"라고 인정했다.[4] 무시간의 기독교는 바로 이러 한 **제한**을 인정하지 않는다. 여기서 우리의 관심을 끄는 것은 이러한 제한이 영적으로 의미하는 바다.

피조물인 모든 제자는 시간적 존재이며, 신실함이 어떠한 모습인지를 분별하기 위해서 우리가 시간과 역사 안에 자리 잡고 있음을 분별하는 것이 필수적이다. 개인적으로도, 공동 체적으로도 우리는 우연한 역사의 산물이다. 우리 정체성은 우리가 걸어간 길과 걸어가지 않은 길과 밀접하게 얽혀 있다. 나이테로 먼 과거에 일어난 산불과 가뭄의 이야기를 들려주는 나무처럼, 우리의 성격과 능력은 자신의 이야기를 이루는 개 인의 역사뿐만 아니라 우리보다 훨씬 먼저 일어난 역사들을 반영한다. 신실한 그리스도인의 삶은 성령께 시간을 맞춰 살 아가는 삶이다. 하지만 성령께서 우리에게 요구하시는 바는 언제나 역사, 곧 우리 자신의 역사뿐만 아니라 우리가 속한 교 회와 사회들의 역사를 반영한다. 제자도의 근본적인 물음 중 하나는 "우리가 **지금** 무엇을 하는가?"다.

우리는 마치 시간이 지혜롭게 써야 할 또 다른 상품이기 라도 한 것처럼 당신의 시간을 영적으로 어떻게 써야 하는지에 관해 이야기하는 것이 아니다. 예를 들어, 성무일도서book of hours는 아주 오래된 경건 활동의 수단이며, 예전력liturgical calendar은 교회를 위한 중요한 공동체적 훈련이다. 하지만 당신이 손에 들고 있는 이 책은 정해진 시간에 드리는 기도나 영적 시간 관리에 관한 책이 아니다. 이 책의 목적은 당신의 시간성, **우리의** 시간성이 어떤 의미인지 깨닫기를—역사가 당신 안에 살고 있음을, 우리가 역사 안에 살고 역사가 우리 안에 살고 있음을, 미래성futurity이 우리를 끌어당기고 형성하고 있음을 깨닫기를—촉구하는 것이다. 이것은 달력의 영적 의미를 이해하는 것처럼 단순하지 않으며, 오히려 당신보다 먼저 일어났으며 당신 안에 살고 있고 당신이 부름받고 있는 미래를 빚어내는 역사의 영적 반향을 분별하는 일이다.

시간과 역사와 미래성의 영적 의미를 마주하는 것은 '관리'와 정반대라고 할 수 있다. 오히려 혼란에 자발적으로 노출되어 자신을 유령에 취약하게 만드는 태도와 더 비슷하다. 역사의 영적 의미와 마주하는 것은 유령과 씨름하는 것과 같다. 우리에게 필요한 것은 시간 관리를 도와줄 코치가 아니다. 우리가 우리의 역사(와 미래)들을 마주하게 해 줄 예언자들이 필요하다. 제임스 볼드윈James Baldwin만큼 이러한 역사적 심판의 영적 의미를 잘 아는 사람은 없었다. 그는 1965년 〈에보니Ebony〉에 기고하여 독자들의 신경을 거슬리게 했던 에세이에서 이렇게 말했다.

백인이여, 내 말을 들으라! 거의 아무도 모르는 것처럼 보이지만, 역사는 단순한 읽을거리가 아니다. 역사는 단지 과거만을 가리키지 않으며, 심지어는 주로 과거를 가리키는 것도 아니다. 그와 반대로 역사의 큰 힘은 우리가 그것을 우리 안에 담고 있다는 사실에서 나온다.…그리고 사람들은 큰 고통과 두려움 속에서 이를 깨닫기 시작한다.…큰 고통과 두려움을 느끼는 이유는…자신이라는 그 역사적 피조물과의 싸움을 시작하고 더 인간적이며 더 자유롭게 하는 원칙에 따라 자신을 재창조하려고 노력하기 때문이다.[5]

볼드윈이 인류의 집단적 역사에 관해 말하는 바는 우리 개인의 역사에도 똑같이 적용된다. 상담사를 만나서 내가 그렸던 지도는 고통스러운 작업, 즉 나 자신, 그 공간에 의해, 더 중요한 의미에서는 그 공간 안에서 내가 보낸 시간에 의해 만들어진 '자신'과 마주하기 위해 내가 해야만 했던 일의 출발점이었다. 볼드윈의 말처럼 나의 '나'는 여러 층의 퇴적물, 형성의 층위들, 내 역사 안의 상처라는 그을린 선들을 가지고 있는 "역사적 피조물"이다. 내가 **언제에** 있는지 알 때까지 나는 내가 누구인지 알 수 없을 것이다. 하지만 이렇게 나를 마주하는 가슴이 찢어지는 듯한 작업은 볼드윈의 말처럼 새로운 미래를 여는 시작이자 해방이기도 하다.

예수님은 우리가 "거듭날" 수 있다는 것이 은혜의 기적이라고 말씀하셨다(요 3:3). 이것이 기적인 이유는 우리가 새롭게 태어나 백지상태로 돌아가는 것이 아니라는 사실 때문이기도 하다. 니고데모는 이해하지 못한다. 그는 시계를 되감아서 다시 태어나는 것밖에 상상하지 못한다("사람이 늙으면 어떻게 날 수 있사옵나이까?" 요 3:4). 예수님은 그에게 생각할 수 없는 것을 생각해 보라고 권하신다. 즉, 이 **나**, 이 역사적 피조물이 다시 태어날 수 있고 다시 시작할 수 있다고 생각해 보라고 말씀하신다. 이는 하나님이 역사를 지워 버리시지 않기 때문이다. 역사를 지운다는 것은 나, 즉 역사적 피조물인 이 '나'를 지운다는 의미일 것이다. 니고데모를 당혹스럽게 했으며 우리를 깜짝 놀라게 해야 할 기적은, 은혜의 하나님이 나―이 역사적 피조물―조차 속량하시고, 내 안에 살고 있으며 그 **자체**가 나인 이 역사로부터 다시 시작하실 수 있다는 것이다. 부활하는 것은 상처를 지닌 몸이다. 구속되고 용서받고 은혜를 입고 해방되는 것은 역사를 지닌 나다.

다른 미래가 가능하기 위해서는 우리의 역사를 지닌 **우리**도 역사의 우연성과 선택, 불의에 의해 창조된 우리 자신을 영적으로 마주하는 똑같은 일을 해야 한다. 당신의 '우리'를 고르라. 그것은 회중일 수도 있고 동네일 수도 있고 기관일 수도 있다. 교회, 사회, 국가 같은 더 큰 집합체일 수도 있다. 볼드윈의 통찰은 여전히 유효하다. 이 모든 집합체는 역사적 피조물이며, 미래가 달라지려면―은혜가 이러한 역사의 베헤못에 가닿기 위해서는―그 역사를 마주하는 고통스러운 작업만이 다른 미래를 낳는 유일한 방법이다. 이것은 역사 애호가가 역사 채널에서 방영하는 제2차 세계대전 프로그램에 흥미를 느끼듯이 단순히 오래된 것에 매혹되는 문제가 아니다. 현재의 삶과 죽음의 문제다. 우리의 과거에 관한 문제가 아니라, **현재**

와 **미래**의 우리가 어떤 존재인지에 관한 문제다. 다시 한번 볼드윈은 이 필요성을 이렇게 설명한다.

> 지금 당신이 구원받기 위해 할 수 있는 일은 당신의 역사를 마주하는 것밖에 없다.⋯ 당신의 역사는 당신의 과거가 아니라 당신의 현재다. 아무도 과거에 일어난 일에 관심이 없다. 사람들은 과거에 무슨 일이 있었는지 신경 쏠 여유가 없다. 하지만 당신의 과거가 당신을 이 순간으로 이끌었으며, 당신은 당신의 역사라는 이름으로 당신이 무엇을 하고 있는지 살펴봄으로써만 당신 자신을 바꾸고 구원하기 시작할 수 있다.[6]

나는 볼드윈의 말처럼 역사와 마주한다고 하더라도 그것이 우리 자신을 "구원할" 수 있다고 확신하지 않는다. 하지만 구원을 받고자 한다면 우리는 반드시 우리의 역사를 받아들이면서 두려움과 떨림으로 우리의 구원을 이루어 가야 한다.

❊ ❊ ❊

우리의 역사와 영적으로 마주하는 작업은 내가 "영적 시간 지키기"라고 부르는 훈련을 통해 습득한 시간에 대한 자각에서 매우 중요한 일부다(일부일 뿐이기는 하지만). 우리의 시간측정 이상에 대한 처방은 시간에 대한 새로운 의식, 역사에 대한 의식적 존중, 시간의 흐름에 의한 피조물이자 시간의 흐름 안에 있는 피조물, 즉 역사의 축적과 미래라는 해안으로 우리를 밀어

내는 끊임없는 파도가 만들어 낸 피조물로 살아가는 것이 무엇을 뜻하는지에 대한 자각이다.

영적 시간 지키기를 우리가 죽을 수밖에 없음을 기억하는 memento mori 영적 훈련의 확장판, 즉 죽음을 우리 앞에 두는 습관을 기르기 위한 훈련이라고 생각해 볼 수 있다. 그리스도인들은 스토아주의자들의 이러한 실천을 전유하여 거기에 시편과 재 냄새를 더했다. 그래서 성 베네딕토 St. Benedict는 자신이 작성한 규칙에서 이렇게 조언한다. "날마다 죽음을 당신 눈앞에 두라."7

플랑드르의 바로크 화가 필립 드 상파뉴 Philippe de Champaigne(그가 그린 성 아우구스티누스 초상화가 로스앤젤레스 카운티 미술관에 걸려 있다)는 17세기에 베네딕토의 이러한 조언을 환기하는 유명한 그림을 그렸다. 이 작품의 제목은 〈허무 Vanité〉인데, 영어로는 〈해골이 있는 정물 Still Life with a Skull〉로 알려져 있다. 세 폭 제단화 triptych와 비슷한 이미지다. 가운데에 텅 빈 눈으로 노려보는 해골이 있고, 왼쪽에는 이미 뽑혀서 죽어 가는 튤립이 생기를 빛내며, 오른쪽에는 시간의 흐름을 보여 주는 모래시계가 있다. 당신의 날을 계수하라. 죽음을 당신 앞에 두라.

죽을 수밖에 없음을 기억하라는 말과 같은 취지로, 이 책이 시간을 기억하는 memento tempori 훈련을 하라는 초대장이라고 생각해 보라. 당신이 시간적 존재임을 기억하라. 날마다 당신의 역사를 당신 앞에 두라. 모래가 다 내려가면 미래가 있으며, 그 미래가 이미 당신의 현재로 스며들고 있음을 기억하라. '둠 스피로 스페로 Dum spiro spero.' 숨 쉬는 한 나는 소망한다.

필립 드 샹파뉴, 〈허무〉
1671, 프랑스 테세 미술관 소장

우리는 이러한 시간에 대한 자각을 길러 내야 한다. 들판에 있는 나무에 오른 아이가 지평선이 넓어지고 세상이 확장되는 것을 경험하듯이, 시간에 대한 새로워진 의식은 하나님의 이야기—독일 신학자들이 우리가 곱씹어 볼 수 있는 탁월한 단어를 제시하며 구속사Heilsgeschichte, '거룩한 역사'라고 즐겨 불렀던 것, 즉 구원의 드라마로서 펼쳐지는 역사—안에서 우리가 서 있는 장소에 대한 감각을 변화시킨다. 이 책의 각 장은 시간에 대한 자각, 성령께서 어떻게 시간을 통과해 나아가시는지를 바라보는 새로운 관점을 길러 내는 훈련이다.

❈   ❈   ❈

우리는 기독교의 핵심에 가르침이나 메시지, 심지어는 교리가 아니라 **사건**이 자리 잡고 있음을 기억해야 한다. 하나님의 자기 계시는 시간 안에서 펼쳐지며, 구속은 **일어나는** 바에 의해 성취된다.

신학자들보다는 철학자들이 이 진리를 나에게 깊이 각인시켰다. 이 점에서 첫 번째 촉매였던 사람은 아마도 덴마크 철학자 쇠렌 키르케고르Søren Kierkegaard였을 것이다. 짧은 책《철학적 단편Philosophical Fragments》에서 키르케고르는 기독교가 시간에 독특한 의미를 부여하는 이유를 설명한다. 그는 기독교의 시간 이해와, 그가 플라톤의 스승 이름을 따라 소크라테스 모형이라고 부르는 것을 대조한다. 소크라테스는 무시간으로부터의 관점, 즉 결국 시간은 그다지 중요하지 않다는 관념론적 시간관을 주창한 사람이라고 말할 수 있다. 소크라테스는 일

어나는 바가 사실은 아무것도 바꾸지 못한다고 생각했다. 내가 '깨닫게' 될 때조차도, 내가 진리를 알게 될 때조차도 나는 이미 알고 있는 바를 회상하는 것뿐이라고 그는 말한다. 시간은 아무 영향도 미치지 못한다. 목표는 시간을 **극복하여** 영원에 이르는 것이다.

이와 대조적으로 기독교의 시간 이해에서 계시의 순간─과 내가 그러한 계시와 마주하는 순간─은 모든 것을 변화시키는 결정적 '순간'이라고 키르케고르는 말한다. 무언가가 시간 안에서 **바뀌며**, 이 변화는 중대하다. 어둠에서 빛으로(엡 5:8), 죽음에서 삶으로(엡 2:4-5), 비존재에서 존재로(고전 1:28) 옮겨 간다. 의미로 가득 차 있는 그 순간은 우주를 위한 전환점이다. 역사는 중요하다. 일어나는 일은 중요하다. 시간 안의 어느 지점에서 내가 영원하신 하나님이 때가 차서 인간이 되셨다는 신비와 마주할 때, "시간 안의 그 순간은 너무나도 결정적인 의미를 갖게 되고, 그 결과 나는 시간 안에서든 영원에서든 그것을 한순간도 잊을 수 없을 것이다. 왜냐하면 그 순간 전에는 존재하지 않았던 영원한 것이 존재하게 되었기 때문이다."[8] 시간과 역사는 마치 누구나 다 아는 비밀을 시치미를 떼면서 밝히듯 무시간적 진리를 펼쳐 보이기 위한 거짓 무대에 불과하지 않다. 오히려 시간과 영원이 교차하는 바로 그 지점에서 진리가 태어난다. 이는 두 요소가 모두 필요한 화학 반응과 비슷하다. 한순간, '눈 깜짝할 사이에' 일어날 수도 있지만, 결정적으로 중요한 것은 바로 그 **일어남**이다. 키르케고르는 계속해서 이렇게 말한다. "이런 순간은 독특하다. 물론 그 순간은 짧고 일시적이다. 그 순간이 존재하는 동안 그것은 지나가고 있으며, 그다음 순간에는 이미 지나가고 없다. 하지만 그것은 결정적이며 영원한 것으로 가득 차 있다. 이런 순간에는 특별한 이름이 필요하다. 그것을 **시간의 충만함**이라고 부르자."9 이렇게 시간과 영원이 교차하는 전형적인 예는 그리스도 안에서 하나님이 성육신하신 사건, 인간 역사의 지렛대에 해당하는 순간이다. 시간과 영원의 교차는 둘 모두에 영향을 미친다. 우리는 역사에서 성령의 움직임이 남긴 비행운飛行雲을 본다.

내가 가장 좋아하는 20세기 철학자 중 한 사람인 부스마 O. K. Bouwsma는 키르케고르에게 깊이 영향을 받았다. "기독교는 이론이나 설명이나 일군의 교리가 아니라 일어난 무언가"라고 강조하는 부스마의 간결하고 아름다운 글을 통해 이런 영향력을 확인할 수 있다. 기독교는 근본적으로 "일어난 일"이기 때문에 이야기를 통해서만 그것을 제대로 이해할 수 있다.

지금 내가 가리키는 이야기는 길고 긴 이야기이며, 일어난 일은 길고도 길게 일어난 일임을 우리 모두가 알고 있다. 일어난 일은 수 세기에 걸쳐 일어난 일이며, 이야기는 헤아릴 수 없이 많은 일화로 이루어져 있다. 이것은 속편을 통해 무기한으로 계속되는 이야기다.10

실제로 부스마는 그리스도인들이 이 이야기를 "사랑 이야기"로 보아야 한다고 주장한다. 또한 그들이 이 이야기를 자신에 관한 이야기, 특히 그들의 자기 이해를 변화시켜서 그들을 변화시키는 이야기로 보는 한 그들이 "아직 기록되지 않은 계속되는 이야기 속 등장인물이 된다"라고 주장한다.[11] 그리스도인이 된다는 것은 이러한 일어남 안에서 살아가는 것이다.

1927년에 키르케고르의 연구자이자 아직은 알려지지 않은 젊은 독일 철학자였던 마르틴 하이데거Martin Heidegger가 마르부르크에 있는 대학에서 신학자들을 대상으로 강연을 했다.[12] 하이데거는 신학의 본질과 소명에 관해 고찰하면서 놀랍게도 신학의 '주제'가 하나님이 아니라 그가 "그리스도인 됨Christlichkeit", 곧 그리스도인의 실존 **방식**이라고 부른 것이라고 강조했다. 그는 신학이 신앙의 참된 본질을 반영해야 하며, 이는 "다소간 수정된 앎의 방식"이 아니라 "그리스도, 십자가에 달려 죽으신 하나님"을 통해 드러난 계시 사건에 믿음으로 가득 찬 방식으로 반응하는 법이라고 강조했다. 믿음은 **어떻게**, 더 구체적으로는 하나의 **사건**에 비추어 살아가는 방식이다. 믿음, 곧 '거듭남'이라고 불리는 실존적 변화는 그리스도-**사건**에 참여하는 방식이다. 이런 이유로 하이데거는 하나의 추상 관념이나 단순히 믿어야 할 무언가로서의 '기독교'에 관해 이야기하지 않는다. 대신에 "기독교적 사건", 그리스도-**사건**에 관해 말한다. 따라서 그리스도인 됨이란 하나님에 관한 무언가를 믿는 것에 관한 문제라기보다 이 사건이 역사에 미치는 연쇄적 영향력에 비추어 살아가는 것에 관한 문제다. 기독교 신앙이란 인간 역사를 통해 덜컹거리면서 계속 앞으로 나아가는 그리스도-사건에 지속적으로 참여하는 것이다. 기독교는 무엇보다는 **어떻게**의 문제, 곧 그리스도 안에서 이미 일어난 일에 비추어 어떻게 살아갈지에 관한 문제다.

따라서 하이데거는 '믿음'에 관한 독특한 정의를 제시한다. 그의 언어는 전문적이며 약간은 장황하지만, 나는 이 정의에 대해 곰곰이 생각해 보고 시간 안에서의 신실함에 관해 어떤 함의가 있는지 살펴볼 만한 가치가 있다고 생각한다. 그는 "**믿음이란 십자가에 달려 죽으신 분과 함께**with **계시된 역사, 즉 사건 안에서**in **존재함을 믿고-이해하는**believing-understanding **방식**"이라고 말한다. 이 주장의 급진성은 말하자면 이 문장의 전치사에 숨겨져 있다. 그는 믿음이 일차적으로 십자가에 달려 죽으신 분의 역사적 사건—성육신하신 하나님의 삶과 죽음, 부활, 승천—"안에서" 살아가라는 부르심인 **어떻게**, 존재 방식, "삶의 형태"라고 말한다. 이 역사적 사건 "안에서" 살아가는 것은 십자가에 달려 죽으신 분과 "함께" 살아가는 것이다. 이 역사적 사건 안에서 살아감의 핵심은 근본적으로 십자가에 달려 죽으신 하나님과의 사귐이다. 무엇보다도 그리스도인의 삶은 이 역사가 여전히 중요한 것처럼 살아가는—이 역사가 여전히 진행 중이며 이 역사가 **나의** 역사인 것처럼 살아가는—삶의 방식이다.[13]

계시의 역사 "안에서" 살아가는 것—십자가에 달려 죽으신 하나님의 역사적 사건 안에서 살아가는 것—이 그리스도인의 삶의 부르심이다. 하지만 그런 삶을 살기 위해서는 역사적 의식이 필요하다. 문제는 체계적인 망각과 다름없는 너무나도 많은 형태의 기독교가 그런 의식의 핵심을 제거해 버렸다는 것이다.

❆ ❆ ❆

내가 영적 시간 지키기라고 부르는 것—시간을 의식하는 훈련을 통해 삶에서 믿음을 실천하기—의 특징은 네 가지 근본 신념이다. 첫째, 영적 시간 지키기는 시간 안에 자리 잡고 있는 피조물로서 우리의 피조물적 유한성(아우구스티누스가 "시간으로 한정된" 우리 존재로 묘사한 것)으로부터 시작된다.[14] 모든 피조물에게 있음이란 곧 되기다. 존재함이란 변화함이다. 소유하기와 붙잡기는 잃어버리기와 애도하기다. 깨어 있기란 소망하기다. 아기의 오동통한 주름은 늙은이의 쭈글쭈글한 주름을 예고한다. 봄의 초록에 가을의 단풍이 잠재되어 있다. 이것은 피조물로서 영원하신 하나님과 사귀는 삶을 사는 데 어떤 영향을 미치는가? 이것이 평생 되기의 삶을 살아가는 우리의 믿음에 무엇을 의미하느냐가 영적 시간 지키기의 핵심이다. 우리는 이어지는 장에서 이것의 다양한 양상, 즉 어떻게 잊어야 하는지, 어떻게 기억해야 하는지, 어떻게 애도해야 하는지, 어떻게 덧없는 것을 누려야 하는지, 어떻게 기다려야 하는지, 어떻게 소망해야 하는지를 살펴볼 것이다.

둘째, 영적 시간 지키기는 언약으로 형성된 시간 감각을 반영한다. 역사에서 맺어진 약속은 이어지는 시간을 통해 계속해서 반향된다. 하나님이 아브라함과 맺으신 언약이 본보기이며, 이 언약은 "세상 끝날까지"(마 28:20) 우리를 떠나지도 않고 버리지도 않겠다는 예수님의 성육신적 약속에서 절정에 이

들어가는 글

른다. 이것은 역사를 초월해서나 역사에도 불구하고가 아니라 역사를 **통해** 임재하겠다는 약속이다. 이 약속 자체가 우리가 역사에 잠겨 있으며 시대에 영향을 받을 수밖에 없음을 인정한다는 뜻이다. 애니 딜라드가 말했듯이, "절대적인 것은 모든 시대, 모든 사람에게 주어져 있다. 우리 시대보다 더 거룩한 시대도, 덜 거룩한 시대도 없었다."[15]

셋째, 영적 시간 지키기는 성령께서 시간을 가로질러 우리를 모든 진리 가운데로 인도하실 것이라는 예수님의 약속(요 16:13)에 의해 자양분을 얻는다. 이는 내가 '시원주의 primitivism'라고 부르는 미국 기독교의 특징과 대조를 이룬다. 시원주의는 하나님의 임재가 역사의 핵심 시점들에 제한된다고 보는 특이한 역사관이다. 가장 중요한 점은 시원주의 기독교의 전제가, 성령께서 1세기에는 계셨지만 19세기에 누군가(대개는 그들의 종파를 이끄는 지도자)가 '진리'를 재발견하고 원래의 시원적인 진리를 '회복하는' '갱신' 운동을 시작할 때까지 수 세기 동안 부재하시며 잊히셨다는 것이다. 이러한 시원주의에서는 역사의 많은 부분을 하나님의 영광이 없는 '이가봇 Ichabod'으로 취급하며 무시한다.[16] 그 역사가 자신들이 복원해낸 원형을 따르지 않았기 때문이다. 이와 대조적으로, 예수님은 시간을 가로질러 우리를 진리 가운데로 이끄시는 성령의 역동적인 사역을 약속하신다. 이것이 **공교회성**catholicity의 근본 신념이다. 성령께서는 역사를 가로질러서 계속해서 우리를 미래로 인도하고 이끄시며, 여전히 인도하시고 죄를 깨닫게 하시고 조명하시고 계시하신다. 바로 그런 이유 때문에 지속적인 개혁이 필수다. 이야기는 여전히 펼쳐지고 있다. 성령께 귀를 기울인다는 것은 고고학적으로 어떤 시원적 저장물을 발굴해 내는 작업이 아니라 여전히 말씀하시고 여전히 놀라게 하시고 여전히 계시하시면서 우리와 **함께** 계시는 하나님께 맞춰 조율된다는 것이다.

마지막으로, 영적 시간 지키기는 미래에 의해 활기를 얻는다. 이러한 미래 지향을 우리는 '소망'이라고 한다. 교회는 미래의 백성, 곧 기다리는 법을 항상 새롭게 배우는, 장차 올 왕국의 공동체다. 종말에 대한 대중의 집착은 사실 근본적으로 무역사적이다. 그런 관점은 순서를 도식화한 표를 사용하여, 현재를 이미 결정된 어떤 미래로 향하는 카운트다운에 불과한 것으로 본다. 마지막 때를 이렇게 바라보는 종말론은 종말을 향한 시간적 카운트다운일 뿐이다. 하지만 성경의 묵시 문학은 '크로노스*chronos*'(하이데거의 표현을 따르자면 "시계 시간")가 아니라 '카이로스*kairos*', 곧 시간의 충만함, 측정할 수 없는 방식으로 의미로 가득 차 있는 시간에 관심을 기울인다. 기독교의 종말론적 소망은 틈입하여 우리의 현재에 영향을 미치는 미래에 대한 **카이로스적** 지향이다. 종말을 향한 카운트다운은 퇴락의 서사다. 시계가 똑딱거리며 휴거가 다가오고 있다. 그 사이의 모든 것은 구명정이 내려올 때까지 견뎌야 할 시간일 뿐이다. 이와 달리, 영적 시간 지키기에서는 피조물의 탄식 가운데 성령의 회복이 어디에서 이미 시작되었는지를 분별하려고 노력한다.

이 네 가지 신학 신념이 영적 시간 지키기의 특징이다. 이

신념들은 영적으로 민감한 하나님 백성의 시계를 조정하는 계시적 실체다. 이러한 조정은 교리를 다루는 논문보다는 교회의 예배라는 영적 훈련을 통해서 이뤄진다. 3장에서 살펴보겠지만, 교회의 예배는 예전력을 반영하며 예전력은 거룩한 시간이 '구부러지는' 방식을 반영한다. 우리 마음속에 지닌 지도처럼 교회의 실천은 우리 뱃속에 지닌 영적 시간 지키기의 눈금을 조정하는 훈련이다. 시간을 기억하는 습관은 훈련을 통해 시간을 의식하는 교회의 실천으로 형성된다. 우리에게 필요한 것은 선정적인 종말 카운트다운이 아니라, 우리가 소망에 의해 활기를 얻는 미래 백성으로 살아갈 수 있게 해 주는 실천적 종말론이다.

무시간 기독교의 좌우명은 '보존'이다. 신실함을 (자신들이 내세우는 "근본적인 것들"이 얼마나 최근 것인지를 종종 망각하면서) 이미 존재했던 것의 연장과 보존으로 이해한다. 다시 말해서, 무시간의 기독교에서 신실함이란 변화를 막는 것이다. 영적 시간 지키기의 좌우명은 '분별'이다. 신실함은 우리가 무엇을 하도록 부르심을 받았는지를 분별하기 위해 우리가 언제에 있는지를 알 것을 요구한다. 무시간의 기독교에서는 신실함을 정지상태를 유지하는 것과 동일시한다. 이와 달리, 영적 시간 지키기는 성령과 시간을 맞추는 역동성이 특징이다.

성령과 시간을 맞춘다는 것은 군대식 행진(무한히 반복되는 "왼쪽, 오른쪽, 왼쪽, 오른쪽!")보다는 다음에 무엇이 오는지를 민감하게 느끼는 미묘한 춤과 더 비슷하다. 라이오넬 솔터Lionel Salter는 이와 비슷한 방식으로 관현악단 지휘자의 역할을 설명한다. "지휘자는 작품의 적절한 **템포**를 판단하고 지휘봉의 움직임으로 관현악단에 이를 분명히 지시해야 한다." 하지만 이것은 단순히 기계적인 과정이 아니다. 음악이 관현악단에게 요구하는 바는 교향곡이 진행되면서 계속해서 바뀐다. 템포가 시간 지키기의 기계적 요소일 뿐이라면, "관현악단에 메트로놈을 틀어 주거나 무용단에서 하듯이 '하나, 둘'이라고 말하면서 곡 전체에 알맞은 템포를 정해 주기만 하면 충분할 것이다." 하지만 당연히 관현악단에서는 이렇게 하지 **않는다.** 교향곡을 연주하려면 작품이 진행되면서 다른 템포가 필요하기 때문이다. 솔터는 "음악의 묘미는 몰아치고 늦추고 크게 확장하는 것 같은 속도의 미묘한 변화에 있다"라고 지적한다. 지휘자는 전체 오케스트라가 이 미묘한 변화를 잘 따라가도록 돕는다.[17]

교회도 몰아칠 때와 늦출 때가 언제인지 순간순간 적절하게 반응하면서 살아 계신 성령님의 '지휘'를 잘 따라가야 한다. 이런 분별은 그리스도의 집단적인 몸이 공동체적 증거와 선교를 수행할 때도 적용된다. 하지만 이러한 시간의 역학은 한 사람의 영적 삶에서도 중요하다. 예를 들어, 하나님과 함께 하는 삶 가운데 성령께서 작은 목소리로 *sotto voce*, 들릴 듯 말듯 말씀하시는 계절임을 깨닫고 그런 계절에 하나님이 우리에게 무엇을 요구하시는지 — 그런 계절에 하나님이 우리 **안에서** 무엇을 행하시는지 — 를 분별해야 한다. 따라서 영적 시간 지키기의 지혜와 분별이 잘 사는 삶의 핵심 요소다.

그리스도인들이 지금이 어떤 시간인지 알 수 있도록 돕는 것이 이 책의 목표다. 나는 이 책이 상담사가 나에게 요구한 것과 비슷한 활동, 볼드윈이 우리에게 필요하다고 말했던 훈련이 되길 바란다. 즉, 우리가 지니고 있는 역사, 우리의 상처와 소망이라는 고고학, 우리 집 시계가 특정한 방식으로 우리에게 상처를 입히는 방식—그리고 우리에게 주어진 유일하고 의미로 가득 차 있는 **지금** 하나님이 우리에게 요구하시는 바—과 마주하는 훈련이 되길 바란다.

묵상 1

전도서 3장 9-15절

9 일하는 자가 그의 수고로 말미암아 무슨 이익이 있으랴?
10 하나님이 인생들에게 노고를 주사 애쓰게 하신 것을 내가
보았노라. 11 하나님이 모든 것을 지으시되 때를 따라
아름답게 하셨고 또 사람들에게는 영원을 사모하는 마음을
주셨느니라. 그러나 하나님이 하시는 일의 시종을 사람으로
측량할 수 없게 하셨도다. 12 사람들이 사는 동안에 기뻐하며
선을 행하는 것보다 더 나은 것이 없는 줄을 내가 알았고
13 사람마다 먹고 마시는 것과 수고함으로 낙을 누리는
그것이 하나님의 선물인 줄도 또한 알았도다.
14 하나님께서 행하시는 모든 것은 영원히 있을 것이라. 그
위에 더 할 수도 없고 그것에서 덜 할 수도 없나니 하나님이
이같이 행하심은 사람들이 그의 앞에서 경외하게 하려

하심인 줄을 내가 알았도다.

15 이제 있는 것이 옛적에 있었고
장래에 있을 것도 옛적에 있었나니
하나님은 이미 지난 것을 다시 찾으시느니라.

수고와 시간. 명쾌한 시선으로 인간 조건을 평가하는 이 글에서는 수고와 시간이 우리 실존의 씨줄과 날줄이라고 말한다. 이 두 가지는 우리 여정에서 늘 곁을 지키는 동반자다. 모든 삶은 **시간**으로 되어 있고 우리 삶은 수고의 시간이다. 하지만 두 가지 모두 다른 것보다 더 바람직해 보인다. 수고에서 벗어나는 것은 시간을 피한다는 의미이고, 시간을 피하는 것은 존재하기를 그친다는 의미일 것이다. 따라서 어쩌면 시간은 선물이 아닐까? 어쩌면 수고조차도 선물이 아닐까?

전도서 전체와 마찬가지로 이 단락에는 심오한 모호성이 있다. 번역자들이 이 모호성과 씨름한 것을 느낄 수 있다. 어쩌면 본문만이 아니라 인간 조건 자체에 모호성이 존재하는지도 모른다. 어쩌면 히브리어 문법의 난제가 우리 상황을 반영할지도 모른다. 예를 들어, 10절은 전혀 다른 두 방식으로 번역할 수 있다. 현대인의 성경은 "나는 하나님이 인간에게 지워 주신 무거운 짐을 보았다"라고 번역한다. 우리는 그 무게를 느낄 수 있다. 인간으로 산다는 것은 고단하며 무거운 짐을 지고 있음을 뜻한다. 우리는 처음부터 짐을 지고 있는 피조물이었다. 인간으로 산다는 것은 시시포스로 산다는 것이다. 여기 당신의 바위가 있다. 당신은 전혀 앞으로 나아가지 못할 것이다. 그런 다음 죽을 것이다. 이것이 바로 인간의 조건이다. 어서 가서 일하라.

하지만 새번역은 10절을 다르게 번역한다. "이제 보니, 이 모든 것은, 하나님이 사람에게 수고하라고 지우신 짐이다." 우리 상황을 이렇게 표현할 때는 공기와 빛이 있다. 하나님이 수고하라고 일을 주셨고, 일은 선물이다. 직업. 이 절을 읽으면 마치 사람들이 분주하게 일하고 있는 회사 건물의 밝은 로비가 느껴지는 듯하다.

어느 쪽이 우리 상황에 해당할까? 둘 다일지도 모른다.

다음 절에서 번역자들은 장기를 교환하는 것처럼 보인다. 새번역은 일상적이고 평범하며 사무적인 언어로 표현하여 초자연적인 것을 자연적인 것으로 만들었다고 말할 수 있을 정도다. "하나님은 모든 것이 제때에 알맞게 일어나도록 만드셨다. 더욱이, 하나님은 사람들에게 과거와 미래를 생각하는 감각을 주셨다"(3:11). 이것은 달력과 연대기의 언어, 혹은 시의적절함의 문제일 것이다. 인간은 날을 세고 시간을 기록할 수 있다. 우리는 노동절이 끝나면 흰옷을 입지 말아야 한다는 것을 안다(미국에서는 9월 초 노동절이 지나면 휴가철도 끝났다고 생각하여 그 후로는 휴가철에 입는 흰색 옷을 더 이상 입지 않는 관습이 있다—역주). 시간은 우리가 의식하는 무언가, 생각하는 무언가, 관리하는 무언가다.

하지만 현대인의 성경 번역자들은 인간 됨의 충만함을 노래하는 셰익스피어 시의 유산을 거부할 수 없었다. "하나님은

모든 것을 때를 따라 아름답게 만드시고 사람에게 영원을 사
모하는 마음을 주셨다"(3:11). 그림처럼 생생한 이 문장에서 시
간은 사물들이 꽃을 피우는 틀이다. 그저 모든 것이 달력에서
그 자리를 찾는 것에 관한 문제가 아니라, 피조물이 시간 안에
서 성취에 이르고, 언제나 그 안에 내재된 아름다움을 성취할
수 있는 모든 가능성을 펼치는 것에 관한 문제다. 일정하게 흘
러가는 시간 속에서 정신이 과거와 미래를 의식한다고 말하는
대신, 인간의 마음에 시간을 초월한 시간이 주입되어 있으며
시간이라는 이 그릇 안에 영원의 불꽃이 담겨 있다고 말한다.

하나님이 우리 마음과 정신에 심어 주신 것에도 불구하고
우리가 이해할 수 없는 것이 너무나도 많다. "그러나 사람은
하나님이 하시는 일을 처음부터 끝까지 이해할 수가 없
다"(3:11, 현대인의 성경). 우리 마음속에 영원이 있음에도 우리는
이 필멸의 골짜기에서 살아가는 시간적인 피조물이다. 우리의
지평에서는 과거와 미래가 제한되어 있어서 결코 전체를 볼
수 없을 것이다. 우리는 하나님과 같은 관점과 시야를 절대로
갖지 못할 것이다. 친밀하고 가까운 것―하나님이 우리 평생
에 걸쳐 행하신 모든 일, 하나님의 돌보심이 숨겨져 있는 모든
비밀스러운 방식―을 볼 수 없을 것이다.

하지만 우리의 유한성, 곧 신성의 결여는 분노하거나 슬
퍼해야 할 무언가가 아니다. 우리가 전체를 볼 수 없다는 사실
은 절망해야 할 이유가 아니다. 우리가 시간성이라는 조건 아
래에서 살아갈 수밖에 없다는 것은 감옥이 아니라 집중할 수
있게 하는 요인이다. 한계라는 선물 덕분에 우리에게는 행복

할 여지, 기쁨을 찾을 여지, 시간과—어쩌면?—심지어는 수고를 누릴 수 있는 여지가 주어진다. "사람마다 먹고 마시는 것과 수고함으로 낙을 누리는 그것이 하나님의 선물인 줄도 또한 알았도다"(3:13). 지혜자의 조언은 도발적이며, 더 나아가 상식을 뒤엎는다. 당신의 피조물 됨을 적극적으로 끌어안으라. 당신의 시간성 안에서 살아가라. 당신의 수고를 기쁘게 받아들이라. 당신이 상상조차 하지 못한 선물, 즐거움과 행복과 기쁨이 있다. 무더운 오후에 오랫동안 정원에서 잡초를 뽑다가 흙투성이 손으로 이마의 땀을 닦아 낼 때 하나님이 만드신 좋은 땅에서 일을 잘 마무리했다고 느끼면서 맛보는 기쁨. 불안과 우울과 다른 수많은 장애물을 통과해 힘겨운 과정을 마치고 자녀가 졸업하는 것을 바라보는 기쁨. 당신 두 사람 말고는 아무도 모르겠지만 결혼 31주년을 조용히 기념하는 기쁨. 하나님의 은혜로 여러 세대에 걸쳐 이어져 내려온 당신의 상처를 극복했으며, 당신의 결혼을 통해 하나님이 세상에서 새로운 무언가를 행하셨음을 알고 느끼는 기쁨.

이 모든 기쁨에는 상실이 따른다. 피조물로 산다는 것은 사라져 가는 것들 가운데서 사라져 가는 것이다. 이를 아는 지혜자는 이렇게 말한다. "하나님은 과거에 대해 책임을 물으실 것이다"(3:15, NIV). "하나님은 이미 지난 것을 다시 찾으시느니라." 하나님은 그 모든 것을 추적하셔서 메뚜기가 먹어 치운 것을 회복하실 것이다. 당신은 기다리기만 하면 된다.

1장 시간의 피조물

우리의 망각을 마주하는 법

지나간 모든 것은 미래로부터 뒤로 밀려나 있고, 미래의
모든 것은 과거를 뒤따르며, 과거와 미래의 모든 것은
언제나 계시는 그분에 의해 창조되어 움직이고 있다.
—아우구스티누스,《고백록》11.11.13

아내가 평소처럼 내 책상 위 작은 꽃병에 장미꽃을 꽂아 두었
다. 은은한 분홍색에 살구 향이 난다. 오늘이 이틀째다. 물이
있지만 꽃은 시들고 있다. 마지막이 가까워지고 있지만 향기
는 여전하다. 죽기 전에 마지막으로 후각적 발산을 하는 듯하
다. 향기는 나를 황홀하게 하며, 기억만이 만들 수 있는 방식
으로 시간을 희미하게 만든다. 나는 웨딩드레스와 무덤을 본
다. 처음과 마지막을 본다.

❊ ❊ ❊

영국 작가 제러미 쿠퍼 Jeremy Cooper가 쓴 (안타깝게도 주목받지 못한) 소설《떡갈나무 앞의 재 Ash Before Oak》를 흥미진진하게 읽었다. 소설은 지어낸 일기 형식을 취한다. 우리는 이 일기가 서머싯 외딴 저택에서 자살 충동을 동반한 우울증이라는 악마들과 싸우고 있는 중년 남자의 살아남기 위한 몸부림임을 알게 된다. 그는 너무나도 가깝게 느껴지는 자연계에 관심을 기울이는 딜러드를 닮은 시선으로 계절과 동물과 식물의 리듬을 기록한다. "5월 4일" 일기는 단순하지만 감동적인 관찰을 기록하고 있다.

> 토끼 네 마리가 오래된 과수원에서 풀을 뜯어 먹는다.
> 지는 해의 각도가 너무 낮아서 그 빛이 토끼들 귀를 관통해 빛난다. 쓰러진 사과나무에 꽃이 핀 걸 보고 깜짝 놀란다.[1]

열매를 약속하는 쓰러진 나무. 죽은 것 가운데 나타난 봄의 부활. 생산하는 상실. 이것이 시간성의 이야기다.

❊ ❊ ❊

내가 탄 비행기 창가 좌석에서 1만 미터 아래를 내려다보니 초록빛 평원을 깎아 내 흘러가는 강이 보인다. 이렇게 높은 곳에서 보면 강은 진흙투성이 뱀, 액체로 된 길, 아주 오래된 길처럼 보인다. 그런데 바로 그때, 고등학교 지리 시간의 기억을 떠올리게 하는 무언가를 발견한다. 마치 액체 아메바가 자신의 일부를 잘라 낸 것처럼 강의 굽이가 끊어져 말굽 모양 호수가 남아 있다. 강이 돌아 흐르는 지점에서 둑이 지속적으로 침식되어 생성된 우각호. 아주 오랫동안 강이 꾸준하게 흘러가서 둑을 먹어 들어가고, 결국 강이 둑을 무너뜨리고 새롭고 더 곧은 물길을 만들어 내면 S자 모양이었던 강이 C자 모양 호수를 남겨놓는다. 살아서 물이 흐르던 옛길은 잘려 나가 고립된 채 남겨진다. 우각호는 지리적 유산이다. 굶주린 강의 끊임없는 흐름에서 배제된 우각호 주위에는 지나가는 물이 전해 준 퇴적물에 의해 둑이 생겨난다. 더 이상 물이 유입되지 않기 때문에 이제 우각호는 물이 다 증발할 때를 기다릴 뿐이다. 그때까지 시간이 얼마 남지 않았으며, 이것은 이제 옆에서 흘러가는 강이 남긴 가시적인 흔적이다.

✵ ✵ ✵

세상을 만드신 하나님 말씀, "⋯이 있으라"라는 그분 말씀에서부터 시간이 시작되었다. 모든 피조물에게 존재함이란 시간 안에 있음을 뜻하고, 시간 안에 있음이란 과거에 빚을 지고 있으며 미래를 지향함을 뜻한다. 그것은 무언가가 있다가 사라지는 세상 안에서 움직임을 뜻한다. 사건, 말, 관심, 행동 모두가 일종의 지나감이라는 특징을 지닌다. 아우구스티누스가 시간에 관해 성찰하면서 말했듯이 언어는 들리는 시계와 같다. 단어가 나타났다가 사라져서 문장에서 다음 단어를 위한 길을 마련할 때만 의사소통이 가능하다.[2] 우리는 현재라고 부르는 파도의 꼭대기를 타고 과거에 떠밀려 미래라는 해안을 향해 나아간다.

하지만 내가 '시간성'이라고 부르는 것은 그저 똑딱거리면서 시간이 흘러가는 것 이상을 의미한다. 해안선이나 조각상과 달리 인간은 시간의 흐름, 즉 나타남과 사라짐이라는 밀물과 썰물, 창조와 침식에 영향을 받기만 하는 존재가 아니다. 시간은 날씨처럼 우리에게 영향을 미치는 환경 조건이기만 한 것은 아니다. 인간은 시간 안에서 살아간다. 시간이 비처럼 그저 우리 위로 내리기만 하는 것은 아니다. 왜냐하면 우리 존재 안으로 시간이 투과하기 때문이다. 시간 안에 산다는 것은 시간과 그 영향력을 흡수하는 피조물로 산다는 것을 뜻한다. 구르는 돌에는 이끼가 끼지 않겠지만, 시간적인 인간은 평생을 구르는 동안 역사 전체를 취하고 그것을 지니고 다닌다. 예를 들어, 이것이 팀 오브라이언Tim O'Brien의 대표작《그들이 가지고 다닌 것들The Things They Carried》(섬과달)에 끊임없이 반복되는 주제다. 어떤 면에서 이 책은 베트남 전쟁을 다룬 소설이지만 그 이야기가 인간 조건에 관한 무언가를 말해 주기 때문에 거의 모든 사람의 관심을 사로잡는다. 그는 이 군인들의 경험이 어떤 의미에서 "가지고 다니는 것"이라고 말한다. "그들은 감당할 수 있는 모든 것을 가지고 다녔고, 여기에 그들이 가지고 다니는 것들의 무시무시한 능력에 대한 조용한 경외심을 비롯해 몇 가지를 더했다."[3]

시간은 피조물을 위한 또 다른 산소와 비슷하다. 몸과 환경의 경계가 끊임없이 열린다. 내부와 외부 사이에 계속해서

교환이 이뤄진다. 공기를 들이마시면 그것이 우리 안에서 살고 우리로 살게 하는 것처럼 시간도 역사로서—과거의 사건이라는 의미로서가 아니라 시간이 계속해서 살아가는 방식으로서—흡수된다. 망각이란 시간적 존재의 날숨이지만, 숨을 쉴 때마다 무언가는 계속 남아 있다.

시간성의 동학과 역사가 우리를 형성하는 방식에 특별히 초점을 맞추는 철학 학파가 있다. '현상학'으로 불리는 이 학파는 에드문트 후설 Edmund Husserl 이라는 독일 철학자에게서 그 기원을 찾을 수 있다. 현상학을 가장 간결하게 설명하자면, 경험의 철학—우리가 **어떻게** 세계를 경험하는지를 이해하고자 하는 철학적 기획—이라고 말할 수 있다.[4]

후설은 자아와 정체성의 이러한 시간적 속성을 이해하려고 노력했는데, 나는 내가 인지하는 것보다 더 많이 그에게서 배웠다. 사실 이 자체가 후설의 핵심 통찰 중 하나를 예증한다. 있음은 있어 왔음이며, 있어 왔음은 우리에게 영향을 미치는 다른 이들과 우연히 마주쳐 왔음이다. 그들은 우리가 항상 볼 수는 없을지도 모르는 흔적을 남긴다. 아니 흔적 이상을 남긴다. 그들은 움푹 팬 자국과 퇴적물을 남긴다. 혹은 그들은 우리가 인지하지 못하더라도 우리가 길러 마시는 지하 저수지가 될 우물을 뚫는다.

후설은 지평선—멀리서 볼 때 보이는 우리 세계의 가장자리—이라는 은유를 자주 언급했다. 우리는 우리 경험을 위한 틀처럼 기능하는 지평선으로 둘러싸여 있다. 우리의 지평선은 언제나 특정한 위치와 연동된다. 내가 골짜기 아래에 있거나 시내 고층 건물 사이에서 걸어간다면 나의 지평선은 제한적이고 제약이 많다. 절벽 꼭대기에 오르거나 차를 몰고 미국 서부 평원을 가로질러 간다면 나의 지평선은 팽창하고 확장된다. 하지만 그런 평원에서조차 나의 지평선은 나의 위치에 따라 변한다. 새로운 풍경이 나타나고 다른 풍경이 내 뒤로 사라진다. 하지만 내 뒤로 사라지는 것조차도 내 안에 담겨 있다. 내가 **만난** 것, 이제는 차의 뒷거울에 보이는 것이 나로 하여금 내가 **만날** 것을 준비하게 해 준다.

나의 지평선이 내 몸과 함께 변하는 것과 마찬가지로, 나는 후설이 과거와 미래의 지평선에 의해 형성된 "시간적 후광"이라고 묘사한 것과 더불어 시간을 통과해 움직인다. 그는 의식이 "다시 끌어당기는retentional" 동시에 "파악한다apprehensive"라고 말한다. 우리는 과거를 다시 끌어당기며 미래를 기대하기에 나는 자신의 의식을 좀처럼 이해할 수 없다.[5] 내가 기억하고 바라는 바를 내가 언제나 아는 것은 아니다. 내가 지닌 것과 내가 기대하는 것을 내가 언제나 아는 것은 아니다. 나의 '나'의 너비는 내가 의식하는 이 지금보다 언제나 더 넓다. 시간적 존재인 모든 인간은 과거와 미래의 후광이 그 가능성을 비추는 성상 같은 존재다. 후설이 창시하고 실천한 철학 방법인 현상학은 매장된 이 역사에 대한 탐구, 시간 안의 피조물인 우리 곁에 따라오는 은폐된 무의식적 삶을 연구하는 철학적 고고학이다.

아마도 이런 이유로 현상학과 심리 치료 사이에 자연스러운 공명이 존재할 것이다. 또한 이는 상담 치료를 받았던 나의 경험이 철학적 호기심의 대상에 대한 새로운 전망을 열어 준 이유를 설명할 수 있을 것이다. 결국 나는 어떤 의미에서 상담사가 나의 현상학적 도구를 나 자신에게 사용해 보라고 권하고 있었음을 깨달았다. 지도 그리기 활동은 내 자아의 시간적 후광을 살펴보라고 권했다. 후설은 이에 관해 중요한 통찰을 제공하는 전문 개념을 제시한다. 그는 나의 '나'가 그저 주어진 것, 자연의 것이 아니라고 말한다. 나는 **생성되었다**. 나는 오랜 시간에 걸쳐 만들어졌고 '발생했다.' 나의 자아(철학자들이 라틴어로 '나는 있다'라는 뜻의 '에고'라고 부르기 좋아하는 것)에는 역사가 있으며, '나'의 바닥에는 후설이 "습관성이라는 기층"이라고 칭하는 것이 존재한다.[6] 이 '기층'은 나에게 습관이 되어 추가적인 경험을 가능하게 만드는 경험들의 기초적 층위로 이해할 수 있다. 나 자신의 경험이라는 역사는 시간이 길러 낸 모판이 되어 거기서 미래의 경험이 자랄 가능성이 생긴다.

존재의 이러한 습관('습관성')은 평생에 걸쳐 서서히 세워진, 세계 안에서 내가 존재하는 방식이며, 내가 지니고 있는 것을 구성하는 작은 퇴적물과 침전물이다.[7] 이것은 타고난 본능이 아니다. 내가 경험으로 획득하고 습득한 성향이다. 이런 과거의 경험은 내게 세계를 열어 주며 내가 경험하는 것을 가능하게 해 준다. 그런 의미에서 나를 미래로 나아가게 하는 것은 세계 안에서 나의 역사다. 나의 역사가 나를 '나'로 만든다. 나는 수많은 다른 사람들과 함께 세계를 공유해 왔지만 '나'라는 습관성의 집합체는 전적으로 독특하다. 나의 지문이나 걸음걸이, 망막 지도처럼 나의 시간적 후광은 내 실존의 독특한 특징이다.

한편으로, 이런 존재의 습관이 내 삶을 가능하게 한다. 다른 한편으로, 이런 습관과 성향, 습득된 세계 내 존재 방식에는 그 나름의 한계가 동반된다. 내 습관성 중 일부는 내가 절룩거리며 이 세계를 걸어가고 있음을 의미한다. 나는 짐처럼 그것을 이고 다닌다. 상처가 가능성을 봉쇄한다. 나의 발달에 중요한 경험 중 일부는 나로 하여금 내가 물려받은 맹점을 의도적으로 탐닉하게 하면서도 무시하고 배제하게 만들었다. 예를 들어, 인종주의는 하나의 태도일 뿐만 아니라 내가 오랜 시간에 걸쳐 흡수한 습관성의 신체 구조이기도 하다.[8] 하지만 긍휼이 같은 종류의 성향적 습관, 즉 내 존재 자체와 결부된 신체적 성향이 될 수도 있다. 왜냐하면 나는 연약함을 인정하고 돌봄을 받는다는 것이 무엇을 의미하는지 배웠기 때문이다. 오랜 시간에 걸쳐 누군가가 나에게 긍휼을 베풀었고 긍휼을 베푸는 법을 가르쳐 주었으며, 나의 역사는 긍휼을 베푸는 사람이 되기 위한 연습을 할 수 있는 기회가 되었다. 혹은 적어도 그랬기를 바란다!

나는 후설이라는 케케묵은 독일 현상학자가 나의 독특한 "습관성의 기층"이 내 정체성의 "영속적 형식"이라고 말했다는 사실이 너무 좋다. 우리의 자아는 형성되었다. 우리는 우리가 어슬렁거리며 돌아다니게 하거나 거드름 피우며 걷거나 발을 끌면서 걷는 성향을 갖게 만든 역사로 장식되어 있다. 우리의 역사를 생각해 보면, 누군가는 망토를 두르고 세계를 누빈다. 누군가는 헐렁한 스웨터를 입고 그 안에 숨는다. 또 누군가는 마치 약점이 노출된 것처럼 세계를 경험한다. 문제는 우리가 형식을 가지고 있는지 여부가 아니라, 우리의 역사를 고려할 때 우리가 어떤 형식을 (무의식적으로) 채택했느냐다. 우리는 시간을 입고 있다.

이것은 당신이나 나에게만 적용되지 않는다. 모든 **우리**에게 적용된다. 바로 이 동학이 공동체와 집단에도 그대로 적용된다. 앤서니 스타인벅Anthony Steinbock의 말처럼, 우리가 **누구**냐는 물음은 곧 우리가 **어떻게** 존재하느냐 하는 물음이다.[9] 우리는 지평선을 공유한다. 모든 집단은 그 나름의 시간적 후광을 가지고 있다.

우리의 시간성은 끈끈하다. 우리는 움직이면서 무언가—필요한 것, 소중히 여기는 것, 우리를 짓누르는 것—를 집어든다. 우리는 매순간 똑딱거리는 시간을 통과하며 움직일 뿐만 아니라, 다시 끌어당기며 미래를 기대하는 시간적 후광을 지닌 채 움직인다. 그렇다면 이런 흐름 속에서 신실하게 산다는 것은 무엇을 의미할까? 피조물로서 내가 끊임없이 펼쳐지고 있을 때 변함없이 있음이란 무엇을 의미할까? 영적 시간 지키기는 우리의 시간성을 있는 그대로 받아들이고자 하는 노력이다.

* * *

우리가 무시하거나 저항하는 시간성의 특징은 우리 실존의 근원적 **우연성**contingency이다.[10] 무언가가 '우연'이라고 말할 때, 이는 그것이 **없었을 수도 있고**, 꼭 있어야 하는 것도 아니며, 다르게 있었을 수도 있음을 뜻한다. 그리고 이는 너그럽고 사랑이 넘치는 하나님의 자유로운 행위로 존재하게 된, 창조된 우주 전체에 적용된다. 창조세계 전체가 존재하지 않았을 수도 있다. 이는 피조물을 임의적이거나 작위적으로 만들지 않고, 우연적으로 만들 뿐이다.

우주가 시작될 때의 우연성이 아직까지 계속되고 있다. 역사는 가능성을 열기도 하고 닫기도 하는 선택과 사건의 지그재그다. 한 번 꺾을 때마다 경로가 설정되고, 다시 한 번 꺾을 때마다 궤적이 그려진다. 모든 선택이 새로운 가능성을 만들어 내고 그 결과로 몇몇 불가능성을 남겨 둔다.

다시 돌아가기라는 몽상을 즐기는 낭만주의자들은 이런 우연성을 슬퍼한다. "있었을 수도 있는 것"으로부터 "지금까지 있어 온 것"으로의 움직임[11]은 슬퍼해야 할 타락이 아니라 피조물의 이야기 구조다. 가능성에서 실재성으로의 전환은 상실이 아니라 초점 맞추기다. 물론 한 길을 택할 때마다 다른 길을 택하지 않게 되고, 변덕스러운 우리 영혼은 때때로 갈림길로 돌아가 미심쩍게 여길 것이다. 하지만 정지 상태로 머물러 있어야만 선택이 계속 열려 있을 텐데, 시간적인 존재에게 정지 상태는 곧 죽음이다.

실현된 가능성에는 눈덩이 효과가 있어서 일정한 탄력을 만들어 간다. 미래를 위해 우리를 준비시키는 과거, 우리 앞에서 오는 궤적이 된다. 이것은 후설의 제자 마르틴 하이데거가 말했듯이 우리가 그 안으로 "던져진" 가능성이다. 영화 〈사랑의 블랙홀 Groundhog Day〉과 〈팜 스프링스 Palm Springs〉의 주인공

들처럼 우리는 아침에 일어나서 '어떻게 내가 여기 있을까? 어떻게 내 삶이 이렇게 되었을까?'라고 자문하는 것처럼 느낄 수 있다. 하이데거는 이런 두렵고 낯선 경험을 "던져져 있음 thrownness"이라고 부른다. 수많은 선택과 결정의 축적을 통해 나 스스로 만들어 온 삶이지만, 내가 등장하기도 전에 어떤 근본적인 의미에서 **가능성들**이 나를 위해 결정되어 있었기 때문에 여전히 내가 그 안으로 던져져 있는 삶처럼 느껴진다. 하이데거는 이것을 "넘겨져 있음 delivered over"이라는 실존적 감각으로 설명한다. 전해져 내려온 것―내가 그 안으로 넘겨져 있는 가능성들의 범위―안으로 이렇게 "뛰어드는" 태도는 대량 소비의 마비시키는 효과를 따라잡고 추월하고 견뎌 내는 우리의 일상적 드라마에 의해 대부분 은폐된다.[12] 그렇기 때문에 토킹 헤즈 Talking Heads가 증언하듯이 당신은 "어떻게 내가 여기 있을까?"라고 묻는 두렵고 낯선 경험을 하기 전에 당신 삶의 많은 부분을 통과해 갈 수 있다. 마치 나는 지금 이곳으로 내던져 있는 것과 같다. 무엇이 나를 내던졌는지 누가 알겠는가?[13]

던져져 있음은 우연성이라는 경험을 명명하는 방식이다. 한편으로 우리는 우리 상황의 조건을 주어진 것으로 경험한다. 다른 한편으로는 그 조건이 다를 수도 있었음을 알고 있다. 상황이 **반드시** 이래야만 하는 것은 아니었다. 역사―나의 역사, 우리 역사, 세계 역사―가 다른 방향으로 흘러갔다면 우리는 다른 가능성과 다른 부담을 물려받았을 것이다.[14] 하지만 우리에게 주어진 유일한 패는 우리 앞에 온 역사가 우리에게 나눠 준 패다. 우리는 이런 역사의 상속자들이기 때문에 우리에게 가능성이 열린다. 던져져 있음은 부정적인 것이 아니다. 나는 지금 내가 있는 삶과 시간 안으로 던져졌기 때문에, 내게 전해져 내려온 것에 잠재된 가능성을 실현하라고 촉구하는 미래가 있다. 하지만 이런 가능성들은 무한하지 않으며, **촉구되는 것**은 이렇게 전해 내려온 역사 안에 있는 한 요인이기도 하다. 그래서 우리는 윌리엄 포크너 William Faulkner의 통찰을 가늠해 보아야 한다. "과거는 죽지 않았다. 심지어 아직 지나가지도 않았다."¹⁵ 과거는 우리가 남긴 것이 아니라, 우리가 지니고 있는 것이다. 우리는 마치 짤랑거리는 열쇠가 잔뜩 달린 묵직한 고리를 건네받은 것과 같다. 그중 일부는 가능한 미래를 열어 준다. 일부는 우리 이웃을 옭아맨다. 우리는 무엇이 무엇인지를 분별하려고 애쓰는 상황 속으로 던져져 있다. 우리의 역사가 주어져 있는 상황에서 우리는 그 가능성과 속박 모두를 견뎌 내면서 미래를 향해 살아가라는 요청을 받는다. 신실함이란 과거에 충성하는 것이 아니라, 우리의 과거가 주어진 상황에서(또한 우리의 과거에도 불구하고) '샬롬'을 추구하라는 부르심에 응답하는 것이다.

❈ ❈ ❈

우연성이란 우리가 모든 역사에 대해 "꼭 이런 식일 필요는 없었다"라고 말하는 **동시에** "이것이 우리에게 주어진 역사다"라고 말할 수 있다는 의미다. 이 둘의 교차점에서 떠오르는 질문은 **"그러면 이제 어떻게 해야 할까? 어떻게 미래를 향해 살아갈 수 있을까?"** 하는 것이다.

어느 날 아침, 화가이자 환경 운동가인 케이티 홀튼Katie Holten은 화장실 세면대를 보다가 문득 대리석의 물결과 선에서 거의 각본처럼 느껴지는 무언가를 발견했다. 그것은 이 돌에 새겨진 서명, 시간과 공간의 인장, 메시지를 전달하려고 애쓰는 암석 안에 압축된 지질학적 역사 같았다. 이런 깨달음을 통해 그가 "돌 알파벳Stone Alphabet"이라고 부르는 다년간의 창작 프로젝트가 시작되었다. 그의 목표는 지구의 언어를 시각적으로 기록하는 것, 말하자면 돌들이 어떻게 외치는지를 듣는 것이다. 그는 우리 주변의 모든 돌을 새롭게 바라보고 도시의 "깊은 시간"에 귀를 기울인다. 대리석이 휘갈겨 쓴 것, 화강암의 모스부호, 구멍이 숭숭 난 돌의 발자국을 공책에 그려 넣은 다음, 그것을 지구가 우리에게 이야기를 들려주는 상형문자처럼 보이는 흑백의 점과 획으로 변환한다. "돌의 기억은 인간의 사회적 기억과 다른 시간적 질서를 지닌다. 맨해튼을 걸으면서 돌을 바라볼 때 나는 과거와 현재와 미래 사이를 미끄러지듯 움직이는 것처럼 느낀다." 이 대리석은 뭐라고 말하는가? 메인에서 가져와 뉴욕의 보도에 깐 이 자갈들은 뭐라고 속삭이는가? 여기 뉴욕공립도서관 외벽이 된 버몬트의 화강암은 무엇을 기억하고 있을까? "대기는 메시지로 끓어오르고 있으며, 나무는 비밀을 뚝뚝 떨어뜨리고, 돌은 이야기를 담고 있다." 홀튼은 일기를 쓰면서 눈의 초점을 흐려서 초점의 전환을 통해 대리석의 소용돌이 속 미묘한 언어, 사암 연석에 패인 홈의 무늬, 우리가 결코 알아차리지 못하는 그랜드 센트럴 역 석회암 안에 있는 상형문자를 기록하려고 노력한다.

풍경 속 선들이 우리에게 무엇을 말할 수 있을까? 우리는 어디로 가고 있는가? 우리는 무엇을 남기게 될까? 돌은 증언한다. 모든 선과 갈라진 틈, 구멍, 표식, 점, 주름, 반복적으로 다른 비율로 돌 안에 나타나는 생혼화석은 우리에게 도시의 삶, 지구의 삶에 관해, 건물의 신진대사, 지구의 신진대사에 관해 무언가를 말하려고 애쓰고 있음이 분명하다. 거대도시의 피부에 있는 갈라진 틈과 상처를 뚫고 과거로부터 메시지가 스며 나온다.[16]

우리는 날마다 시간의 유물 가운데서 살아간다. 법률, 제도, 정책, 관습 안에, 또한 앞선 세대로부터 물려받은 수많은 습관 안에 살아 있는 과거의 화석들. 우리 주변의 돌들처럼 이러한 문화적·제도적 '소여所與'가 우리가 살아가고 움직이고 행동하는 방식을 형성하는 '행동 환경'을 이룬다. 우리는 "늘 이렇게 해 왔어"라는 단순한 반복구를 통해 이처럼 주어진 것들을 경험한다. 이런 실체들이 소여라는 것 자체가 거짓 불가시성이다. 그것들을 볼 수 없기 때문에 이러한 유산이 우리를 형성했으며 우리가 살아가는 방식을 구속하고 통제하고 있음을 자각하지 못한다.

이것들을 화석이라고 말하는 것은 어쩌면 부적절하고 심지어는 오해를 불러일으킬 수도 있다. 이런 화석들은 여전히 활동하며 반쯤 살아서 우리에게 영향을 미치고 있기에 좀비와 더 비슷하다. 어쩌면 우리의 제도, 교회, 가정의 구조에 묻혀 있는 타임캡슐과 더 비슷할지도 모른다. 혹은 지연 방출 캡슐

time-release capsules, 즉 우리가 깨닫는 것보다 우리에게 더 많은 양분(이나 독)을 제공하는 역사적 정맥 주사처럼 오랜 시간에 걸쳐 계속해서 제공되는 내장된 역사라고 표현하는 편이 더 나을 수도 있다. 물론, 이처럼 보이지 않는 유산의 긍정적 측면도 있다. 용기와 고집이 있는 조상 덕분에 우리가 **존재할** 수 있었다. 이민자 부모와 조부모들은 우리에게 신세계의 새로운 가능성을 선물로 주었다. 미술관을 만들고 대학을 세우고 공공시설을 구축한 세대는 계속해서 우리에게 그 혜택을 베푼다. 뉴욕시에서 지하철을 탈 때마다 나는 백여 년 전의 과감한 공공 투자에 감탄한다. 그것은 오늘날에는 거의 상상하기 힘든 시민 협력이었다.

물려받음이라는 동일한 동학이 신앙생활에도 적용된다. 앞뒤 표지 사이에 여러 책을 모아 놓은 성경을 손에 들고 다니는 모든 사람은 4세기 기독교 공의회들의 분별력을 물려받은 사람이다. 우리의 낡은 성경은 그들 수고의 살아 있는 유물이다. 수 세기 이전 과거로부터 우리에게 전해진 수많은 실천을 보여 주는 전 세계의 다양한 기독교 예배와 우리의 영적 훈련에는 초기 성도들이 사막에서 경험한 열과 빛의 일부가 담겨 있다. 교회의 유물과 의례에 담긴 이러한 시간적 유산은 우리가 '공교회성'이라고 부르는 것의 물질적 표현이다.

우리가 배척하는 과거에도 우리가 알지 못하는 선물이 있을 수 있다. 우리는 소위 계몽이라는 것으로 역사를 극복했다고 믿으면서도, 우리가 어느 정도나 우리를 지탱하는 과거에서 빌려온 자본으로 살아가고 있는지를 깨닫지 못할 수도 있다.[17] 예를 들어, 혁명적 열정을 통해서든 음모론적 유사 혁명을 통해서든 민주 공화국의 제도와 관행을 해체하려는 운동이 일어날 때, 그렇게 할 수 있는 능력이 민주 공화국의 제도와 관행에 얼마나 많이 **의존하고** 있는지를 깨닫지 못하는 경우가 많다. 그런 의미에서 유산은 그것을 제거하려는 노력조차 가능하게 한다.

하지만 이러한 비가시적 유산—과거의 지연 방출 캡슐, 우리 유산의 좀비 화석—이 인간 번영에 해로운 방식으로 우리의 현재에 활동하는 경우도 많다. 우리 동네의 인구 구성은 흑인들의 주택 소유를 막았던 20세기 레드라이닝 redlining (흑인 밀집 지역에 빨간 선을 긋고 주택담보 대출을 제한한 차별 정책—역주)의 구획을 여전히 따르고 있다. 개발업자들이 나머지 '우리'를 위한 진보라는 이름으로 소외된 지역을 소모품으로 간주할 때 지금도 고속도로는 이 소외 지역을 말살하는 무시무시한 콘크리트 침입자가 된다. 인도 없는 4차선 도로가 깔린 교외 지역은 걷기 원하는 사람들이 살아갈 수 없는, 자동차와 탄소 소비를 위한 세상을 유산으로 남겼다. 이사회를 구성하는 여성의 숫자를 보면 가부장제가 여전히 강고함을 분명히 알 수 있다. 교회와 교단은 이민과 인종 분리, 교외화의 역사를 여전히 반영하고 있다.

이러한 역사의 좀비 화석은 물리적이고 가시적이어서, 우리를 둘러싸고 우리가 소비하는 사물들에 존재할 수 있다. 우리는 우연적 역사가 빚어낸 이 환경에 의존하여 살아간다. 우리가 그것을 소화할 때 이런 역사의 열매가 우리 일부가 된다.

어떤 역사도 순수하지 않다. 그 누구의 역사도 순수하지 않다. 우리에게 양분을 주는 것도 오염되어 있다. 우리가 자리에 앉아 식탁에 차려진 것에 감사할 때조차도 애도해야 할 유산이 늘 존재한다고 말할 수 있을지도 모른다. 모든 '은혜'가 대립이다.

에이빗 브라더스Avett Brothers의 노래 〈우리 미국인들We Americans〉은 선물과 독약, 은혜와 애도가 얽혀 있음을 이렇듯 강력하게 표현한다. 사랑하는 나라, 자유 공화국으로 세워진 나라를 지키기 위해 "노르망디 해변이 가까워질 때 와들와들 떨면서 기도했던" 이들에게 온 국민이 감사를 표현하는 현충일이나 독립기념일에 이 노래를 부르는 모습을 그려 보라. 하지만 축하와 기념은 단순하지 않으며, 화자는 이렇게 고백한다.

나는 미국의 아들
선과 악을 이해하려고 애쓴다네
하지만 난 훔친 땅에서 훔쳐 온 사람들로 세운 이곳에서
최선을 다하려고 노력하고 있다네[18]

노래는 이런 유산을 어떻게 받아들여야 할지 씨름하지만, 그 유산을 직시했기 때문에 비로소 그렇게 씨름할 수 있다. 이 노래는 우리가 묻어 버리고 싶은 역사를 드러낸다. 그리고 후렴 뒷부분에서는 이 모든 것이 바로 우리 발아래와 식탁 위에 있다고 노래한다. "면화와 담배가 자라는 흙 안에 피"가 있으며 "커피와 설탕이 놓인 식탁 위에 피"가 있다. 돌이 울부짖고,

흙이 슬퍼하며, 땅의 열매는 그것을 생산하는 오랜 역사로 여전히 신음한다. 이는 많은 사람이 하나님의 형상을 지닌 동료 인간들을 희생시켜서 안락한 삶을 누리고 있음을 일깨워 준다. 이러한 대립, 이러한 고백, 이러한 인정하기를 통과한 후에야 우리는 비로소 미래로 나아갈 수 있다.

그렇기 때문에 마치 과거가 우리 미래를 미리 결정하기라도 하는 것처럼 우리가 역사의 희생자라고 말할 수 없다. 화자는 "우리는 우리 과거의 총합, 이 모든 부러진 뼈와 상한 마음에 불과한 존재가 아니다"라고 말한다. 우리는 지금과 다를 수도 있는 미래를 꿈꿀 수 있다. 따라서 노래는 이런 기도로 마무리된다.

하나님, 우리가 가는 곳마다 우리를 지켜 주시겠습니까?
지금까지 우리의 행적을 용서해 주시겠습니까?
우리 미국인들을.

기도로 질문하는 것은 시간 안에서 살아가는 또 하나의 방식이다. 이 노래는 마치 영적 시간 지키기의 찬송가처럼 향수와 절망을 모두 거부하며 애도와 소망을 하나로 묶어 낸다.

❊ ❊ ❊

우리가 시간적 존재라는 사실이 우리가 시간과 관계 맺는 **방식**을 결정하지는 않는다. 우리의 현재에서 좀비 화석을 발굴해 낸다고 해서 그것이 반드시 상형문자 해독법을 우리가 알고 있음을 뜻하지는 않는다. 돌과 설탕에, 고속도로 고가차도와 시 경계 표지에 적힌 알파벳을 옮겨 적는 법을 알고 있음을 뜻하지는 않는다. 역사와 마주한다고 해서 그것이 언제나 적절한 인정인 것은 아니다. 미래를 바라본다고 해서 그것이 언제나 소망인 것은 아니다.

문제는 그저 우리에게 역사와 미래가 있느냐, 심지어는 우리가 이것을 인식하고 있느냐가 아니다. 우리가 어떻게 과거와 역사와 관계를 맺고 있느냐가 문제다.

의도적 망각 행위와 다름없는, 과거에 대한 일종의 매혹이 존재한다. 이를 '향수'라고 부른다. 종교 공동체는 특히나 이런 경향을 띠기 쉽다. 믿음은 '전해져 내려온' 전통 traditio의 문제이며, 따라서 신실함을, 우리를 앞으로 나아가게 할 유산에 감사하기보다 그저 과거를 보존하는 것과 혼동할 수도 있다. 향수의 가장 심각한 문제는 기억한다는 사실이 아니라, 향수로 인해 잊어버리는 것과 관계가 있다. 앱슬리 체리 개러드 Apsley Cherry-Garrard는 "이 세상의 너무나도 많은 문제가 기억으로 야기된다. 왜냐하면 우리는 절반만 기억하기 때문이다"라고 말했다.[19] 간절한 그리움의 대상이 되는 '과거'는 언제나 선택되고 편집된 것으로서, 호박 안에 보존된 곤충 화석과 같다. 따라서 설령 이런 과거를 복구와 회복을 위한 진격 명령으로 삼을지라도 이런 과거는 탈맥락화되어 있다.[20] 과거를 현재의 본보기로 삼자고 주장할 때마다 우리는 항상 먼저 이렇게 물어야 한다. **누구의** 과거를 말하는가? 누가 말하는 과거인가? 그리고 이렇게 과거를 본보기로 삼자고 주장할 때 무엇을 무시하고 압도하고 적극적으로 망각하는가? 어떤 절반이 소환되고, 누구의 절반이 망각되는가?

향수는 호고적好古的인 경우가 거의 없다. 즉, 그저 역사로서의 역사에 관심을 기울이는 경우가 거의 없다. '과거의 방식'에 대한 감상적 갈망인 경우가 더 흔하다. 이런 향수는 언제나 일종의 발육 지체로 볼 수 있다. 예를 들어, 청소년기를 꽤나 노골적으로 갈망하며 따라서 성인기에 분노하는 향수가 있다. 많은 형태의 집단 향수는 현재를 악마화하며 전설적인 과거에 탐닉한다. (텔레비전 시리즈 〈소프라노스〉의 주인공 토니 소프라노가 말했듯이, "'그때 생각나?'라는 말은 가장 수준 낮은 대화 형식이다.") 하지만 대부분의 경우와 우리의 집단적 삶에서, 대체로 향수는 낭만화된 삶의 방식을 보장하는 사회 구조를 되풀이하기 원하는 사회적·정치적 의제에 기여한다. 그런 삶의 방식은 이른바 황금시대에 짓밟히고 억눌렸던 사람들을 희생시킨 대가로 일부의 사람들—그들은 그런 삶의 방식에 대한 소중한 기억을 간직하고 있다—을 이롭게 했던 경우가 너무나도 많았다. 예를 들어, 미국에서는 백인, 그것도 남자들만 1950년대를 장밋빛 시대로 기억할 것이다.

시인 스톨링스A. E. Stallings는 조지아주 스톤 마운틴 가까이에서 자랐다. 스톤 마운틴은 러쉬모어와 비슷한 거대한 기념물인데 '잃어버린 대의Lost Cause'의 관점에서 남북전쟁을 기억한다. 백인 우월주의자들이 특히나 신성하게 여기는 곳에 세워진 이 기념물에는 남부 연합Confederate 지도자들의 모습이 새겨져 있다. 모든 기념물이 그렇듯 이것은 특별한 방식으로 기억을 표현하고 있다. 스톤 마운틴은 이런 물음을 제기한다. 과거에 대한 이런 표현이 우리 위로 우뚝 솟아 이 기억의 '절반'에 압제당한 이들을 조롱하고 있을 때 우리는 어떻게 해야 하는가?

스톤 마운틴의 조각가는 독학으로 미술가가 된 로이 포크너 Roy Faulkner 였다. 그는 자신의 오만한 야심을 숨기지 않았다. 그는 "영원토록 서 있을 기념물"을 만들기 원했다.[21] 하지만 산조차도 사라지고 만다. 스톨링스는 "기념물은 미래의 폐허다"라고 씁쓸하게 말한다.[22]

스톤 마운틴을 공원의 조각상처럼 쓰러뜨릴 수는 없다. 하지만 스톨링스는 애틀랜타의 건축가 라이언 그래블 Ryan Gravel 의 창의적인 제안을 소개한다. "우리는 식물이 자라서 조각상의 수많은 틈과 주름을 뒤덮고 이끼와 지의류가 형상을 감추도록 내버려두어야 한다. 조각상을 흙으로 덮어 식물이 잘 자라도록 하고, 이러한 새로운 위장을 의도적이며 창조적인 행동으로 간주하여 이 조각상을—전쟁을 주도한 반역자들이 아니라—전쟁 종식을 기리는 기념물로 바꾸어 놓아야 한다." 다시 말해서, "식물이 기념물을 폐허로 만들고 폐허가 다시 자라나 산이 되게 하는 것"이라고 스톨링스는 설명한다.[23] 기념물을 폐허로 만드는 것이 그것을 없애는 것보다 더 나은 기억하기다. 때로는 가장 충실한 방식으로 기억하기 위해 우리의 향수를 파괴해야만 할 때도 있다. 때로는 우리가 그것과 함께 살아가는 법을 습득한 환상을 파괴하는 것이 가장 창의적인 기억 행위일 때도 있다.

이와 비슷하게 미래와 관계를 맺는 무질서한 방식이 있다. 향수의 거울상은 '진보'라는 낙관적이며 이상주의적인 관념, 즉 이른바 역사의 줄거리를 우리 자신의 덕의 필연성으로 낭만화하는 경향이다. 이런 점에서 우리는 미래의 우리 자신이 현재의 우리 자신의 더 나은 판본이라고 상상하는 경향이 있다. 이는 어쩌면 우리가 지금 우리 모습을 제대로 보지 못하고 있기 때문일 것이다. 미시적 차원에서 행동경제학자들은 우리가 미래의 자신을 위해 하는 선택을 살펴보면 우리가 지금의 우리와는 달라지리라고 상상하는 것처럼 보인다고 지적한다. 예를 들어, 사무실 직원들에게 다음 주 점심 모임의 후식을 선택하라고 했을 때 직원 중 4분의 3은 초콜릿 대신 과일을 선택했다. 하지만 실제 점심 모임에서는 과반수가 초콜릿을 골랐다. 이런 현상을 '과도한 가치폄하hyperbolic discounting'라고 한다. 그렇지 않을 것이라는 모든 증거에도 불구하고(다시 말해, 우리가 이 시점에 이르기까지 과거에 드러난 모든 행동에도 불구하고) 미래와 그 미래의 우리 자신이 과거와는 전혀 다를 것이라고 상상하게 만드는 인간 심리의 편견을 뜻한다.[24] 미래에 관한 이런 낭만주의는 반전된 향수와 비슷하다. 그것은 소망이 아니라 교만이다.

미래에 대한 또 다른 무질서한 지향은 '**최후의 심판**주의doomsdayism'라고 부를 수 있는 것, 혹은 아퀴나스가 절망의 악덕(성 토마스의 분류 체계에서 "죄 중에 가장 큰 죄")이라고 부른 것이다.[25] 미래를 낭만화하는 대신 악마화한다. 여기서 미래를 대하는 태도는 주로 두려움과 불안이다(그래서 미래에 관한 최후의 심판주의는 과거에 관한 향수와 짝을 이루는 경우가 많다). 미래를 위협으로 상정한다. 역사의 줄거리는 언제나 쇠락할 뿐이라고 예상한다. 휴거를 준비하는 최후의 심판주의도 있고, 기후 대격변이나 정치 붕괴로 표현되는 세속적인 최후의 심판주의도 있다. 최후의 심판주의의 절망 속에서 우리는 이미 결정되고 상실된 미래의 희생자일 뿐이다. 미래를 대하는 이런 태도는 미래에 집착하지만, 소망과는 정반대다. 하나님이 죽은 자를 다시 살리실 수 있다면, 죽음조차도 끝이 아니다. 부활과 용서는 미래가 언제나 놀라움의 열린 원천임을 의미한다.

✳ ✳ ✳

평론가 매튜 오코인 Matthew Aucoin은 작곡가 토마스 아데스 Thomas Adès의 음악에 대해 성찰하면서, 많은 생각을 자아내는 은유를 제시한다. "역사는 무생물이 아니라… 오히려 여전히 살아 있으며 계속 변하는 퇴비 더미, 그 안에서 우리가 무언가 찾아내고 사냥하고 세우는 비옥한 생태계다."[26] 역사는 우리와 우리 제도 안에 살아 있다. 우리 역사는 결코 지나간 것이 아니기 때문에 시간적 신실함의 핵심 덕목은 **분별**이다. 우리는 체로 걸러 내야 할 역사라는 이 퇴비 안에서 자라고 있다. 버려야 할 폐기물도 분명히 있지만, 변형된 우리 과거가 이제는 다른 미래를 위한 비옥한 토양이 될 때도 있다. 우리가 옮겨 심을 수 있는 어린나무가 나타나기도 한다.

잇사갈의 아들들처럼 "시간을 이해하고자"(대상 12:32, 개역개정은 "시세를 알고"라고 번역했다—역주) 한다면, 분별하는 우리 역시 시간의 **산물**임을 깨달아야만 한다. 하지만 우리가 역사의 우연적인 우여곡절 안에 자리 잡고 있음을 깨닫는 것은 그 절반일 뿐이다. 나머지 절반은 어떻게 물려받을지, 우리가 받은 것으로 무엇을 할지를 아는 것이다. 이것이 분별하는 일이다.

이에 관해 독일의 철학자 헤겔G. W. F. Hegel의 작업에서 우리가 배워야 할 교훈이 있다. 그의 글은 어렵고 난삽하기로 악명이 높지만, 헤겔은 성령께서 어떻게 역사를 미리 줄거리를 정해 놓은 가짜 드라마, 역사를 모조품으로 만드는 조작된 게임으로 만들지 않으시면서 역사를 통해 운행하셨는지를 이해하는 그리스도인처럼 역사를 이해하려고 노력했다.[27] 그는 프랑스대혁명 같은 '세계사적' 사건을 바라보면서 이런 사건을 통해 무엇이 진행 중인지를 분별하려고 노력했다. 헤겔 연구자 찰스 테일러Charles Taylor는 헤겔이 섭리 교리를 다시 쓰고 있었다고 주장한다. "헤겔은 잘 결합된 우주를 인간을 위한 하나님의 목적 안에 완벽하게 끼워 맞춘다는, 경솔하게 낙관적인 18세기 섭리 개념을 일관되게 경멸했다. 이런 전망에 맞서 헤겔은 역사를 하나의 목적이 안으로부터 펼쳐지고 비극적 대립을 통해 더 높은 화해로 나아감으로 이해하는 관점을 발전시켰다. … 역사는 그것이 만들어 낸 상처를 치유하기 위해 움직인다."[28] "안으로부터" 나타나는 이 목적은 "아래로부터" 나타나는 목적, 즉 우리 뒷거울로 역사의 우연성을 볼 수 있고 사건과 결정의 비행운을 보게 될 때, 사후에야 비로소 볼 수 있는 목적이라고도 할 수 있을 것이다. 이것이 "미네르바의 부엉이는 황혼녘에야 날아오른다"라는 헤겔의 유명하지만 수수

께끼 같은 진술의 골자다.[29] 미네르바는 그리스 지혜의 여신 아테나에 해당하는 로마의 여신이다. 헤겔의 주장은 하루의 끝에 이르러서야 지혜가 떠오르기 시작한다는 것이다. 즉, 명료한 통찰이 도착하기 전에 우리는 무언가를 **거쳐야만** 한다. 참고 견뎌야만 지혜를 얻을 수 있으며, 통찰이 늦게 도착하는 것처럼 느껴질 때가 많을 것이다. 왜 우리는 이것을 더 일찍 알지 못했을까? 그것이 시간성의 스캔들 중 하나다.

하지만 그럼에도 우리는 황혼에 보려고 노력하며, 이는 언제나 어렵다. 이성은 눈을 가늘게 뜬다. 메릴린 로빈슨 Marilynne Robinson의 소설 《길리아드 Gilead》(마로니에북스)에서 존 에임스 목사는 편지에 "때로는 특정한 날의 통찰이 그에 대한 기억 속에서 너에게 찾아오거나 오랜 시간에 걸쳐 너에게 펼쳐져 보일 것이다"라고 쓴다.[30] 분별은 다가오는 밤의 그림자 안에 모든 것이 은폐되어 있을 때 우리 주위를 자세히 살펴보는 고된 일이다. 헤겔은 부엉이의 비상에 주목하기 직전에 세상이 어떠해야 하는지에 관한 가르침을 갈망하는 우리의 태도에 대해 경고하면서 이 점을 지적한다. 철학은 "언제나 너무 늦게 찾아오기에 이 기능을 수행할 수 없다"라고 그는 말한다. 어쩌면 황혼에 철학이 도착하기 전에 먼저 분별이 와야 할 수도 있다. "철학이 그 회색을 회색으로 그릴 때 삶의 형태는 늙고 말며, 철학의 회색 안에 있는 회색에 의해 다시 젊어질 수 없고 **재조직될** 수 있을 뿐이다."[31] 하지만 때로는 이를 인정하는 것이 우리를 다른 미래로 나아가는 길로 이끄는 성취가 된다.

통찰이 늦게 도착한다고 해서 우리가 분별의 책임에서 벗어나는 것은 아니다. 그것이 거의 언제나 뒤늦은 깨달음이라고 해서 통찰을 무시해서도 안 된다. 성령—헤겔의 정신 Geist—은 역사 안에서 우리를 부르신다. 분별은 무엇보다도 먼저 역사를 설명하는 것에 관한 문제가 아니라, 시간 안에서 구속을 펼치시는 성령과 함께 삶의 형태를 만들어 가기를 기대하는 것에 관한 문제다. 찰스 테일러는 이 점을 포착하려고 하면서 헤겔에게 성령의 움직임은 **"진행 중이며"** "인간의 의무는 그것을 깨닫고 그것과 관계를 맺으며 살아가는 것이다"라고 말한다. 성령의 움직임은 참여해야 할 무언가로서, 우리에게 무언가를 요구한다. "한 사람이 '정신'과 연결되어 있음을 깨닫는 것이 그 자체로 *ipso facto* 그 사람과 그의 행동 방식을 변화시킨다."³² 그리고 헤겔에게는 **종교적** 변화가 그 핵심에 자리 잡고 있다. 현실의 변화는 의식의 변화와 서로 얽혀 있다. 이런 이유 때문에 역사 한가운데서의 **분별**이 우리의 핵심 책무다. 이는 곧 성령과 함께 시간을 가늠하기 위해 박자에 귀를 기울이고 템포를 느끼려고 노력하는 것이다.

역사가 우리의 성취를 위한 백지상태라고 상상하는 것과 그것이 그 안에서 우리가 역할을 하도록 요청받은 교향곡이라고 상상하는 것 사이에는 중요한 차이가 있다. 테일러의 결론은 어렵지만 주의를 기울여 생각해 볼 만한 가치가 있다. "광범위하며 의도적인 사회적·정치적 변화를 갱생을 성취한 사람들이 **행하는** 무언가로 보는 관점과 적절한 사회적·정치적 변화를 올바른 정신 안에서 **분별해 내고** 받아들이고 삶으로 실천해야 하는 것으로 보는 관점 사이에는…차이가 존재한다."³³ 우리 자신이 우리가 기다려 온 사람들이라고 믿는 것과 우리가 역사를 통해 운행하시는 하나님의 성령에 동참하도록 부르심을 받았다고 깨닫는 것 사이에는 차이가 존재한다.

나는 이 두 자세를 교만과 은혜의 차이라고 말해도 과언이 아니라고 생각한다. 전자—"**해야** 할 무언가" 학파—는 우리를 우리의 행동으로 역사를 만들어 가는 일차적 행위자로 보는 일종의 역사적 펠라기우스주의다. 역사는 **우리**가 이룬 성취의 역사일 것이다. 후자는 역사적 아우구스티누스주의, 은혜를 입은 시간성 graced temporality에 더 가깝다. 그 안에서 성령께서 걸어가시며 움직이시고, 우리는 은혜로 동참하고, 이로써 둘 다 변화되고 펼쳐지는 변화의 일부가 되도록 초대를 받는다.

❊ ❊ ❊

우리는 역사의 펼쳐짐에 휘말려 있는 동시에 미래를 형성하는 행위자들이다. 헤겔에게서 본 이 통찰은 라인홀드 니버Reinhold Niebuhr가 《미국 역사의 아이러니 The Irony of American History》에서 전개하는 주장과 관련해서도 핵심적이다. 냉전 한가운데에서 미국의 패권과 오만에 맞서 니버는 역사를 통제할 수 있는 우리 능력을 과대평가하지 말라고 경고했다. 우리가 자신을 초강대국, 즉 역사**에 영향을 미치는** 행위자로 바라보는 바로 그 순간 우리가 역사**에 의해** 형성되고 제약되는 모든 방식을 볼 수 없게 된다.

니버가 말하는 "아이러니" 개념은 특수하며, 거의 전문적이다. 그는 우리 상황─인간 조건─이 "측은하기만" 한 것이 아니라고 강조한다. 우리는 우리의 통제를 넘어서는 힘에 수동적으로 "견디는", 동정을 받아 마땅한 역사의 희생자이기만 한 것이 아니다. 우리는 시간의 피조물인 동시에 역사를 빚는 행위자다. 그는 "인간의 역사적 성격"은 인류가 "역사 안의 행위자인 동시에 역사의 피조물"이라는 점이라고 요약한다.[34]

우리 조건이 비극적이기만 한 것도 아니다. 즉, 우리에게 닥친 어떤 규범이나 환경 때문에 우리가 불의한 결정을 내릴 수밖에 없는 것도 아니다. 오히려 우리 상황은 **아이로니컬하다**. 너무나도 많은 악이 우리 스스로 만들어 낸 것이지만, 그 악의 너무나도 많은 부분은 우리의 편협한 미덕과 최선의 의도라는 무의식적 그림자에 의해 생성된다. "인간 역사의 악은 인간이 자신의 독특한 능력을 잘못 사용한 결과로 간주된다. 이를 잘못 사용하는 이유는 언제나 자신의 힘과 지혜, 덕의 능력이 지닌 한계를 깨닫지 못하기 때문이다. 인간은 자신이 창조자일 뿐만 아니라 피조물이기도 함을 잊어버리기 때문에 아이로니컬한 피조물이다."[35] 이러한 **깨닫지 못함**은 우리에게 중요한 주제이며, 분별의 중요성과 밀접하게 연결되어 있다.

니버는 인간 역사에 대한 이런 반어적 이해가 인간 조건에 대한 기독교적 해석이라고 보았다. 왜냐하면 원죄 교리가 자기 통제와 자기 이해에 관해 근본적인 겸손을 낳으며, 아이러니가 자비로 귀결되기 때문이다. 시편 기자는 하늘에 앉아 계신 그분이 우리의 헛된 계략을 비웃으신다고 말한다(시 2:1-4). 니버는 이 웃음이 조소이며 "우리의 허영에 대한 신랄한 비판"이라고 지적한다. 우리의 상황은 가소롭지만, 우리를 겸손하게 만드는 하나님의 웃음에는 다른 가능성, 즉 용서를 전하는 따뜻함과 공감이 존재한다. 계속해서 니버는 "웃음이 참으로 아이로니컬하다면, 심판뿐만 아니라 자비도 상징함이 분명하다"라고 말한다.[36] 우리의 시간적 상황의 아이러니를 이해한다는 것은 다음과 같이 이해한다는 것이다.

> 인간 역사의 전체 드라마가 인간의 야심에 적대적 태도를
> 취하지 않으면서도 인간의 자만을 비웃는 신적 심판자의
> 감시를 받고 있다. 자만에 대한 비웃음은 하나님의
> 심판이다. 심판이 자만을 약화하고 인간으로 하여금
> 상상력의 허영을 인식하고 통회하게 한다면 그것은 자비로
> 바뀐다.[37]

다시 말해서, 우리 역사의 아이러니는 언제나 다른 미래가 가능함을 의미한다. 이는 하나님이 상황을 역전하실 수 있기 때문이며("건축자가 버린 돌"이 머릿돌이 된다, 시 118:22), 또한 인식이 통회를 낳고, 통회는 다시 경로 변경으로 이어질 수 있기 때문이다. 우리가 부르심을 받은 존재가 되기에 너무 늦은 때란 없다.

우리 상황을 인식하는 것이 첫걸음이다. 새로운 인식이 시작될 때 새로운 날이 시작된다. 니버는 우리가 인간 조건의 이러한 아이러니—우리 행동이 우리 의도를 앞지름—를 인식하지 못할 때 교만하게 된다고 보았다. 현실이 너무 행복해서

그런 오만을 반박할 수 없다. 그렇기 때문에 니버는 인식이 지혜의 시작이라고 강조한다. 우리 오만이 만만치 않은 현실과 충동할 때마다 우리는 인식의 겸손으로 나아갈 기회를 얻는다. 물론 현실에 굴욕을 느낄 때 격렬한 분노, 즉 세상과 시간이 우리의 자만에 순응하지 않는다는 것에 근본적인 분노를 품을 수도 있다. 하지만 그런 굴욕이 겸손, 즉 우리 한계에 대한 인식으로 나아가는 관문이 될 가능성은 언제나 존재한다. 인식이 주문을 깨뜨릴 수 있다. "아이로니컬한 상황에 대한 자각은 그것을 해체하는 경향이 있다."[38]

니버의 이 말은 의식을 일깨우고자 하는 이 책의 표어가 될 수 있다. 이 책은 당신의 시간을 가지고 무엇을 해야 하는지, 시간을 어떻게 관리해야 하는지, 어떻게 일종의 영적 효율성을 활용하여 시간을 구속해야 하는지에 관한 책이 아니다. 이 책은 어떻게 시간 안에서 살아가야 하는지를 새롭게 자각하기를 권하는 책이다. "아이로니컬한 상황에 대한 자각은 그것을 해체하는 경향이 있다." 이는 그것이 우리의 문제를 **해결하거나** 우리의 한계로부터 우리를 **해방한다는** 뜻이 아니다. 인식이 우리를 들어 올려 역사의 부침을 초월하게 해 주는 것은 아니다. 우리로 하여금 우리 상황에 새로운 방식으로 주의를 기울이게 할 뿐이다. 아마도 우리의 선한 의도의 순수성에 대해서는 덜 확신하게 하고, 우리의 제한된 시야, 우리의 혼합된 동기, 우리가 세운 최선의 계획조차도 우리가 결코 통제할 수 없는 미래에 의도하지 않은 결과로 무산될 수 있음을 더 분명히 의식하게 할 것이다.

인식은 통회—"도덕적 자화자찬의 예전"이 지배하는 사회에서 우리가 점점 더 이해할 수 없게 된 자세—에서 그 목적을 찾아야 한다.[39] 하지만 우리가 "우리의 개인적·집단적 행동에 대한 궁극적 심판이라는 종교적 감각"을 지니고 산다면, 이는 "아이로니컬한 부조화를 형성하는 데 기여했던 지혜나 덕, 능력에 관한 우리의 오만을 자각하게 해 줄 것이다." 그런 자각을 통해 "아이러니는 통회의 경험 안에서 해체되고 아이러니를 야기한 오만을 약화하는 경향이 있을 것이다."[40] 나는 이것이 바로 에이빗 브라더스가 〈우리 미국인들〉의 마지막 부분에 담고자 한 의미였다고 생각한다.

나는 하나님과 인간의 아들이며
선과 악을
결코 이해할 수 없을 테지만
나는 이 땅을 너무나도 사랑한다네
우리 사람들 때문에
우리 사람들에도 불구하고

이 노래는 미국사의 아이러니를 지적하는 인식의 찬가다. 하지만 다른 미래를 향해 살아가고자 하는 희망을 품고 용서를 구하는 통회의 행동으로 마무리된다.

마침내 니버는 분별로 끝을 맺는다. "이 신적인 원천과 중심은 믿음으로 분별해야 한다. 왜냐하면 그것은 의미의 근거지만 신비에 싸여 있기 때문이다. 그렇게 이해할 때 그것은 그 안에서 인간의 자유가 그저 비극적이거나 가공적인 것에 그치지 않고 실재적이며 유효한, 의미의 틀을 만들어 낸다. 하지만 인간이 자신이 지닌 자유의 정도를 과대평가하고 자신 역시 피조물임을 잊어버리려는 유혹을 계속해서 느낀다는 것도 인식한다."[41] 우리가 언제나 하나의 **언제** 안에 자리 잡고 있음을 인식할 때, 이런 인식으로부터 긴급한 질문이 떠오른다. **우리는 언제에 있는가?** 그리고 이 **언제**에 하나님은 어디에 계시는가? 우리의 지금에서 성령님은 어디로 걸어가시는가?

이런 분별은 의미로 가득 차 있다. 니버는 우리가 우리의 현재를 읽어 내고, 우리가 자리 잡고 있는 역사 안에서 성령의 발자국을 분별해 내기 위해 반드시 필요한 '초연함'을 이룰 수 있을지 묻는다.[42] 아이러니를 이해하려면 일정한 거리를 확보해야 한다. 우리가 현재의 소용돌이 안에 갇혀 있을 때 그것이 정말로 가능할까? 니버는 가능하다고 생각하며, 그가 제시하는 증거는 에이브러햄 링컨 Abraham Lincoln 의 사례였다. "링컨은 자신이 맡은 책임 때문에 아무 책임이 없는 관찰자들이 취할 수 있는 단순한 초연함이라는 사치를 누릴 수 없었다. 하지만 그는 즉각적인 정치적 충돌이 아닌 다른 의미의 차원에 대한 종교적 자각을 통해 이웃 사랑의 감각을 품을 수 있었다."[43] 미국사가 링컨이 그 안에서 살아간 유일한 이야기가 아니었기 때문에 그는 상황에 거리를 둘 수 있었다. 그의 "종교적 자각"—링컨의 경우 독특하게 **신학적인** 기분 attunement 이었던—은, 링컨이 두 번째 대통령 취임 연설에서 말했듯이 "같은 성경을 읽고 같은 하나님께 기도하는" 두 전쟁 진영의 아이러니와 공포를 바라볼 수 있는 관점을 그에게 제공했다. 하지만 그런 인식과 통회는 분별과 행동을 가로막지 않았다. 오히려 인식과 통회 덕분에 링컨은 신중하고도 대담하게 노예제가 폐지하고 극복해야 할 악이라는 분별에 뿌리를 내린 행동을 위한 경로를 수립할 수 있었다. 그것은 분별에 뿌리를 내리고 있으며 "하나님이 우리에게 옳음을 볼 수 있게 하시므로 옳음 안에서 흔들리지 않는" 확신이었다.

분별은 언제나 위험을 수반한다. 분별 작업은 공동체적이어야 하지만, 만장일치는 결코 가능하지 않을 것이다. 성령께서 언제나 역사 안에서 걸어가시므로 분별의 일은 절대로 끝나지 않을 것이다. 성령의 노래에 맞춰 조율될 때 그것이 당신 삶을 변화시킬 것이다.

2장 인간 마음의 역사

유령에게 배우는 법

시간은 나를 이루고 있는 구성물이다. 시간은 나를 떠내려
보내는 강이지만 내가 그 강이다. 나를 파괴하는 호랑이지만
내가 그 호랑이다. 나를 불사르는 불이지만 내가 그 불이다.
— 호르헤 루이스 보르헤스Jorge Luis Borges,
〈시간에 관한 새로운 반문A New Refutation of Time〉

시간은 당신이 생각하는 것보다 더 가변적이다. 우리는 그것
을—손목시계에, 주머니 속 전화기에, 시청 시계탑 안에—계
량화하고 외재화했기 때문에 시간이 표준화되었다고 생각하
는 데 익숙해져 있다. 측정은 곧 통제다. 그리고 이러한 시간
의 통제는 보편적 번역 체계를 통해 세계화되었다. 중국에서
든 미국에서든 하루는 24시간이다. "저녁이 되고 아침이 되니
이는 첫째 날이니라." 그 후로 모든 날이 마찬가지였다.
　하지만 배리 로페즈Barry Lopez 같은 작가는 이런 시간 경

험이 보편적이지 않음을 일깨워 준다. 어떤 의미에서 '하루'조차도 유연하다. 아침과 저녁이 항상 오는 것은 아니다. 그는 북극 마을에서 얻은 이런 깨달음을 회고한다.

마을을 산책하면서 나는 난생처음 이런 사실을 이해한 것을 깨달았다. 북극에서는 겨울에 해가 남쪽에서 천천히 나타났다가 마치 고래가 몸을 뒤집듯이 거의 같은 지점에서 사라진다. 해가 "동쪽에서 떠서 서쪽으로 진다"라는 개념이 전혀 적용되지 않는다. '하루'가 아침과 오전, 오후와 저녁으로 이뤄진다는 생각은 우리 안에 너무나도 깊이 자리 잡고 있어서 그것에 관해 거의 생각하지 않는 관습, 우리의 문학과 예술에서 만든 관습이다. 그런 틀이 여기에서는 적용되지 않는다.[1]

이런 환경에서는 손목시계가 선언하는 바는 거의 무의미하게 느껴진다. 객관성이 무엇이 진정으로 참인지를 언제나 결정해 주지는 않는다. 몸이 점수를 기록한다면, 몸은 시간도 기록한다. 북극의 끝없는 겨울밤에 몸은 무엇을 필요로 하고 원할까? 해가 밝게 빛날 때 그런 몸은 그것이 바랐던 것 중에서 무엇을 기억할까? 물론 긴 겨울의 어둠이 지난 후에 해를 반길 것이다. 하지만 물러나기 거부하는 여름 해는 억압이 될까? 황혼을 갈망할 수도 있을까? 온대 지역에 사는 우리는 어떻게 어둠 속에서 살 수 있는지 궁금해한다. 하지만 끊임없이 빛에 노출된 몸은 밤을 고대할까? 어둠 속에 쉼이 있을까?

로페즈가 지적하듯이, 아침과 저녁의 이러한 유연성은 성장의 의미를 바꾸어 놓는다. "이상하게도 북극지방은 한 해 동안 열대지방과 동일한 양의 햇빛을 받지만 그 빛이 한 번에 낮은 입사각으로, 그다지 강렬하지 않게 온다."[2] "객관적으로 말하자면", 북극지방과 적도지방은 "동일한 양"의 햇빛을 받는다고 할 수 있다. 물론 핵심적인 차이는 **언제**와 **어떻게**다. 극지방에서 여름에 쉬지 않고 햇빛이 비쳐도 밤에 대한 벌충이 될 수 없다. "동일한 양"의 햇빛이 똑같이 분배되지 않으며, "지구의 생물학적 체계 전체가 사실상 태양 복사 에너지에 의해 유지되고 있음"을 감안할 때 우리가 경험하는 낮과 밤의 차이는 가능성의 차이로 변환된다. 무엇이 성장으로 간주되는지는 이러한 시간의 가소성에 달려 있다.

북극지방의 나무는 강인한 인내의 분위기를 풍긴다. 손가락만큼 가는 흰버드나무 줄기의 절단면을 돋보기로 보면 200개의 나이테를 확인할 수 있다. 물론 툰드라의 많은 지역은 나무가 없어 보이지만, 사실은 나무로 덮여 있는 곳이 많다. 키 작고 아주 오래된 버드나무와 자작나무가 두텁게 깔려 있다. 갑자기 당신은 숲 **위**로 걸어 다니고 있음을 깨닫게 된다.[3]

인생의 첫 18년이 북극의 겨울이라면 어떨까? 삶의 모든 햇빛이 뒤늦게 비스듬히 찾아온다면 어떻겠는가? 삶에서 주기적으로 해가 사라지고, 영영 끝나지 않을 것처럼 보이는 밤이 찾아온다면 어떻겠는가? 이런 조건에서는 나이테 한 층만큼 자라는 것도 엄청난 성과다. 나이테를 하나 추가하는 것—**견뎌 내는 것**—도 훌륭한 일이다. 어떤 해는 다른 해보다 길다.

튼튼한 온대성 나무와 극지방의 숲을 비교하지 말라. 그 어린나무를 키우는 데 얼마나 엄청난 에너지가 필요한지 상상할 수 없을 것이다. 그 나무들이 무엇을 견뎌 왔는지 당신은 이해할 수 없을 것이다. 그 숲이 얼마나 오래되었는지, 얼마나 많은 시간 동안 어둠에 싸여 있었는지 알지 못할 것이다.

훨씬 더 중요한 점이 있다. 툰드라에서 살아남은 나무들과 적도 우림을 비교하지 말라. 하나님도 비교하지 않으신다. 이 둘은 다른 조건에서 살아간다. 의로운 사람들과 불의한 사람들 모두에게 햇빛이 비치지만, 똑같은 각도나 강도로 비치지는 않는다. 당신의 이전 삶의 딱딱한 껍질을 뚫고 나온 자작나무 묘목은 은혜의 기적이다. (거기서 아무것도 자랄 수 없으리라고 생각했던 때를 기억하는가?) 그들은 당신이 겪은 겨울을 견뎌 낸 적이 없다. 그들은 당신의 밤이 얼마나 길었는지 알지 못한다. 하나님의 은혜로 당신은 어둠을 견뎌 냈다.

❊ ❊ ❊

그랜드래피즈 공립 박물관의 아트리움에는 견학 온 학생들의 긴 줄 위로 길이가 20미터가 넘는 긴수염고래 해골이 걸려 있다. 둥근 천장 아래로 유령처럼 헤엄치는 이 해골은 으스스하기보다는 매혹적이다. 어떤 점에서 이 해골은 우리가 상상하는 그 무시무시한 포유동물과의 모호한 관계만을 암시할 뿐이다. 이 거대한 뼈들은 이 뼈의 주인이었던 거대한 동물을 어렴 풋이 암시할 뿐이다.

해골은 매혹적인 건축학적 구조를 가지고 있다. 이 온화한 심해 거대 생명체는 플랑크톤만 먹고 살지만 무시무시한 비례와 압도적인 아름다움을 지니고 있다. 이 뼈 안에도 은혜가 있으며, 흐름에 최적화된 생명체의 편안함을 느낄 수 있다. 회백색 뼈를 보면, 마치 해골이 될 **예정이었던** 것처럼 차분함과 순수함이 느껴진다.

친구인 피터 모Peter Moe의 책《이 고래를 만지다Touching This Leviathan》를 읽기 전까지 나는 고래의 살이 사라지고 해골만 남게 되는 과정의 혼란스러운 폭력에 관해 깊이 생각해 본 적이 없었다.

오랫동안 고래에 매료되었던 모는 학생들과 함께 시애틀 퍼시픽대학교Seattle Pacific University 과학관에 걸어 둘 고래 해골을 복구하고 건조하고 재건하겠다는 꿈을 가지고 있었다. 이 책에서 그는 자신의 무지와 순진함을 마주하게 된 경험에 관해 이야기한다.

> 나는 그저 고래를 베어서 뼈를 잡고 꺼내면 된다고
> 생각했다. 고래는 나에게 뼈가 모든 것에 붙어 있음을—
> 가장 본능적인 방식으로—가르쳐 주었다. 뼈는 근육과
> 힘줄, 인대, 건으로 싸여 있으며, 뼈와 살에서 이 모든 것을
> 잘라내야 한다. 노력하기는 했지만 나로서는 이
> 생물학자들처럼 열정을 끌어모을 수 없었다. 내가 할 수

있는 것이라고는 계속해서 일하는 것뿐이다. 온종일 구역질이 목을 타고 올라왔다가 다시 내려간다. 그럴 때마다 나는 잠시 멈추고 일어나 앉아서 바다 공기를 마신다. 바람에 감사함을 느낀다.[4]

생물학자들이 그를 놀린다. 그중 한 사람이 묻는다. "영문학 교수님, 좀 어떠세요? 교수님이 읽는 책들과는 많이 다르죠?" 하지만 그렇지 않을지도 모른다고 모는 생각한다. "나는이 몸을 읽고 있다고 생각한다. 마치 책을 읽듯이 이 몸을 읽고 있다. 고래 자체가 일종의 도서관, 심지어는 문서 보관소이기 때문이다."[5] 고래의 몸은 들려줄 이야기가 있다. 상처와 지방에, 위와 난소에 이야기가 들어 있다. 어디에 가 보았는지, 무엇을 견뎌 왔는지에 관한 이야기를 들려준다. 고래는 계속해서 이야기한다.

그리고 여기, 심지어 죽어서까지도 고래는 계속해서 베푼다. 물론 우리는 수백 년 동안 고래에게서 혜택을 받았다. 고래의 이름 중 다수는 고래가 인간에게 얼마나 유용한지를 말해 주는 증거를 지니고 있다.[6] 어쩌면 우리는 고래를 정복한 것을 정당화하기 위해 고래를 바다 괴물—리워야단!—이라고 부르는지도 모른다. 어떤 경우든, 고대 북극에서 빅토리아시대 런던에 이르기까지 고래가 인간의 필요를 채우기 위해 내어준 것이 문명을 유지했다. 그리고 여기서 다시 한번 해변으로 떠내려온 고래 사체는 인간의 욕망을 만족시키기 위해 자신의 뼈를 내어준다.

죽음조차도 고래의 내어줌을 종식하지 못한다. 모는 또다른 고래 관찰자의 통찰을 소개한다.

캐슬린 제이미Kathleen Jamie는 "고래의 방Hvalsalen"이라는 글에서 베르겐대학교University of Bergen의 자연사 박물관을 방문한 경험을 들려준다. 이 박물관에는 19세기까지 연대가 거슬러 올라가는 24개의 완전한 해골뿐만 아니라 여러 고래의 두개골과 뼈를 전시하고 있다. 쇠사슬과 쇠막대로 천장에 고정된 해골에서는 아직도 기름이 떨어진다. "불쌍한 고래들은 멈춰야 할 때를 알지 못하는 것일까? 기계 윤활유로 사용된 바로 그 고래기름이 거리와 휴게실의 등불을 밝혔고 비누와 마가린의 재료가 되었다. 그 모든 기름! 여기 죽은 지 백 년 된 고래들이 아직도 기름을 내놓고 있었다"라고 제이미는 슬퍼한다.[7]

우리의 과거는 지나가지 않았다. 현재로 스며들어 온다. 수 세대 지난 벽장 속 해골이 여전히 우리 삶에 기름을 뚝, 뚝, 뚝 떨어뜨린다. 때로는 이것이 가능성과 기회의 연료가 되어 우리를 위해 등불을 밝힌다. 때로는 이 뼈가 보이지 않게 연료를 떨어뜨려 우리의 불안과 분노를 불타오르게 한다. 묻힌 과거는 잠자고 있지 않다. 과거를 무시한다고 해서 거기서 벗어날 수 있는 것은 아니다. 사실, 묻힌 과거는 주는 것보다 더 많은 것을 취할지도 모른다.

※ ※ ※

근육 기억은 몸 안에 살고 있는 역사와 같다. 방목장에서 외양간으로 이어지는 닳고 닳은 길처럼 반복된 의례와 주기는 오랜 시간에 걸쳐 심리적인 동시에 생리적인 홈을 만들어 낸다. 그것은 당근을 써는 행동일 수도 있고, 캔버스에 물감을 칠하는 행동일 수도 있으며, 아기에게 젖을 주는 행동일 수도 있다. 처음에는 힘들었지만 점점 더 익숙해진다. 과거에 반복해서 이 행동을 했기 때문에 이제는 생각하지 않고도 할 수 있게 되었다. 편안하고 능숙하게 해낼 수 있다. 눈을 감고도 할 수 있을 정도다.

십대 시절 프리스타일 BMX 자전거에 열광적으로 빠져 있었기 때문에 나는 환각지처럼 자전거 핸들을 움켜쥐고 있다고 느끼곤 한다. 청소년기가 지난 지 40년이 되었지만 지금도 눈을 감으면 자전거가 안전한 램프를 벗어나 하늘로 과감히 날아오르는 느낌을 정확히 떠올릴 수 있다. 램프의 끝부분을 향해 속도를 높일 때 곡면에서 전해지는 압력을 지금도 느낄 수 있다. 타이어가 합판에 닿을 때 덜덜거리는 소리와 램프를 벗어난 후의 상쾌한 침묵을 들을 수 있다. 공중을 나는 짜릿함과 공중에서 내 몸과 자전거가 엉켜서 흐를 때의 느낌을 아직도 떠올릴 수 있다. 공중에서 방향을 전환하기 위해 엉덩이와 손을 뒤튼다. 자전거를 비튼 다음 풀고 착지하기 전에 그것을 바라보면서 자전거를 내 위와 뒤로 던지는 '뒤돌아보기' 동작의 짜릿함이 느껴진다. 40대에 혼자 소파에 누워서 눈을 감고 내가 너무나도 잘 알고 있는 그 순간들을 내 몸이 되풀이할 때도 있었다. 나는 다리와 팔을 뻗은 채 환각지처럼 보이지 않는 자전거를 타고 램프를 올라 역사 속으로 사라졌다.

몸이 더는 할 수 없는 것을 기억할 때도 있다. 근육이 언제나 기억에 필적하는 능력을 발휘할 수 있는 것은 아니다. 몸의 습관이 몸의 능력을 능가한다. 영화 〈탑 건 Top Gun〉 속 지휘관의 말처럼, 때로는 내 자아가 내 몸이 갚지 못할 돈을 쓰기도 한다.

여러 해 전 나는 중년의 향수 때문에 충동적으로 중고 프리스타일 BMX 자전거를 샀다. 손으로 핸들을 잡자마자 익숙한 느낌이 찾아왔다. 자전거의 기하학은 수십 년 동안 방문하지 못한 집처럼 느껴졌다. 내 몸은 노하우, 즉 '런모어', '디케이드', '테일휩' 같은 BMX 기술에 관한 기억으로 가득 차 있었다. 그래서 실력을 마음껏 뽐낼 기대에 부풀어 자전거를 타고 거리로 나섰다. 나 말고는 아무도 놀라워하지 않을 그때의 깨달음은 몹시 당혹스러웠다. 몸은 **기억하고** 있었지만 도무지 실행에 옮길 수가 없었다. 내가 더는 자전거를 제어할 수 없을 뿐만 아니라 내 몸조차 제어할 수 없다는 사실은 굴욕적이었다. 나는 이 필멸의 몸을 넘어서는 욕망의 담지자다.

우리 역사를 고려할 때 우리 몸은 우리가 언제나 실천할 수는 없는 이야기를 구상한다. 우리는 시대착오적이며 우리 자신이 처한 시간과 분리된 습관성을 지니고 있다. 우리가 시간의 흐름 안에서 헤엄치기 때문에 우리 몸은 우리 현재와 언제나 정렬되어 있지는 않은 의도와 욕망의 습관을 지니고 있다. 이런 습관이 자신에 대한 현재 우리의 전망과 정렬되어 있지 않을 때도 있다. 이것은 과거 삶에서 받았던 상처에 대한 반응으로서, 우리의 현재와는 전혀 어울리지 않지만 끈질기게 살아남아 우리 주변 사람들을 당혹스럽게 할지도 모른다. 하지만 이것은 기도하려는 성향일 수도 있는데, 오래전에 신앙을 버렸다고 생각하기에 방심하는 사이에 우리의 허를 찌른다. 또는 전화기를 들어 친구에게 전화해 안부를 물으려다가 그가 여덟 달 전에 죽었음을 깨닫게 되는 상황일 수도 있다. 또는 자녀가 이제는 30대가 되어 우리에게서 다른 것을 필요로 함에도 불구하고, 항상 해 왔듯이 맹렬한 보호자, 도덕적 안내자, 삶의 인도자로서 자녀를 대하는 모습일 수도 있다. 과거는 우리와 함께 있을 뿐만 아니라 우리의 현재에 맞서 거슬리는 방식으로 끈질기게 남아 있다.

이런 이유로 당신은 다시 집으로 갈 수 없다.[8] 도착한 당신은 떠난 당신이 아니고, 당신이 떠난 집은 당신이 돌아간 집이 아니기 때문이다. 탕자를 위한 시끌벅적한 환영 잔치는 먼 나라에서 형성된 습관을 즉시 제거할 수 없을 것이다. 하지만 집의 조각들이 탕자와 함께 그 먼 나라까지 갔으며, 그의 안에 자리 잡고 있는 역사가 그로 하여금 자신이 누구인지를 깨닫게 하는 경종 역할을 하고 그를 집으로 이끌었다.

우리 몸은 단순한 시계가 아니다. 그것은 타임캡슐이지만, 기름을 떨어뜨리는 고래 해골처럼 계속해서 우리 안으로 가능성을 방출하는 타임캡슐이다. 우리가 세계를 경험하는 방식은 영적 근육 기억처럼 우리 안에 자리 잡고 있는 가능성,

성향, 욕망, 소망을 우리에게 전해 준다. 내가 동경하는 것은 내가 물려받은 것의 한 요소다. 내가 가능한 미래로 상상하는 것―심지어 내가 '부르심'으로 들을 수 있는 것―은 내 과거가 상상할 수 있게 만든 것의 반영이다. 우리의 현재는 언제나 우리에게 주어진 것이다.

❊ ❊ ❊

우리 모두는 과거와 미래로 이뤄진 뫼비우스의 띠다. 나는 독일 철학자 마르틴 하이데거가 이 동학(의심할 나위 없이 나 자신의 역사를 반영한 직관)을 이해하는 데 도움을 준다고 생각한다. 하이데거는 인간으로 **존재하는** 것 자체가 **가능성**으로 있음이라고 주장한다.[9] 하지만 이것은 백지상태의 가능성, "공허한 논리적 가능성"이 아니다. 우리 인간은 언제나 이미 명확한 방식으로 세상에 "조율되어attuned" 있다. 하이데거는 "본질적으로 조율된" 우리는 이미 구체적인 가능성 안으로 던져져 있다고 말한다.[10] 내가 세계를 헤쳐 온 방식은 미래에 대한 나의 가능성이 이미 특정한 방식으로―극지방의 숲처럼―합쳐져 있음을 의미한다. 이는 미래가 미리 정해져 있거나 완전히 결정되어 있다는 뜻이 아니다. 그것은 액체 상태의 콘크리트와 더 비슷하다. 이미 틀에 부었지만 당신의 결정에 따라 여전히 자국을 남기거나 모양을 만들 수 있다. 내가 세계를 향해 조율된 방식을 고려할 때, 내가 미래를 향해 있음being-toward-the-future은 내가 지닌 성향과 나에게 주어진 가능성의 지평이라는 관점에서 이미 특정한 방식으로 조정되어 있다. 우리가 앞에서 만났던 개념을 기초로 하이데거는 이를 지칭하는 놀라운 용어를 제안한다. **내던져진 가능성**. 그가 설명하려고 노력하는 현상 자체가 어렵기 때문에 이처럼 난삽한 언어를 사용하고 있지만, 그런 어려움에도 불구하고 숙고할 가치가 있는 통찰이다. 하이데거는 그것을 이렇게 포착해 내려고 노력한다.

> 지금 나라는 존재의 잠재성으로서 나는 몇몇 가능성이
> 지나가도록 내버려두었다. 나는 끊임없이 내 존재의
> 가능성을 채택하고 길을 잃어버린다. 하지만 이는 내가 나
> 자신에게 맡겨진 가능존재being-possible, 철저하게 **내던져진**
> **가능성** thrown possibility임을 의미한다. 나는 나의 가장 고유한
> 존재의 잠재성**을 향해** 자유로울 수 있는 가능성이다.
> 가능존재는 여러 가능한 방식과 정도에 있어서 나에게
> 투명하다.[11]

우리는 잠재성의 다발이지만, 가능성은 무한하지 않다. 우리는 시간과 공간 안으로 던져져 있으며 우리 역사인 이야기 안으로 던져져 있다. 그리고 이것은 우리를 위한 가능성의 지평—앞에서 설명한 우리의 시간적 후광—을 형성한다. 그것은 제한이라기보다 집중, 즉 선물로 받은 특수성이다. 내가 경작하도록 부여받은 이 땅 한 모퉁이. 내가 사랑하도록 부름받은 이 이웃들. 내가 불태우도록 권고받은 이 재능들. 그 안에서 미래를 낳아야 할 이 동네. "당신의 사랑을 가지고 밭field으로 가라."[12] 당신을 둘러싸고 있는 지평은 당신이 무언가에

접근하지 못하도록 막는 울타리가 아니라 당신을 **이** 가능성의 장field에 맡기고 있기 때문이다. 당신의 길에 던져져 있는 것은 당신이 **할 수 있는** 것이다.

그리고 당신은 무슨 일이 일어날지 알지 못한다. (지혜자는 "사람은 장래 일을 알지 못하나니 나중에 일어날 일을 누가 그에게 알리리요"라고 조언한다. 전 10:14) 당신은 본질적으로 존재를 위한 잠재성 potentiality-for-Being이기 때문에 당신의 지평은 정태적이지 않다. 미래는 계속해서 펼쳐지고 있으며, 미래였던 것이 당신을 새로운 가능성 안으로 들여보내는 과거가 된다. **던져진 가능성**이라는 이 동학이 평생에 걸쳐 계속해서 펼쳐진다. 형성은 결코 멈추지 않는다. 나의 지평은 20세나 심지어 50세에도 굳어지지 않는다. 미래에 나의 길에 **던져져 있을** 환경적 조건과 그 조건이 나의 지평을 어떻게 바꾸어 놓을지를 나는 결코 알 수 없다. 내가 아직 예상할 수 없는 새로운 습관이 미래에 존재할 것이다.

나의 개인사를 심사숙고하는 것은 고고학적 층위를 바라보는 것과 같다. 내 정체성의 층위는 내가 그 안에서 살아온 가능성이다. 내가 상상할 수 있고, 선택할 수 있고, 바랄 수 있는 것은 내가 물려받은 것의 한 요소다. 내가 **변화**된다는 것의 의미는 지금까지 내가 형성된 방식의 한 요소다. 나는 의지력 백지상태가 아니다. 과거에 의해 프로그램이 짜인 로봇도 아니다.

인간의 조건이 이처럼 맥락 안에 자리 잡고 있다는 사실이 하나님께는 전혀 놀랍지 않다. 오히려 그분은 이런 조건 아래에서, 우리의 지평 안에서 우리에게 다가오신다. 궁극적으로 자신을 하나님께 맡겨드린다는 것은 우리를 이 안으로 던져 놓은 분이 하나님이시라고 믿는 것이다. 그것은 우리 역사의 우연성이나 특수성을 무효화하지 않는다. 오히려 우리 역사 **안에** 하나님이 계심을 우리에게 보증한다. 하나님의 은혜는 우리를 변덕스러운 시간의 흐름 위로 끌어올리지 않는다. 오히려 때가 차매 나타나시는 하나님은 우리 인생길의 모든 경험을 포용하시고, 우리가 그리스도께서 속량하신 이생을 살 때만 우리 것이 될 수 있는 미래로 우리를 인도하신다.

회개는 돌아서는 것이지만, 그것을 우리 길에 던져져 있는 삶의 향수에 젖은 후회와 혼동해서는 안 된다. 우리는 집단적 차원에서 향수가 과거에 대한 낭만화된 기억인 경우가 많다고 말했다. 개인적 차원에서 우리 문화는 아동기와 청소년기를 낭만화하지만, 부정적인 더 은밀한 향수가 존재한다. 바로 **수치**다.[13] 수치는 뒤를 돌아볼 때 강해지는 은혜의 흉악한 적이다. 수치는 계속해서 우리가 목을 빼고 의기소침한 눈으로 과거를 후회되는 삶으로 바라보게 한다. 이런 집착의 고도로 영성화된 형태는 스스로 거룩함으로 가장한다. 하지만 실상은 은혜의 반대다. 수치는 영적 자기계발이라는 거짓말을 먹고 살아가며, 그렇기 때문에 나의 과거를 실패로 간주한다. 은총은 놀라운 일을 이루시는 하나님의 자비라는 진리를 먹고 살아간다. 나의 과거, 나의 이야기는 하나님과 하나님의 이야기에 들어가 있다. 하나님은 이전 내 존재의 초고를 내다 버리신 후에 새 책을 시작하시는 것이 아니라, 내 삶의 새로운 장을 쓰고 계신다. 수치는 우리의 존재 자체가 **가능성**이며 은총이 본질상 **미래적**임을 부인한다. 은총은 이해할 수 없는 가능성이라는 좋은 소식이다.

하나님이 내 삶에 임하셔서 성화를 이루신다고 해서 전에 있었던 일이 지워지지는 않는다. 사실 하나님이 나를 위해 무엇을 준비하셨는지는 이전에 일어났던 일에 **달려 있다**. 나의 개인적 역사는 후회할 무언가가 아니다. 내가 결코 상상할 수 없었던 방식으로 하나님이 활용하실 수 있는 무언가다.

물론 이런 방식으로 우리가 겪는 트라우마를 설명하거나 정당화할 수 있는 것은 아니다. 은총은 악을 선으로 만드는 소급의 마법이 아니다. 부활주일의 빛이 성 토요일의 길고 어두운 그림자를 제거하지 않는다. 은총은 악을 정당화하지 않고 악을 **극복한다**. "우리가 넉넉히 이긴다"라고 해서 고통을 복으로 만들거나 칼을 보습으로 만들지는 않는다(롬 8:35-37). 바뀌는 것은 누가 우리와 **함께** 있느냐, 하나님이 우리의 고통으로 무엇을 하실 수 있느냐다. 수치는 나에게 나의 과거를 바라보며 나의 실존을 후회하게 만드는 끔찍한 것을 보라고 가르친다. 은총 안에서 하나님은 나의 과거를 바라보시며 그 안에서 그분이 그리기를 마무리하고 세상에 보여 주기 원하시는 미술 작품의 스케치를 보신다.

그런 화가의 손에서 나의 모든 약함은 강함을 위한 가능성, 흔히들 말하는 빛을 들어오게 하는 틈이다.[14] 나의 죄와 문제들조차 긍휼과 연민의 가능성을 지니고 있다. 그런 하나님만이 나의 악덕조차도 그분이 덕을 기를 수 있는 토양으로 만드실 수 있다.[15] 때로는 교만과 자만의 역사만이 하나님에 관한 무언가를 세상에 보여 주는 심오한 겸손을 만들어 낼 수도 있다. 때로는 남겨졌다는 사실이 떠나지 않고 머물고자 하는 가장 강렬한 다짐을 불러일으킨다. 어쩌면 당신은 모두가 약속을 어기는 가정에서 자랐지만, 하나님의 은총으로 그 경험이 당신의 맹세를 지키고자 하는 끈질긴 결단으로 바뀌었을 것이다. 어쩌면 배제의 고통스러운 경험이 당신을 열정적으로 포용을 옹호하는 사람으로 만들었을 것이다.

수치는 우리가 던져져 있는 우리 상태를 후회하기를 바란다. 하지만 은총은 우리가 그것을 던져져 있는 **가능성**으로 보기를 원한다. 향수는 시간을 취소하고, 마치 그것이 일종의 회복인 것처럼 시간을 거슬러 되돌아가기를 원한다. 은총은 우리 것이 될 수 있는 하나님과 함께하는 미래를 위해—세상이 필요로 하는 우리로 살아가도록—우리의 과거를 놓아 주기를 원한다.

이런 향수는 회복을 가장하고 행진한다. 하지만 사실은 상실로 향하는 길일 뿐이다. 향수가 원하는 것을 가질 때 치러야 할 숨겨진 대가는 당신에게 이미 주어진 것을 잃어버린다는 것이다. 이것이 니콜라스 사마라스Nicholas Samaras의 〈친애하는 지리의 유령들Beloved Ghosts of Geography〉이라는 놀라운 시의 신랄한 통찰이다.

당신은 폭스턴의 스테이션 로드를 다시 걸으며
공공임대주택 라이오널 루커의 집을 노크하기 위해

무엇을 내어주겠는가?

다시 네 살이 되어 동네 풀밭에 있는 하나님을 가지기 위해

무엇을 내어주겠는가?

학교 마당에서 놀고 있는 동네 아이들의 유령들을 보기 위해

무엇을 내어주겠는가?

모든 것을 믿을 수 있는 시간과 땅을 돌려받기 위해

무엇을 잃어버리겠는가?

시간 안에 간직된 마을의 평화.

레쿠아의 높은 절벽에서 백발의 아버지와 함께 살기 위해

무엇을 버리겠는가?

당신이 상상한 대로 익숙하고 다정한 것으로 만들어진

천국을 가지기 위해

무엇을 내어주겠는가?

당신 삶을 되찾기 위해

당신 삶을 내어주어야 할 것이다.[16]

삶을 거슬러 되돌아간다는 것은 곧 그것을 잃어버리는 것이다. 향수가 갈망하는 것을 갖는다는 것은 곧 상실이다. 과거를 되찾는다는 것은 펼쳐진 모든 것, 하나님이 사용하시기 원하는 모든 것을 상실하는 것과 다름없을 것이다.

내가 "반전된 향수"라고 부르는 수치도 계속해서 뒤를 돌아보지만, 마비시키고 짓누르고 낙심하게 하는 방식으로 돌아본다. 향수가 과거를 지복으로 낭만화한다면, 수치는 우리의 과거를 **위한** 미래를 상상할 수 없다.

은총은 산코파 새와 같다.[17] 가나 아칸족 종교에서 중요한 상징인 위엄 있는 새 산코파는 어깨 너머로 고개를 돌려 뒤를 돌아보고 있다. 하지만 이 새는 과거에 주의를 기울이면서 앞으로 움직이고 있다. 입에는 알이나 씨앗을 물고 있는데, 이는 장차 올 삶을 의미한다. 이것은 가능성의 씨앗을 물고 앞을 향해 날아가는, 근본적으로 **미래의** 상징이다. 돌아봄은 되돌아가려는 갈망이 아니라, 미래를 향해 잘 살아가기 위해 자신이 어디에서 왔는지를 자각하는 것이다. 이 상징에는 "산코파 원키르 Sankofa w'onkyir"라는 격언이 덧붙여 있다. 문자적으로 번역하면 '돌아가서 가져와라'라는 뜻이다. 마찬가지로 하나님도 우리 과거를 취소하기를 원하지 않으신다. 우리가 향수에 사로잡혀 과거에서 살아가기를 원하지도 않으신다. 하나님의 은총은 미래를 위해 우리의 과거를 가져온다.

✻　✻　✻

1장에서 우리의 집단적 시간성에 관해 말했던 모든 내용은 개인에게도 적용된다. 우연성이라는 현실, 던져져 있는 우리의 조건, 우리의 세계 내 존재를 준비시켜 주는 획득된 습관성의 의미. 향수와 절망의 유혹은 집단뿐만 아니라 개인에게도 실재적이며, 우리의 자기 이해와 우리가 그리스도 안의 삶을 상상하는 방식을 왜곡할 위험이 있다.

　　개인이라는 미시적 차원에서 무시간적 기독교의 영적 혼란은 '백지상태주의'라고 부를 수 있는 것으로 나타난다. 회심에 관한 특정한 신화가 여기에 해당한다. 즉, 마치 회심이 이

전에 있었던 일을 삭제하고 비디오 게임의 등장인물을 리셋하는 것과 같다고 생각한다. 부흥운동과 근대주의의 혼종적 유산일 때가 많은 이런 형식의 무역사적, 무시간적 기독교에서는 '그리스도인의 삶'을 내가 지금까지 살았던 삶을 완전히 대체하는 것이라고 상상하고, 그 결과 우리는 끈질기게 살아남은 습관 때문에 당혹스러워한다(그런 이유로 이는 남을 판단하는 율법주의로 변형되는 경우가 너무나도 많다). 안타깝게도 이것은 "다 잊어버려"라는 충고의 영성화된 형태와 다름없을 때가 많다.[18] 우리를 구원하는 은총이 아니라, 과거를 지닌 이 '나'를 단순히 지워 버리는 이런 은총은 우리 개인사의 특수성과 우연성을 없애 버린다.

물론, "누구든지 그리스도 안에 있으면 새로운 피조물"이다(고후 5:17). 세례는 장사되는 것이며, 우리는 새 생명으로 다시 살아난다(롬 6:4). 하지만 새로운 피조물은 리셋이 아니다. 우리는 상처 때문에 안다. 부활하신 그리스도께 상처 자국—로마제국과 마주하신 그분의 '역사'—이 있듯이, 그리스도 안에 있는 새로운 자아는 과거를 지닌 자의 부활이다. **이 몸의 역사를 지닌 이 내**가 새 생명으로 다시 살아날 때만 '내'가 구원을 받는다. 은혜가 내가 살면서 겪은 모든 것을 지워 버린다면, '나'는 속량되기보다 상실된다. 은혜가 내가 되고 배우고 습득하고 경험한 모든 것을 그저 압도하고 무효화한다면, 구원은 속량이라기보다는 소멸일 것이다.[19] 구원하시는 하나님은 우리를 부르셔서 화해의 사역을 명하시는 하나님이시며, 그런 부르심과 명령을 통해 하나님은 나를 지금의 나로 만든

재능과 경험의 독특한 조합을 펼치기 원하신다. 상처와 충격을 포함한 내 역사의 독특한 혼합물이 새롭게 하시는 성령의 능력과 교차할 때, 가능성의 화학 반응이 기다린다. 그런 가능성이 **부르심**, 즉 "하나님이 전에 예비하사 우리로 그 가운데서 행하게 하신" "선한 일"이다(엡 2:10). 바울은 우리 모두가 독특한 '포이에마poiēma'라고 말한다. 이 역사를 지닌 이 '나'만이 하나님이 이런 방식으로 사용하실 수 있는 자아가 될 수 있기 때문에 독특하고 독창적이며 단 하나밖에 없는 예술 작품이다. 나의 과거 때문에, 새롭게 하시는 하나님의 성령은 이 세상에서 누군가가 필요로 하는 바로 그 통찰력과 공감과 관심을 내 안에 낳으실 수 있다.

은총은 타임머신이 아니다. 리셋 버튼이 아니다. 훨씬 더 놀라운 것이다. 은총은 회복이다. 악의라는 우리 역사와의 화해, 그런 역사에도 불구하고 이뤄지는 화해다. 은총은 취소가 아니라 극복이다.

❊ ❊ ❊

우리의 시간성을 구성하는 던져져 있음과 축적의 낯선 결합은 '우리'의 집단적 경험 안에서 발생한다. 우리가 누구인지는 우리가 언제에 있는지와 불가피하게 결합되어 있다. 하지만 이것은 소우주, 즉 나의 삶이라는 작은 드라마 안에도 적용된다. 나의 시간성을 받아들인다는 것은 나를 이 **지금**으로 이끈 사건, 환경, 조건, 결정의 유산을 마주함을 의미한다. 깨어 있는 모든 순간이 가능성과 함께 살아 있을 때, 이 가능성들은 **초점**

이 맞춰져 있으며 내가 나 자신을 그 안에서 발견하는 지평선처럼 주어져 있다. 이 현실 자체를 이해하려면 시간이 필요하다. 20대에 삶이 가능성으로 가득 차 있을 때는—정말이지 인생이라는 것이 압도적으로 미래처럼 보일 때는—과거 때문에 삶이 이처럼 제약받는다는 것을 거의 이해하지 못할 것이다. 결정의 역사를 통해서만 자신이 지금까지 무슨 일을 했는지를 깨닫게 된다.

크리스틴 스몰우드Christine Smallwood의 보석 같은 소설《마음의 삶The Life of the Mind》의 한 장면은 이런 깨달음을 잘 포착한다. 주인공 도로시는 중년에 가까워지면서 놓아주는 법을 배우고, 가능성이 줄고 있거나 적어도 한정된 방향으로 구부러지고 있음을 깨닫는다. 어느 날 밤 자신보다 어린 친구와 극장으로 외출한 도로시는 가능성을 향한 두 가지 다른 자세, 즉 시간 안에서 살아가는 두 가지 다른 방식을 이해하게 된다.

도로시는 선택이 실수로 드러나고, 돌이킬 수 없음이라는 등록이 점점 더 스는 나이가 되었다. 레이철에게 삶의 비극은 여전히 미숙하고 기대되는 특성을 지니고 있었다. 비극은 낭만적이었다. 그는 사랑이나 죽음의 영광스러운 절망을 향해 몸을 기울이면서 미래를 바라보았다. 레이철은 작고 관료적이며 일상적이고 평범한 현재 시제를 이해하지 못했다.[20]

이 "현재 시제"는 여전히 우연적이며, 이는 가능성을 지니고 있음을 의미한다. 미래는 아직 열려 있다. 하지만 그것이 "작다"라는 점에, 혹은 적어도 그의 길에 던져져 있는 상황에서 도로시 자신이 내린 결정의 유산 때문에 과거보다는 더 작다는 점에 주목하라.

이를 깨달을 때 자연스럽게 우울함에 빠지려는 유혹을 느낄 것이며, 어쩌면 아이로니컬하게도 중년이 되어 과거에 관한 무언가를 서서히 깨닫게 될 때 우리를 괴롭히는 독특한 우울함이 존재할 것이다. 칼 크나우스고르Karl Knausgaard는 이런 깨달음의 슬픈 양가성을 포착해 낸다.

> 동화에서 마치 각기 다른 미래로 이어지는 방으로 들어가는
> 셋 혹은 일곱 문이 있는 것처럼… 삶의 모든 순간은 여러
> 방향으로 열려 있다. 이런 가상의 시간 줄기는 우리가 선택할
> 때마다 존재하기를 멈추며, 우리가 꿈에서 보는 모르는
> 사람의 얼굴처럼 그 자체로는 존재한 적이 없다. 과거를
> 영원히 잃어버릴 때 그 안에서 일어나지 않았던 모든 것을
> 이중으로 잃어버린다. 이는 특별한 종류의 상실감, 실현되지
> 않은 과거에 대한 우울함을 만들어 낸다. 이 감정은
> 과도하고 불필요하게 들리며 게으르고 안전한 우리의
> 영혼을 가득 채우는 무언가처럼 들리지만, 근본적으로
> 인간적인 통찰과 갈망, 즉 모든 것이 달랐을 수 있다는
> 통찰과 갈망에 기초해 있다.[21]

우울함이나 불안함 없이 우연성을 인식하는 것은 가장 어

려운 영적 시간 지키기 훈련 중 하나다.

❊ ❊ ❊

앞에서 은총은 극복이라고 말했다. 취소나 삭제가 아니다. 후회가 아니라 극복이다. 하나님이 우리 삶의 우연성—우리 삶의 모든 것, 마음의 상처와 슬픔, 악과 불의마저도—을 취하셔서 그것을 **나의 것**이며 **나**인 이 독특한 삶으로 만들어 가시는 방식에 관해 전복적인 무언가가 존재한다.[22] 따라서 새로워지고 능력을 부여받고 **부르심을 받는** 것은 이 **나**, 오락가락하는 행보와 꿰맨 자국, 상처의 산물이다. 나는 내가 될 수 있는 유일한 사람이다.

이렇게 말한다고 해서 마음의 상처를 정당화하거나 변명하려는 것은 아니다. 인간으로 산다는 것은 곧 달랐어야만 했던 역사의 산물로 살아간다는 것이다. 이것이 죄와 악 때문에 망가진 세상에서 살아간다는 것이 뜻하는 바다. 하지만 지금의 나는 그 역사를 지닌 나이며, 그 역사가 없다면 나는 다른 누군가일 것이다.

나는 브랜디 칼라일Brandi Carlile의 노래 〈그 노래를 들을 때마다Every Time I Hear That Song〉를 셀 수 없이 많이 들었다. 자동차나 주방에서 이 노래를 듣고 많이도 울었다. 이 노래가 나에게 성례전 같았다고 말해도 과장이 아니다. 이 노래는 다른 방법으로는 내가 알 수 없었을 은총의 수찬자communicant가 되게 해 주었다. 생각할 수 없는 것을 상상하게 해 준 송가였다. 궁극적으로 이 곡은 극복의 노래다. 하지만 이 노래를 관통하는 고통의 정서가 있다. 마르셀 프루스트Marcel Proust가 이야기 했던 마들렌의 음향적 판본처럼, 이 노래를 통해 기억의 무덤으로부터 고통의 정서가 풍겨 나온다.

그런데 말이에요
나는 결국 당신을 용서했어요
어쩌면 당신에게 고마워해야 하는 건지도
난 그럭저럭 잘 지내요
이 노래를 들을 때만 빼면 말이죠[23]

이 노래를 처음 들었을 때 나는 그토록 큰 고통을 안겨 준 누군가에게 용서를 베풀겠다고 말하는 것에 아연실색했고, 심지어 분노했다. 하지만 그 분노가 서서히 놀라움으로 바뀌었다. 은총으로 얻은 힘으로 스쳐 지나가는 말처럼 용서를 베풀겠다고 말할 수 있다는 것은 얼마나 큰 극복의 능력인가! "그런데 말이에요. 나는 결국 당신을 용서했어요." 이것은 뿌리를 내리고 있으며 살아 있고 **강인한** 사람이 베풀 수 있는 축복이다.

하지만 이 곡을 300회 정도 들었을 때는, 그다음 가사가 내 머릿속을 떠나지 않기 시작했다. 어쩌면 이런 짓을 한 사람에게 감사해야 할지도 모른다는 말이다. (그 '어쩌면'이 중요하다. 여기서 일어나는 일의 어두운 신비를 암시하기 때문이다.) 이 과거조차도 나에게 무언가를 주었고, 나를 누군가로 **만들었다.** 나는 당신 **때문에** 지금의 나가 되었고, 이상하게도 나는 이런 사람이 된 **나**를 사랑하게 되었다. 비록 당신은 내게서 무언가를 앗아 갔지만, 하나님의 놀라운 은총의 경륜을 통해 나는 무언가를 받았다. 그래서 당신에게 감사한다? 감사를 질문으로 표현하는 것은 스스로 그렇게 말함으로써 정말로 감사하는 마음을 갖기 위해 노력하는 방법이다. 극복을 원하는 것이 극복의 시작이다.

※　※　※

더 깊은 역사가 우리 안에 살고 있다. 모든 마음은 지하 묘실이자 물려받은 혼수함이다. 우리는 오랫동안 묻혀 있던 해골과 우리가 그들의 꿈을 실현하기를 소망했던 조상의 동경을 간직하고 있다. 내 할아버지의 유물이 지하실에 있는 상자에 보관되어 있을지도 모른다. 하지만 내 안에는 그분의 흔적이 얼마나 남아 있을까?

　　마거릿 렌클Margaret Renkl의 뛰어난 비망록《늦은 이주Late Migrations》에는 "사랑과 상실의 자연사A Natural History of Love and Loss"라는 부제가 붙어 있다. 자연의 주기를 한 가족의 자연사와 나란히 배치하여 탄생과 죽음, 생성과 부패, 생겨남과 사라짐, 기쁨과 슬픔에 관해 이야기한다. 렌클은 이 책 뒷부분에서 나비의 이주에 관해 놀라운 사실을 지적한다. "제왕나비는 철새처럼 이동하지만, 해마다 주기를 완성하는 데 네 세대, 때로는 다섯 세대가 걸린다. 어떤 나비도 멕시코로부터 번식 장소인 북쪽으로 갔다가 돌아오는 왕복 여행을 마칠 정도로 오래 살지 못한다. 곤충학자들은 어떻게 여러 세대가 조상의 이동 경로와 같은 경로로 여행할 수 있는지 아직도 파악하지 못하고 있다."[24]

우리는 니버의 말을 되풀이하여 이것이 **개인적** 역사의 아이러니라고 말할 수 있다. 미래에 내가 꿈꾸고 소망하고 추구할 수 있는 모든 것은 나보다 앞서간 이들이 물려준 것 덕분이다. 여기에 유산의 신비가 작동한다. 의심할 나위 없이 나는 한 번도 만난 적 없는 조상으로부터 성향과 습관과 심지어 허세까지도 물려받은 사람이다. 하나님의 은총 덕분에 나는 유령들과도 친구를 맺을 수 있다.

묵상 2

전도서 7장 10-14절

10 옛날이 오늘보다 나은 것이 어찜이냐 하지 말라.

이렇게 묻는 것은 지혜가 아니니라.

11 지혜는 유산같이 아름답고

햇빛을 보는 자에게 유익이 되도다.

12 지혜의 그늘 아래에 있음은 돈의 그늘 아래에 있음과

같으나,

지혜에 관한 지식이 더 유익함은 지혜가 그 지혜 있는 자를

살리기 때문이니라.

13 하나님께서 행하시는 일을 보라.

하나님께서 굽게 하신 것을 누가 능히 곧게 하겠느냐?

14 형통한 날에는 기뻐하고 곤고한 날에는 되돌아보아라.

이 두 가지를 하나님이 병행하게 하사 사람이 그의 장래

일을 능히 헤아려 알지 못하게 하셨느니라.

세이렌이 향수의 노래를 처음 부르기 전에 얼마나 많은 시간이 흘렀을까? 낙원에서의 추방이라면 향수가 그 머리를 들기에 충분했을까? 그보다 훨씬 더 오래전이었을까? 아담은 수탉이 아침을 망치고 쉴 새 없이 재잘거리는 다람쥐들이 그를 미치게 만들 때 시간을 되돌릴 수 있기를 바라면서 피조물의 평화와 고요를 떠올렸을까? 하와는 뱀이 오기 전의 시간이 '좋았던 옛날'이었다고 골똘히 생각했을까? 그들은 "만약에", "그때 기억나", "전에 말이야"라고 말하면서 함께 슬퍼했을까?

지혜자는 향수의 유혹에 너무나도 익숙하다. 그가 전도서를 쓸 무렵에는 "애굽에 있을 때가 더 좋았다"라는 말이 이스라엘 노래책의 고전이 되었고 세대마다 새로운 노래로 반복되었다. 여기서 지혜자의 조언은 미묘하지만 급진적이다. 그는 "옛날이 오늘보다 나은 것이 어찜이냐?"라고 묻지 말라고 한다. 하지만 중요한 것은 답이 아니라 물음 자체다. 이것은 그야말로 '유도 질문'—질문 형식 자체에 전제를 몰래 숨겨 두는 논리적 오류—이다. 물음에 답한다는 것은 그 전제를 받아들이는 것과 마찬가지이며, 저항해야 하는 것은 바로 그 전제다. 질문 자체가 어리석은 전제를 근거로 삼기 때문에 그런 물음에 답하는 것은 지혜롭지 못하다. 지혜자는 호기심이나 탐구를 책망하는 것이 아니다. "질문하지 말라"라고 근엄하게 꾸짖는 것이 아니다. 지혜자는 향수, 즉 과거가 더 나았다는 어리석은 전제를 책망한다. 거기에서 시작하는 것은 어리석은 일이라고 그는 경고한다.

그는 지혜가 유산과 같다고 일깨운다. 지혜는 축적되고
전수된다. 지혜는 서두르지 않고 천천히 수확한 시간의 과일
처럼, 죽을 수밖에 없는 인간에게 주어진다. 지혜는 본질상
'예전에' 당신에게 부족했던 것이다. 향수에 젖어 시계를 되돌
리려는 모든 충동은 우리가 습득한 모든 것을 희생하겠다는
어리석은 마음이다. 이것이 시간의 역설이다. 있음은 되어 감
이며, 되어 감은 잃어버리고 얻음이다. 당신이 얼마나 어리석
었는지를 잊어버릴 때만 '좋았던 옛날'로 돌아가고 싶은 유혹
을 느낀다. 과거로 돌아가면서 그와 동시에 당신이 얻은 이점
을 지켜 낼 수는 없다.

여기서 지혜자가 지혜와 겸손을 함께 엮고 있음을 알 수
있다. 소크라테스의 가르침에서도 발견할 수 있듯이, 지혜란
무엇을 알지 못하는지를 아는 것, 무엇을 볼 수 없는지를 깨닫
는 것, 시간을 초월한 공간에서 살아가겠다는 교만한 욕망을
포기하는 것이다. 여기에 죽을 수밖에 없는 존재, "햇빛을 보
는 자"를 위한 조언이 있다. 하나님이 하신 일을 보라. 그 안에
는 도무지 이해할 수 없는 신비가 있다. 당신은 당신의 삶, 그
굴곡과 갈지자형을 상상조차 할 수 없었을 것이다. 전혀 예상
하지 못한 당신 삶의 곡절은 실패가 아니다. 우회로는 실수가
아니다. 아무 데도 이르지 못하는 것처럼 보였던 순환로는 산
을 오르는 구불구불한 길이었다. 당신 이야기의 들쭉날쭉한
선은 하나님이 당신과 동행하며 당신을 돌보시는 길이다. 하
나님이 굽게 하신 것을 누가 곧게 할 수 있겠는가? 그리고 왜

굳이 더 곧기를 바라겠는가? 하나님이 하신 일을 보라. 굽은 선은 그분이 당신과 함께 그으신 선이다.

당신의 시간이 하나님의 임재나 부재, 복이나 저주의 척도라고 생각하지 말라. "형통한 날에는 기뻐하고"(전 7:14). 곤고한 날에는? 이번에도 생각하라고 조언한다. "되돌아보아라." 잘 보라. "이 두 가지를 하나님이 병행하게 하셨다." 우리가 어떤 특별하고 신성한 시간 안에서 살고 있는지 여부가 중요한 것이 아니다. 애니 딜라드의 말처럼, "절대적인 것은 모든 시대, 모든 사람에게 주어져 있다."[1] 우리의 시간 경험은 너무나도 민주적이어서 재벌이나 억만장자조차 시간을 탈피할 수 없다. 나중에 지혜자는 거의 셰익스피어 같은 운율로 이렇게 묘사한다.

> 내가 다시 해 아래에서 보니 빠른 경주자들이라고 선착하는
> 것이 아니며 용사들이라고 전쟁에 승리하는 것이 아니며
> 지혜자들이라고 음식물을 얻는 것도 아니며 명철자들이라고
> 재물을 얻는 것도 아니며 지식인들이라고 은총을 입는 것이
> 아니니 이는 시기와 기회는 그들 모두에게 임함이니라.
> 분명히 사람은 자기의 시기도 알지 못하나니 물고기들이
> 재난의 그물에 걸리고 새들이 올무에 걸림같이 인생들도
> 재앙의 날이 그들에게 홀연히 임하면 거기에 걸리느니라(전
> 9:11-12).

지혜란 인간의 필멸성과 취약함, '크로노스'라는 이 바다

에서 우리가 연대하고 있음을 깨닫는 것이다. "햇빛을 보는" 유한한 존재인 우리를 위해 시간은 전혀 개인을 존중하지 않는다. 하지만 언제나 우리 마음만큼 가까이에 계시는 하나님도 마찬가지시다(신 30:14).

3장 '카이로스'의 거룩한 접힘

동시대적으로 사는(혹은 살지 않는) 법

철학자들이 말하듯이, 인생은 뒤돌아볼 때만 이해할 수
있다는 것은 사실이다. 하지만 그들은 다른 입장, 즉 앞으로
나아가며 살아가야 한다는 것은 잊어버린다.
ㅡ 쇠렌 키르케고르

기독교 미술의 보물 같은 작품을 보면, 수백 년 떨어진 사람과
장소가 나란히 등장하는 흥미로운 이미지를 많이 발견할 수
있다.

　톨레도의 산토 토메 교회에 있는 기념비적인 그림 〈오르
가스 백작의 매장 The Burial of the Count of Orgaz〉에서 엘 그레코 El
Greco는 하늘과 땅을 구별하지 않을 뿐 아니라 과거와 현재도
구별하지 않는다. 성 아우구스티누스(5세기)와 1세기 순교자 성
스데반이 14세기 어느 스페인 도시의 시장을 무덤에 눕힌다.
성 스데반은 천 년이 지나 이 장면에 등장하는데도 놀라울 정

엘 그레코, 〈오르가스 백작의 매장〉
1586-1588, 스페인 톨레도 산토 토메 교회 소장

가스파르 드 크라이에,
〈아우구스티누스와 노르베르투스가 참석한 그리스도의 탄생〉
1655, 벨기에 노르베르투스 수도원 소장

가스파르 드 크라이에,
〈성녀 막달라 마리아, 세실리아, 도로테아,
카테리나, 아우구스티누스와 함께 있는 성모자〉
1638, 오스트리아 비엔나 미술사 박물관 소장

도로 젊고, 반짝이는 금빛 의복에는 그가 돌에 맞아 죽었음을 상기시키는 이미지가 포함되어 있다. 반면에, 수백 년 더 늦게 이 세상에 살았으므로 어떤 의미에서 스데반보다 '젊은' 아우구스티누스는 나이가 들었지만, 백작을 눕힐 때 갑옷 입은 그를 붙잡고 있을 정도로 활기가 넘치고 강인한 인물로 묘사된다. 장례식에 참석한 톨레도 귀족들이 그들 주변을 둘러싸고는 저마다 하늘과 땅, 미래와 현재의 경계를 응시하고 있다. 어떤 이들은 아래를 바라보며 상실에 대해 묵상한다. 몇몇은 미심쩍은 듯 흘끗 위를 올려다본다. 이들의 눈빛을 읽어 내기가 어렵다. 그들은 궁금해하는가? 걱정하는가? 갈망하는가? 기대하는가? 그들은 위에 있는 하늘의 모습을 볼 수 있을까? 거기에는 마리아와 세례 요한이 승천하신 그리스도 앞에서 중보하고, 베드로와 바울이 그분의 시중을 들며, 헤아릴 수 없이 많은 성도가 연보라색 구름 위에 떠 있다.

　　기도 공간 위로 우뚝 솟은 이 그림에는 시간과 관련해 낯선 무언가가 존재한다. 엘 그레코가 성취한 것은 인간에게서 역사를 제거한 건조한 '영원화'가 아니다. 각 인물은 자신의 역사적 소명에 관한 표지를 지니고 있다. 그들은 역사 **안에서** 경험한 것에 대한 징표를 가지고 있기 때문에 우리는 그들이 누구인지 알 수 있다. 스데반은 돌에 맞아 죽었고 세례 요한은 베옷을 입고 있으며 베드로는 약속된 천국 열쇠를 가지고 있다. 엘 그레코가 이들 모두를 이 한 장면에 담을 수 있었던 것은 역사를 축소했기 때문이 아니라 일종의 시간 굴곡 때문이다. 즉 "때가 차매" 역사에 태어나셨고 동시에 만물보다 먼저 계시며 만물의 마지막이신 분을 향해 시간이 구부러져 있기 때문이다. 이런 이미지가 거의 언제나 거룩한 공간에 그려졌다는 점을 기억한다면 올리비에 클레망Olivier Clément의 지적은 적절하다. "예전liturgy의 춤은 선재하는 동시에 공존하는 정태적 영원 속으로 시간을 해체하려고 하지 않는다. 오히려 교회의 예전은 시간에 반대하기보다 시간적 실존의 핵심에 계시된 참된 영원을 드러내고 기린다."[1]

엘 그레코의 걸작이 보여 주는 시간적 소요에서는 부활이 무덤에 도달하듯 미래가 현재에 이른다. '위에 있는' 천국은 **장차 올** 미래, 지금인 미래이기도 하다. 어느 평론가가 지적하듯이, 그림 중앙에 한 천사가 다시 태어난 죽음처럼 "하늘로 향하는 일종의 구름 산도産道를 통해" 아이 같은 오르가스의 영혼을 옮기고 있는 모습을 볼 수 있다.[2] 그 미래의 빛이 아래 현재에서 그것을 바라보는 모든 얼굴을 환히 비추고 있다. 여기서 시간은 구부러지고 접혀 있다.

17세기 플랑드르 화가 가스파르 드 크라이에Gaspar de Crayer의 그림에서도 비슷한 시간의 구부러짐을 볼 수 있다. 예를 들어, 벨기에 아버보더Averbode의 노르베르투스 수도원에는 1655년 작 〈아우구스티누스와 노르베르투스가 참석한 그리스도의 탄생Birth of Christ with Augustine and Norbert〉이 있다. 왕관을 내려놓고 선물을 바치는 박사들과 함께 수백 년 후에 태어난 두 성인이 마리아와 아기 앞에 무릎을 꿇고 있다. 성 아우구스티누스는 북 치는 소년처럼 불타오르는 자신의 심장을 바친다. 감사한 마음으로 성 아우구스티누스의 규칙을 자기 삶의 규칙으로 받아들였던 성 노르베르투스는 경배를 바친다. 말구유의 예수를 묘사한 이 그림에서는 수백 년이 접혀 있다.

그보다 앞선 작품으로 현재 비엔나 미술사 박물관Vienna Art Museum에 전시되어 있는 작품에서도 드 크라이에는 비슷한 방식으로 수백 년을 한 장면에 몰아넣었다.[3] 나에게는 특별한 은총처럼 느껴지는 모습으로 마리아는 마침내 여성들에 둘러싸여 있다. 지혜로운 여성 막달라 마리아, 성 세실리아, 성 도로테아, 성 카테리나가 꽃과 과일을 선물로 가져와서 그의 시중을 든다. 공경의 향기가 우정 같은 향내를 낸다. 아우구스티누스는 마치 이 여성들이 공유하는 연대에 다가갈 수 없다는 듯 오른쪽에 약간 떨어져서 어색하고 불편한 모습으로 서 있다. 마리아는 그의 불타는 심장보다는 이 여성들의 사귐에 더 관심이 있는 것처럼 보인다.

이런 예는 거의 무한정 늘어날 수 있다. 토스카나의 작은 교회나 바로크 예배당에 들어가 보라. 그러면 역사의 규칙과 심지어는 (적어도 뉴턴의) 물리학 법칙을 거부하는 장면을 만날 수 있을 것이다. 시간적으로 수백 년 떨어져 있는 성인과 죄인이 같은 장면에 등장하는 이 낯선 그림에서는 무슨 일이 일어나고 있을까? 이것은 무지를 드러내는 특징, 아직 역사의식을 깨우치지 못한 원시 인류의 기묘한 유물일까? 이 화가들은 시간을 헤아리지 못하는 것일까? 아니면 거룩한 시간의 독특한 본질을 보여 주는 표지일까? 모두 예전적 맥락에서 창작된 이런 그림에서 기독교 영성은 본래적인 양자 이론이다. 14세기 에스파냐 마을의 주민과 5세기 아프리카 도시의 주교가 함께 예배에 참여한다. 르네상스 초기 탁발 수도사가 사막 교부들과 함께 부활하신 예수를 만난다. 예배당에서 기도할 때, 그리스도와 세실리아가 동시대인이 되는 방식으로 우주가 접힌다.

❋ ❋ ❋

이처럼 놀라울 정도로 낯설고 시간을 구부리는 역사적 기독교 신앙의 상상력은 시간을 불쾌하게 생각하며 영원을 낭만화하는 수많은 예수화된 도피주의와 근본적으로 다르다. 너무나도 많은 형태의 기독교에서는 무시간적 영원에 도달하기 위해 치러야 할 대가로 현재를 견뎌 낼 뿐이다. 올리비에 클레망이 지적하듯이, 성경적 상상력에서는 거의 정반대가 참이다. "영원은 시간을 지향한다." 바로 교회의 예전을 통해서 "시간이 영원의 반대가 아니라, 영원의 진리를 받아들이고 전하기 위해 하나님이 택하신 수단으로 계시된다." 모든 시대 성도가 모두 한 장면에 모여 그리스도와 성모와 얼굴을 마주하고 시간의 거룩함을 증언한다. "인간은 시간적 실존에 등을 돌림으로써 하나님의 영원에 자신을 열 수 없다. 영원한 것과의 만남은 시간 안에서, 소망과 믿음과 사랑이라는 삶의 순간을 통해 익어 간다."[4]

성육신은 역사와 영원의 연결 고리다. 그리스도 안에서 일어난 시간과 영원의 충돌은 우리가 둘 모두를 이해하는 방식에 연쇄 작용을 일으킨다. 그래서 독특한 기독교적 상상력은 회화로 가장 잘 표현된다. "때가 차매…여자에게서 나신" 하나님의 계시(갈 4:4)는 역사를 하나님을 만나는 무대로 만든다. 피조물인 시간은 시간의 창조주를 위한 집이 될 수 있다. 신성은 역사에 알레르기 반응을 보이지 않는다. 역사는 이미 영원에 열려 있다. 시간에는 구멍이 많이 나 있다. 이런 그림들은 이러한 다공성이 수직적일 뿐만 아니라 수평적이라는 낯선 감각을 표현하고 있다. 시간이 초월적인 것에 열려 있을 뿐만 아니라, 그런 성육신적 시간은 우리가 시대를 가로지르는 사귐에 참여할 수 있게 해 준다.

이 그림들은 현재의 믿음 실천에 역사가 어떤 의미가 있는지에 관해 미묘한 질문을 던진다. 역사 안에 성육신하신 하나님이 기독교 신앙의 핵심이라면, 그 사건과 수천 년 떨어져 있는 우리는 하나님과 멀리 떨어져 있는 것일까? 역사가 중요하다면, 이는 그 사이의 긴 역사가 우리와 역사에 존재했던 하나님의 강렬한 임재 사이에 거리를 만든다는 뜻이지 않겠는가? 1세기 이후 예수를 따르는 이들은 예수의 동시대인이 되기에는 언제나 너무 늦은 것일까?

시간, 인접성, 거리에 관한 이런 물음이야말로 키르케고르가 《철학적 단편》에서 탐구하는 핵심 주제다. 이 책에서는 궁극적으로 그리스도께서 시간을 구부리신 것에 비추어 **동시대성**contemporaneity에 관해 깊이 묵상한다. 우리는 성육신의 역설을 통해 "역사적인 것의 영원화와 영원한 것의 역사화"를 목격한다.[5] 키르케고르가 몰두하는 핵심 질문은 이 역설을 **본다**는 것이 무엇을 의미하느냐다. 영원과 역사의 이 교차에 '증인'이 되기 위한 조건은 무엇일까? 우리가 1세기에 성육신하신 하나님과 사귀었던 행복한 소수가 아니라면 어떻겠는가?

늦게 태어난 모든 사람은 하나님의 계시로부터 점점 더 멀어지는 것일까? 보이는 것만큼 가까이 있지 않은 자동차의 백미러 속 물체처럼 하나님도 저 멀리에서 사라지시는 것일까? 역사에 침투하신 하나님이 계시의 핵심이라면, 우리는 너무 늦게 태어나서 계시를 볼 수 없고 하나님과 간접적인 관계밖에 맺을 수 없도록 강등되고 만 것일까?

키르케고르는 역사적인 것을 과소평가하지도, 과대평가하지도 않는 것이 해법이라고 말한다. 한편으로, 역사 속 하나님의 성육신은 대단히 중요하다. 성육신은 우주의 지렛목이다. 피조물은 하나님의 성육신 안에서 그 충만함을 발견한다. "때가 차매" 하나님이 육신을 입으신 사건(갈 4:4)이 인간 됨을 위한 가능성의 전환점이다. 다른 한편으로, 성육신은 단순한 역사적 사건이 아니며, 성육신에 대한 우리의 적절한 관심이 단순히 옛것을 좋아하거나 기록을 수집하는 마음에서 시작되는 것도 아니다. 역사는 인간 됨의 신비를 마주하기 위한 거울이신 신-인의 역설로 나아가는 관문으로서 중요하다.

우리가 《철학적 단편》이라는 렌즈로 이 그림들을 볼 때, 키르케고르는 기독교 신앙에 핵심적인 무언가를 밝혀 주는 유익한 구별을 제시한다. 키르케고르의 말처럼, 1세기 팔레스타인에서 마리아의 아들로 역사에 도착하신 하나님은 단순한 증인을 찾지 않으신다. 하나님은 **따르는 이들**, 배우는 이들, 제자들을 찾으신다.[6] 예수의 목격자였던 동시대인들을 **따르는 이들**과 혼동해서는 안 된다. 하나님의 역사적 계시는 역설을 만나기 위한 조건이지만, 이 신-인과 동시대인이라는 점이 그런 만남의 충분조건은 아니다. "역사적 사실을 안다고 해서, 더 나아가서 목격자로서 신빙성을 갖춘 상태에서 모든 역사적 사실을 안다고 해서 목격자가 따르는 사람이 되는 것은 아니다."[7] 왜 그럴까? 목격자인 동시대인과 따르는 사람 사이의 차이는 그들이 역사적으로 나타나신 이분과 **어떤** 관계를 맺고 있는지에 달려 있다. 모든 역사적 세부 사항으로 무장한 목격자 동시대인에게 역사적인 것은 **단지** 역사적일 뿐이다. 그것은 영원한 것과의 마주함이 아니다. 하나님의 나타나심이 자신과의 마주함을 야기하는 **순간**이 아니다. 역사적 세부 사항을 아무리 많이 알아도 목격자 동시대인을 따르는 사람으로 만들기에는 충분하지 않다. 여기서 키르케고르는 재기발랄하게 이 점을 강조한다.

> 어느 동시대인이 자는 시간까지 최소한으로 줄이면서 그 선생을 따라다니고 상어를 따라다니는 작은 물고기보다 더 밀착하여 그분 곁에 머물렀다고 해도, 또한 어디를 가든지 그 선생을 감시하고 밤마다 그분과 이야기하는 비밀 요원 백 명을 두어 그 선생에 관한 가장 사소한 특이 사항까지 적힌 보고서를 가지고 있으며, 가장 사소한 특이 사항까지도 중요하게 여길 정도로 열정이 넘쳐서 그분이 무슨 말씀을 하셨는지, 매시간 어디에 계셨는지를 알고 있다고 하더라도, 그런 동시대인이 과연 따르는 사람이 될 수 있을까? 결코 그럴 수 없다.[8]

키르케고르는 반대로 고향을 떠나 외국에서 공부하다가 유월절을 지키려고 예루살렘으로 돌아와 "[그 선생이] 마지막 숨을 거두기 직전이었던 마지막 순간"에 그분을 만난 사람을 상상해 보라고 말한다. "그 순간이 그에게 영원의 결단이었다면 이러한 역사적 무지가 그가 따르는 사람이 되는 데 걸림돌이 되었을까?" 결코 그렇지 않았을 것이다. "첫 번째 동시대인에게 그 삶은 단지 역사적 사건일 뿐이었다. 하지만 두 번째 사람에게 그 선생은 자신을 이해하는 계기가 되었을 것이다."9 역사는 중요하지만, 그것이 **어떻게** 중요하냐가 결정적이다. 역사적 인접성은 역사에 도착하신 하나님을 만난 것과 같지 않다. 그 선생과 함께 있는 것으로는 충분하지 않다. 지하철에서 성육신하신 하나님과 접촉했다고 해서 그 사람이 제자가 되는 것은 아니다. 성육신은 비스듬하다. 동시대인이 "자기 눈을 믿는다면, 사실 그는 속고 있는 셈이다. 신을 직접 알 수는 없기 때문이다." 하지만 그렇다면, "동시대인으로 산다는 것에 무슨 이점이 있을까?"10 사실 아무 이점도 없다.

여기서 키르케고르는 또 하나의 통찰력 있는 구별을 제시한다. 이 하나님이 역사로 들어오실 때, 그분은 그저 믿는 사람이 아니라 **따르는 사람**을 부르신다. "와서 나를 따르라"라고 초대하신다. 중요한 것은 단지 그들이 무엇을 보거나 믿느냐가 아니라, 반응하여 무엇을 행하느냐. 키르케고르는 동시대인으로서 따르는 이들—메시아와 역사적으로 가깝게 살았고 그분을 성육신하신 하나님으로 인식했던 1세기의 목격자 제자들—과 "간접적으로 따르는 이들", 나중에 태어났기에 동시대인으로서 따르는 이들의 목격자 증언에 의존해 성육신하신 하나님을 만나는 이들을 구별한다.

키르케고르는 예수 곁에서 살았던 첫 세대가 이점을 누렸고 초월에 특권적으로 접근할 수 있다고—말하자면 '적기에 태어나서' 예수께서 친히 주신 떡과 포도주를 받은 운이 좋았던 사람들이었다고—생각하는 것은 당연하다고 말한다. 하지만 하나님이 옥외 광고판처럼 나타나시지는 않는다. 우주의 창조주께서는 비스듬히 우리에게 다가오신다. 드러내는 동시에 숨기는 방식으로 나타나신다. 키르케고르는 하나님의 자기 계시는 언제나 간접적이며, 이는 보고 듣는 데 귀와 눈 이상의 것이 필요하다는 뜻이라고 말했다. 하나님은 그분이 창조하신 모든 피조물에 찾아오시지만 피조물은 그분을 받아들이거나 인식하지 못할 수도 있다(요 1:10-11). 하나님이 자신을 비우고 낮추시어 종의 형체를 취하실 때, 계시는 비스듬하다(빌 2:6-7). 엠마오로 가는 길에서 사람들은 부활조차 즉각적으로 인식하지 못했고, 다른 무언가가 주어져야 했다. 은총으로 역사에 임하시는 하나님을 흘끗 바라볼 수 있기 위해 필요한 은총이 있다.

역사 속 하나님의 자기 계시는 매우 중요하지만, 종의 형체를 취하신 성자를 바라볼 수 있는 조건을 하나님이 부여하실 때 비로소 그것은 가까이 다가오신 하나님이라는 역설과의 만남이 될 수 있다. 따라서 "여관 주인이든 철학 교수든 자신은 너무나도 똑똑하기에 하나님이 그 조건을 주지 않으셔도 무언가를 알아차릴 수 있다고 상상하지 못하게 하라."[11] 영원한 것과의 만남은 역사 안에서만 이뤄질 수 있지만, 하나님의 계시는 절대 역사로부터 추정하거나 종교계 셜록 홈즈가 사실로부터 추론해 낼 수 있는 것이 아니다.

따라서 키르케고르는 "우리가 동시대인이 아니면서 동시대인일 수 있다"라고 지적한다. 역사적 인접성이라는 일반적 의미에서 "동시대인일" 수 있지만, 실제로는 나타나신 하나님과 "동시대인이 아닐" 수도 있다.

> 이는 우리가 한 선생과 그런 종류의 사건과 직접적으로
> 동시대인일 수 없으므로, 참된 동시대성을 직접적
> 동시대성이 아니라 다른 무언가를 통해서만 얻을 수 있다는
> 뜻일 수밖에 없다.[12]

그렇기에 "나중에 태어난 사람도 참된 동시대인이 될 수 있어야만 한다." 다시 말해서, 궁극적인 의미에서 "간접적으로 따르는 사람"이란 존재하지 않는다. 주후 33년에든, 1843년에든, 2023년에든, 역설을 마주하고자 하는 모든 사람에게는 같은 하나님이 주시는 은총, 즉 주변을 둘러보고 비스듬히 말한 것을 알아차릴 수 있게 하는 은총이 필요하다. 성육신이라는 간접적인 의사소통을 위해서는 우리에게 결여된 무언가, 즉 하나님만이 주실 수 있는 조명이 반드시 필요하다. 그리고 하나님만이 그것을 우리 각자에게 주실 수 있는 한, 따르는 사람 각자가 절대자와 직접적인 관계를 맺고 있다. "나중에 태어난 사람도 신에게서 그 조건을 받아야 하며 그것을 간접적으로

받을 수는 없다." 그리고 "나중에 태어난 사람이 신에게서 그 조건을 받는다면, 그 사람은 동시대인, 참된 동시대인이다."[13]

성도의 교제에서 늦게 참여한 사람이란 없다고 말할 수도 있다. 이는 곧 우리 **모두가** 숨겨진 하나님의 오심에 늦게 참여한 사람이라는 뜻이다. 이렇게 역사적인 것을 영원화하는 동시에 영원한 것을 역사화할 때 시간이 거룩해지며 '크로노스'가 평평해진다. 중요한 것은 '순간', 곧 '카이로스'이기 때문이다. 따라서 키르케고르는 그 조건을 부여하시는 하나님이 모든 세대의 화해자시라고 생각한다.[14] 하나님은 시대를 존중하지 않으신다. 주후 33년에 동시대인으로서 따르는 사람과 1843년에 간접적으로 따르는 사람 모두가 절대자와 직접적인 관계를 맺고 있는 한, 애니 딜라드의 구절을 되풀이하자면 "절대적인 것은 모든 시대 모든 사람에게 주어져 있다." 하나님은 중세 성인만큼이나 21세기 제자에게도 가까이 계신다. 그리고 중세 농민은 1세기 사도만큼이나 하나님께 가까이 있다.

이제 우리가 앞서 언급한 그림들을 이해할 수 있다. 모든 이미지의 핵심은 모든 세대가 직접적으로 그리스도께 나아갈 수 있다는 것이다. 성육신적 시간이라는 역설적 달력에서, '카이로스'의 친밀함으로 '크로노스'의 거리가 가까워진다. 이는 역사의 제거라기보다는 흥미로운 종류의 압축이다. 역사 **혹은** 영원이 아니라 역사 **안의** 영원이다. 스스로 낮아지셔서 시간 안에서 사신 영원하신 하나님이 역사를 모으신다.

크리스틴 스몰우드의 소설 《마음의 삶》에서 도로시는 학계의 림보에 빠져 시간강사로 힘들게 일하면서 과연 자신이 단테처럼 이 연옥에서 벗어나 정년을 보장받는 교수직이라는 낙원 *paradiso*으로 올라갈 수 있을까 생각한다. 우리가 그녀를 만날 때는 이제 막 유산을 겪은 상태다. 스몰우드는 손으로 만져지는 듯하고 끈적끈적하며 신체적인 방식의 글쓰기로 이를 묘사한다.

이 소설은 끝, 혹은 언제 무언가가 끝났는지를 우리가 어떻게 아는지, 더 정확히는 우리가 끝이라고 아는 것을 기꺼이 마주할 수 있는지에 관한 심오한 묵상이다. 어떻게 놓아줄 것인가. 야심에 어떻게 작별을 고할 것인가. 어떻게 상실과 함께 살아갈 것인가. 화자는 도로시에 관해 "그는 결핍이라는 마지막 장을 살고 있었다"라고 말한다. 어쩌면 이것은 이 소설이 중년에 관한 소설이라는 뜻일지도 모른다("도로시는 선택이 실수로 드러나고, 돌이킬 수 없음이라는 등록이 점점 더 스는 나이가 되었다"). 하지만 미국의 실험에 관한 더 광범위하며, 거의 우화적인 해석을 거부하기 어렵다. 우리가 그 삶을 살아가고 있다면 끝을 인식할 수 있을까?[15]

스몰우드의 소설에는 종교가 다소 놀랍고 사실적인 방식으로 등장한다. 도로시는 "묵시록 쓰기"라는 과목을 가르치는데, 이 강의에서는 조너선 에드워즈Jonathan Edwards와 계시록을 다시 살펴봄으로써 "'카이로스'의 구조"와 "'크로노스'의 고통스러운 지루함"의 차이를 분별하고자 한다.[16] 사실 시간의 이해라는 이 문제가 소설의 서사를 지배한다. 도로시는 언제나 ("반려동물과 함께하는 시간"과 "비행기에서 보내는 시간"처럼) 다른 종류의 시간에 주목한다. 그녀는 계시를 기다리고 있다. '카이로스'의 시간이라는 것—끝이 도착했다는 것—을 알기 전에 우리는 '크로노스'를 오랫동안 견뎌야만 한다. 반면에 딜라드가 암시하듯이 어느 순간에든 침입이 일어날 수 있다. '카이로스'는 언제나 존재하는 가능성으로서 '크로노스'와 동행한다.

소설 후반부에서 도로시는 "무언가가 언제 끝나는지를 알기 어렵다"라고 말한다.[17] 하지만 이는 끝을 인식하지 못하는 우리의 근시안적 무능 때문만은 아닐지도 모른다. '카이로스'가 만물 위에 활동하는 상황에서 무언가가 끝이 날 때 그것이 끝이 아니라는 것을 우리가 결코 알지 못하기 때문일지도 모른다. 죽은 자가 다시 살아날 때 죽음조차도 끝이 아니다. 문제는 "지금이 언제인가?"가 아니라 "지금이 **어떤** 시간인가?"다. 모든 시대, 모든 사람에게 절대적인 것이 주어져 있다. 모든 '크로노스'의 순간이 '카이로스', 즉 가능성으로 충만한 순간이 될 가능성을 지니고 있다. 대니얼 와이드너 Daniel Weidner 가 신학자 폴 틸리히 Paul Tillich 에 관해 이야기하면서 말했듯이, '카이로스'는 "모든 순간이 그것을 통해 메시아가 들어갈 수 있는 작은 문일 수도 있음"을 의미한다.[18]

※　※　※

엘 그레코와 드 크라이에의 그림처럼 기독교 예전은 '카이로스'의 거룩한 접힘을 재현한다. 예전력은 마치 시간의 무게중심과 같으신 성육신하신 그리스도를 중심으로 시간이 구부러지고 휘는 방식을 재연한다. 해마다 대강절에 교회는 약속을 기다리며 이스라엘의 메시아적 소망을 다시 체험한다. 메시아께서 베들레헴에 태어나신 후로 2천 년 동안 그렇게 해 왔다. 해마다 교회는 예수와 함께 겟세마네로 걸어가며, 그분의 고뇌와 고통을 목격하고, 십자가의 서늘한 그림자 안으로 다시 걸어 들어가며, 성 토요일의 비참한 침묵을 통과하고, 부활절 아침에 이르러 하나님 아들의 부활이라는 빛의 폭발을 목격한다. 2천 년 동안 교회는 반복해서 동방박사를 따라서 살해 위협을 받으신 왕을 찾아간다. 2천 번 넘게 교회는 승천에 당혹스러워했고, 그런 다음 오순절에 그 생명을 건다.

예전적 시간에 익숙하지 않은 이들에게는 이것이 매우 지루해 보일 것이다. ("또?") 마치 이 모든 것이 과거에 있었던 일을 우리에게 상기시키기 위함인 것처럼, 예전력이 단지 기념을 돕는 장치일 뿐인 것처럼 오해할지도 모른다. 하지만 예전력은 그보다 훨씬 더 주술화된enchanted 실천이다. 사건 **안으로** 들어오라는 초대, 키르케고르가 말하는 동시대성의 경험이다. 성 금요일 테네브레Tenebrae 예배에서 그리스도께서 십자가에서 하신 마지막 말씀을 낭독하고 그때마다 초가 꺼질 때 우리는 그저 '역사적 사건'을 기억하라는 초대를 받는 것이 아니다. 우리가 그때 거기에 있는 것처럼 시간 안에서 살도록 초대를 받는다. 마지막 빛이 꺼지고, 예수님이 돌아가신 이후 땅이 흔들린 것을 상징하는 소름 끼치는 굉음이 침묵의 어둠 속에

울려 퍼질 때 상실감에 빠진다. 그때 독창자가 흑인영가 가사에 담긴, 시간을 구부리는 질문을 던진다. "거기 너 있었는가? 그때에 주가 그 십자가에 달릴 때." 그런 다음, 엘 그레코에게 어울리는 방식으로 현재 시제로 전환된다. "때로 그 일로 나는 떨려!" 부활절 아침의 "할렐루야!"가 그저 과거의 재연이 아니라 스올 같은 구덩이에서 한 해를 보낸 영혼이 마치 처음처럼 다시 살아갈 수 있는 가능성을 경험하고 부활에 대한 새로운 깨달음을 노래하는 시간일 때도 있을 것이다. 부활은 **지금**이며, 지금 당신은 "깨어라. 숨을 쉬어라. 살아라. 나는 네가 존재하기 원한다"라고 말씀하시는 하나님의 목소리를 듣는다.[19]

이렇게 해마다 성육신과 수난을 재연하는 것은 **앞을 향한** 반복, 즉 새로운 가능성을 만들어 내는 회귀라는 키르케고르적 의미에서만 '반복적'이다.[20] 어쩌면 우리는 그리스도인이 순환적인 **동시에** 선형적인 시간 안에 살고 있다고 말할 수도 있을 것이다. 파동인 동시에 입자인 빛처럼 성육신 사건은 달력에 결정적인 자국을 남긴다. 창조주 하나님이 스스로 시간의 부침에 영향을 받는 피조물이 되셨으므로 되돌아가는 것은 불가능하다. 성육신은 고고학적 흔적을 남기는 계시다. 성자 안에 하나님이 오시기 이전과 이후가 존재한다. 역사는 펼쳐졌고, 심지어 '진보'해 왔다.[21] 하지만 다른 한편으로 교회의 예배—교회의 삶의 박자이자 그리스도의 몸의 심장 박동인—라는 리듬은 시간 안에서 성육신하신 하나님과의 만남으로 되돌아가 삶으로써 앞을 향해 나선형으로 나아간다. 하나님 백성의 시간 지키기에서는 **다시** 성탄절, **다시** 부활절, **다시 또다**

시 오순절이다.

이런 종류의 시간 접기가 언제나 하나님 백성의 특징이었다. 문학학자 로버트 올터Robert Alter는 자신의 신명기 번역서 서론에서, 모세가 이제 막 약속의 땅에 들어가려는 후세대에 이야기하면서 마치 그들이 애굽을 탈출하고 바다를 건넌 세대인 것처럼—이 사건이 한 세대 전에 일어났다는 사실에도 불구하고—말한다고 강조한다. 모세는 거기에 있었을 리 없는 사람들에게 "우리 하나님 여호와께서 호렙산에서 **우리**와 언약을 세우셨나니"라고 말한다. "여호와께서 산 위 불 가운데에서 너희와 대면하여 말씀하시매"(신 5:2, 4). 모세는 이스라엘의 시련과 야웨의 한결같은 신실하심을 생생하게 묘사하면서, 키르케고르가 나중에 그리스도를 따르는 이들이 그리스도의 '동시대인'이라고 말했던 것과 같은 취지로 후세대가 과거 사건의 목격자라고 말한다. "신명기의 역사적 청중은 그들의 조상이 실제로 보았던 것을 상상하고 그것을 대신해서 보라고 암묵적으로 초대를 받는다. 이스라엘의 모든 미래 세대가 목격자로서 이미 시내산에 있었다는 미드라시의 관념은 목격을 환기하는 신명기의 이 수사적 전략에 암시되어 있으며, 아마도 거기서 비롯되었을 것이다." 올터는 이것이 "한 세대와 다른 세대 사이의 동일시"라고 설명한다. "모세의 말을 들었던 이들 대부분은 그가 말하는 것을 문자적으로 볼 수는 없었지만, 그 백성이 집단적 도덕 행위자로서 역사적 시간에 대한 책임을 지는 연속적 실체라고 상상한다."[22]

모세가 수사적 전략으로 시간 접기를 활용했다고 말한다

고 해서 그것이 소설이라는 뜻은 아니다. 이런 수사는 한 백성에 관한 현실—'사회적 존재론', 즉 여러 세대에 걸친 하나님 백성의 상호내재co-inherence 라고 부를 수 있는 것—을 반영한다.[23] 언약으로 구성된 한 백성의 실재적이며 중요한 연속성이 존재한다. 이처럼 시간과 세대를 가로질러 한 백성을 묶어내는 것은 성도의 교제 안에 표현된 것과 동일한 현실이다. 후세대는 바다를 건너고 광야에서 방황했던 이들에게서 물려받은 것 때문에 구체적인 가능성 속에서 살아간다. 이런 연속성이 실재적인 까닭은 모든 세대가 연결되어 있는 동일하신 하나님의 한결같은 임재 때문이며, 또한 습관성이 집단적이기 때문이다. 소망도, 우상숭배도 물려받은 것이다. 행동할 능력을 물려주고 물려받는 것처럼 책임도 여러 세대에 스며들어 간다. 이런 시간관—세대 사이로 이렇게 '미끄러짐'—은 개인주의가 전제하는 원자론, 즉 각 개인을 별개 단위로 만드는 자아와 공동체 이해를 근본적으로 거부한다. 성경은 우리를 공동체적 현실 안에 자리 잡게 하며, 공동체가 시간을 가로질러 연속성을 갖게 하는 이인칭 복수 대명사로 가득 차 있다.

따라서 연대기적 시간은 상대화된다. 파동과 분자. 현재가 중요하지만 **지금**만이 현재는 아니다. 우리의 **지금**은 가능성으로 충만하다. 우리의 지금은 과거에서 전해진 가능성을 낳아 미래로 태어나게 한다. 한 세대의 실존이라는 이 시간 기록은 우리보다 앞선 동시에 우리를 뒤따라오는 지속적인 현실 안에 포함되고 둘러싸여 있다. 요단강가에 서 있는 이스라엘 세대는 광야에서 방황했던 그 '지체'의 일부로 규정된다. 과거

세대 경험이 그들 **안에** 있으며, 그들이 이 새로운 가능성을 시작할 때 그들이 어떤 존재인지를 규정하는 요소를 이룬다. 그리고 약속의 땅에서 그들이 되도록 부름받은 백성이 되기 위해 그들은 자신이 어떤 존재인지를 기억해야 한다.

하나님 백성에게 시간은 선형적이며 순환적이다. 역사에서 펼쳐지는 일은 중요하다. 시간을 되돌릴 수는 없다. 하지만 우리는 방향 설정의 문제로서, 말하자면 우리의 내적이며 집단적인 시계의 시간을 다시 맞추기 위해—우리가 **언제에** 있는지 기억하기 위해—우리의 지금에 그 사건들을 재방문한다. 중요한 의미에서, 우리가 이렇게 백성을 규정하는 사건과 맺는 관계가 우리가 몰두하고 있는 현재 일어나는 사건의 소용돌이보다 더 결정적이다. 카를 바르트 Karl Barth 는 한 손에는 성경을, 다른 한 손에는 신문을 들고 읽으라고 말한 것으로 유명하다. 하지만 많은 이들이 그의 주장을 오해하는 듯 보인다. 성경이 신문 1면을 배치하는 것이지, 그 반대가 아니다.

많은 점에서 근대에는 선이 원을 이겼다. 18세기 이래로 우리는 시간의 전진을 선의 형태로 시각화하도록 훈련받았다. 1765년에 영국의 화학자 조지프 프리스틀리 Joseph Priestley 는 오늘날 우리가 '연대표 timeline'라고 하는, 신 역사표를 발표했다. 같이 펴낸 소책자에서 프리스틀리는 시간의 신비로운 미묘함을 인정했지만, 그럼에도 "측정 가능한 공간이라는 관념, 특히 **선**이라는 관념을 통해 우리 머릿속에" 시간을 "자연스럽고 쉽게 재현할 수 있다"라고 주장했다.[24] 시각적 은유는 중립적이지 않다. 시간이 선과 같다는 이미지 자체가 하나의 해석이다.

선은 진보를 가늠하는 수단으로서, 무지와 순진함을 버리고 계몽과 지배를 성취한다. 앞으로, 위로. 대니얼 로젠버그Daniel Rosenberg는 역사가 "실제로 연대표 형태 혹은 다른 어떤 선의 형태를 취한 적이 없다"라는 사실에도 불구하고 "이 시기에 역사적 진보라는 과장된 관념이 인기를 얻고 있었다"라고 지적한다. 이 이미지의 시각적 단순성이 그것을 너무나도 효과적으로 만들었지만, 그것은 문제이기도 했다. 즉, 단순성은 "선형적 시간이라는 망상을 뒷받침하는" 환영이었다.[25] 마치 아마존강을 지도에 직선으로 표시할 수 있기라도 한 것처럼, 선은 우연성이라는 모든 지그재그, 뒷걸음질, 급증하는 의무와 부담을 지워 버렸다.

19세기 말 20세기 초 위대한 시간의 현상학자 앙리 베르그송Henri Bergson(프루스트가 그의 결혼식에서 신랑 들러리를 섰다!)은 이런 망상이 "우상"이라고 정확히 비판했다.[26] 선형적 진보는 개인적으로든 집단적으로든 우리가 시간을 경험하는 방식이 아니다. 우리의 시간 **경험**은 "지속 durée"의 경험이다. 이것은 일종의 분리 없는 연속으로서, 베르그송이 (울터의 "미끄러짐"과 비슷하게) "녹아내림"이라고 묘사하는 바다. 과거와 현재는 서로 스며든다. **지금**에는 구멍이 나 있다.[27]

베르그송이 이런 주장을 하고 있을 때 아인슈타인은 시간이 상대적이라고 증명하고 있었다. 근대성은 언제나 그 자체의 대항근대성 countermodernities을 만들어 낸다. 베르그송과 아인슈타인은 '근대적' 시간의 지나치게 단순화된 선형성에 동시에 이의를 제기했다. 그렇게 하면서 그들은 우리에게 히브리의 시간성 이해와 비슷한 무언가에 관심을 기울이게 한다. 이런 시간성 이해에서는 모세 세대와 여호수아 세대 사이의 선이 희미하며 구부러져 있으므로, 요단강을 건너는 이들에게 마치 홍해를 건넌 사람들에게 하듯 이야기한다. '우리'는 우리의 평생보다 더 길다.

* * *

시간은 구부러질 수 있고 상대적이며 우리 삶에 질서를 부여하기 위해 구축된 방식이기 때문에 당신이 어떤 시계와 달력을 기준으로 살아가느냐가 대단히 중요하다. 객관적이거나 절대적인 시간은 존재하지 않으며, 그렇기에 긴장 관계를 이루며 경쟁하는 달력과 시계가 존재할 수도 있다. 언젠가 아내와 내가 동부 시간대의 경계에 해당하는 미시간 서쪽 연안에 머물고 있을 때 우리 전화기와 스마트워치가 중부 시간대와 동부 시간대를 왔다 갔다 하는 것을 알아차렸다. 아마 희한하게도 호수 건너편의 휴대전화 신호를 포착했기 때문이리라. 이런 상황이 계속되자 옛날처럼 손목에 시계를 차고 있지 않았던 우리는 '정말로' 몇 시인지를 알 수 없어서 당혹스러웠다.

시계와 달력이 관습의 산물, 다른 방식으로 이뤄질 수도 있었던 우연적 결정의 유산임을 잊어버리기 쉽다. 이는 시간과 날짜 계산에 관한 합의를 끌어내기 위해 1884년 워싱턴 DC에서 열린 국제자오선회의International Meridian Conference 이전에는, 시간을 둘러싸고 얼마나 치열한 논쟁이 벌어졌는지를 잘 알지 못하는 경우가 많다는 말이다.

그 시점까지 시간은 태양과 별을 기준으로 측정되므로 ('태양시') '자연적인' 것처럼 보였다. 하지만 19세기 내내 처음에는 선박, 그다음에는 철도와 전보로 대륙이 점점 더 밀접하게 연결되면서, 어지러울 정도로 다양한 '지역' 시간이 충돌하기 시작했다. 실제로 지역마다 '자연적인'('태양') 시간을 따르도록 허용하니 치명적인 결과가 나왔다. 시간을 표준화하려는 노력이 시작된 주요 원인은 같은 철로를 공유하는 열차가 충돌하는 사건들이 발생했기 때문이다.[28] 대서양 연안, 대륙 간 상업과 산업 발전 역시 중요한 요인이었다.

처음에는 지역 단위, 다음에는 국가 단위로 표준화 노력이 이뤄졌다. 예를 들어, 1833년부터 템스강 그리니치 천문대에서는 항구에 정박한 모든 배가 볼 수 있도록 오후 1시에 '시구 timing ball'를 올렸고, 이는 시각적 동기화의 기회가 되었다. 미국에서는 철도가 확장한 결과로 대륙을 다섯 시간 '띠'로 구분하는 표준 철도 시간 Standard Railway Time 이 만들어졌다. (프랑스 철도 회사에서는 시간을 정확히 지키지 않는 승객들을 위해 파리 태양시보다 5분 늦은 표준화된 시간을 사용했다.) 1851년에 유럽과 북미를 연결하는 대서양 횡단 전신 케이블을 설치한 사건은 "아마도 시간 체계의 국제화와 관련해 가장 중요한 성취였을 것이다."[29]

진짜 싸움은 바로 이때 시작되었다. **누구의** 시간이, 말하자면 시작 지점 ground zero 이 되어야 할까? 전문용어를 사용하자면, 본초자오선—다른 모든 사람이 그것을 기준으로 시간을 계산해야 하는 지점—을 어디에 두어야 할까? 프랑스는 파리를 두고 로비를 했고, 영국은 그리니치 천문대의 획기적인 과학을 내세웠다. 다른 이들은 그리니치에서 180도 떨어진 태평양 한가운데의 '중립' 지역을 제안했다(프랑스인들은 그들이 그곳에서 무슨 일을 하는지 알고 있었다). 결국 미국 의회가 1884년에 국제자오선회의를 소집했고, 25개국 41명의 대표단은 긴 논쟁과 숙고와 협상 끝에 그리니치를 본초자오선으로 삼는 데 동의했다. 후속 협상을 통해 세계를 24개 시간대로 나누는 체계에 합의했고, 현재 우리가 사용하는 시간대를 위한 경도를 확립했다. 대표단은 해군의 관습을 거부하고 민간인의 감수성을 존중하여 이른바 보편적 날이 자정에 시작된다는 것에도 동의했다. 구형의 행성에서 무엇이 동과 서를 이루는지에 관해서도 합의에 이르렀으며, 결국 경도 180도를 날짜변경선으로 정했다.

다시 말해서, 시간에 관해 우리가 당연하게 받아들이는 거의 모든 것이 관습의 문제이며, 그래서 역사가 루이스 멈퍼드Lewis Mumford는 "근대 산업 시대의 핵심 기계는 증기기관이 아니라 시계"라고 주장했다.[30]

우리 모두는 누군가가 정해 놓은 시간 구조에 시계를 동기화한다. 우리 모두는 달력에 관한 특정한 관습에 근거해 날을 헤아린다. 당신의 달력을 지혜롭게 선택하라. "우리가 언제에 있는가?"라는 물음에 대한 답은 우리가 누구의 '시구'를 바라보고 있는지에 따라 결정된다. 21세기에 시간이 표준화되었다고 하더라도, 우리 삶의 표준을 정하기 위해 경쟁하는 달력들은 여전히 존재한다. 예전력의 운율에 따라 조직된 교회 예배는 영혼과 더 큰 그리스도의 몸을 위한 시간 조정 기술이다.

소저너 트루스Sojourner Truth의 기억할 만한 말처럼, 예전력은 "지금이 밤 몇 시인지"를 우리에게 일깨워 준다.

우리는 교회 예배에서 시간의 상대성과 지금의 다공성을 예전적으로 실천한다. 그런 독특한 백성이 되기 위해서는 낯선 종류의 시간 동기화가 필요하다. 첩보 영화 속 요원들이 임무에 착수하기 전에 모두가 같은 시간대에 있도록 시계를 맞추듯이, 하나님의 백성은 예전력에서 순환하고 반복하는 이야기에 맞추어 영혼의 시계를 동기화한다. 예전력에서 우리는 하나님의 성을 비추는 빛이신 성자의 태양시에 맞춰 살아간다(계 21:23).

❉ ❉ ❉

혹은 동기화 기술 대신에, 춤의 주고받기에 관해, 그리고 **따른다**의 의미에 관해 생각해 보자. 역사가이며 학자인 클레어 윌스Clair Wills는 뛰어난 통찰력이 담긴 글에서, '파트너와 함께 추는' 사교댄스가 어떤 느낌일지 생각해 보라고 말한다. "파트너와 춤을 출 때는 이끄는 사람과 따르는 사람이 있으며, 처음부터 나는 따르는 법을 배우겠다고 마음 먹을 것을 알고 있었다." 자신도 모르는 사이에 그는 여러 해 동안 따르는 법을 배우고 있었기 때문이다. 어째서 그랬을까? "따르기는 읽기"이기 때문이다. 따른다는 것은 파트너를 읽는 것이며, 윌스는 평생 읽는 사람이었다.[31]

하지만 두 사람의 이런 관계는 허구적이다. 그녀는 모든 춤은 협력으로 이뤄지지만 "사실은 이끄는 사람이 둘"이라고 말한다. "한 사람은 당신이 함께 춤추고 있는 상대다. 그는 당신을 이끌어 음악에 맞춰 일련의 동작을 취하게 한다. 나머지 한 사람은 음악 자체다. 따르는 사람의 책무는 두 리더에 모두 귀를 기울이고, 두 리더를 듣고, 각각에 창의적으로 반응하는 것이다." 따르는 행위는 수동적이거나 자동적이지 않다. 다른 사람의 몸을 읽어 내고, 음악의 리듬을 찾아내고, 상대의 요청에 귀를 기울이는 창의적인 행동이다. 결국 "한 쌍은 삼각형"임을 알 수 있다.

음악에 시간이 담겨 있는데, 이끄는 사람은 듣기만 하지만 따르는 사람은 귀 기울여 듣는 동시에 자기 등 위의 손과 옆구리를 어루만지는 손길에서 신호를 느낀다. "두 사람이 함께 춤을 출 때 따르는 사람의 움직임은 언제나 조금씩 늦을 수밖에 없다." 그것은 실패가 아니며, 그 간격은 메울 수 없다. "지연이야말로 춤의 핵심이다."

자세는 따르는 사람의 촉각적 레이더가 된다. 예술의 핵심은 반응에 있다. 윌스는 이를 아름답고 함축적으로 포착해 낸다.

> 따르는 사람은 촉각을 곤두세운다. 그는 일종의 적극적
> 불확실성, 긍정적인 의심을 길러야 한다. 그는 파트너가
> 보내는 가장 사소한 신호까지 느낄 수 있을 정도로 긴장이
> 풀려 있어야 하지만, 함께 춤을 출 수 있을
> 정도로—반응하고, 기다리고, 몰두하거나 멈추거나
> 망설이다가도 자세를 취할 수 있을

정도로—정신적·육체적으로 충분히 균형 잡혀 있어야 한다. 마치 예상은 했지만 무슨 일이 일어날지 알지 못했다는 듯이 이렇게 혹은 저렇게 발걸음을 내딛거나 몸을 돌리라는 요청에 답할 수 있도록 그의 몸무게는 정교하게 균형이 잡혀 있어야 한다.

춤은 금세 끝난다. 5분이면 음악이 멈춘다. 하지만 이제 당신 안에 그 춤이 담겨 있다. 월스는 "또 다른 종류의 과거가 춤추는 사람의 몸에 담겨 있다"라고 말한다. "'근육 기억'은 그 일부일 뿐이다. 당신이 춤추기 시작할 때 그 안으로 걸어 들어가는 기억에는 전에 춘 모든 춤, 당신이 함께한 모든 파트너, 당신이 한 모든 연습, 당신이 들은 모든 음악이 포함된다." 하지만 춤의 핵심은 순간에 있다. "따르는 사람이 느끼는 춤의 즐거움은 밖으로 거의 표현되지 않은 말에 귀를 기울이는 것이다."

교회가 기차 시간표가 아니라 댄스홀과 같다고 상상해 보자. 모든 예배는 춤을 추며 세상으로 들어가기 위한 연습이다. 그리스도의 신부는 이끄는 자에게 주의를 집중하며 음악에 귀를 기울인 채 독특하고 창의적인 따르는 기쁨으로 초대를 받는다. 균형 잡히고 주의를 집중하며 조율된 상태로 춤을 춘다. 이제 무엇을 해야 할까? 다음에는?

4장 덧없음을 받아들이기

잃어버릴 것을 사랑하는 법

봄의 노래는 어디에 있을까? 아, 어디에 있을까?
봄의 노래는 생각하지 말라. 너에게는 너의 노래가 있나니.
— 존 키츠John Keats, 〈가을에게 To Autumn〉

우리는 차를 타고 펜실베이니아주 서스쿼해나강 유역을 통과
하고 있다. 10월 말. 가을 햇빛이 언덕을 은은하게 물들이고
있다. 상쾌한 공기가 겨울이 오고 있다고 알려 준다. 하지만
오늘 이곳은 불타오르고 있다. 사방의 나무가 붉은색과 주황
색으로 타오른다. 오르막을 오르는 동안, 마치 나뭇잎이 다 타
버린 듯 적갈색과 갈색이 노란색과 호박색을 대신한다. 이런
빛 아래에서는 쓸쓸하고 앙상한 가지조차 메말라 있지만 아름
답게 보인다. 우리는 끝을 목격하고 있다. 이 가을의 아름다움
은 겨울의 죽음과 휴면을 둘러싸고 있는 후광이다. 이 숭고한
마법은 나뭇잎이 굶주렸기에 비로소 가능해진 마지막 장, 고

별 전시회다. 나뭇잎은 온화하게 밤으로 들어가지 않고 그 빛이 사라지는 것에 맞서 활활 타오를 것이다. 그리고 나는 그 장엄한 소멸에 놀라워하며 감사한다. 나뭇잎의 긴 초록빛 삶은 이 맹렬한 장관을 위한 서곡일 뿐이었다.

50세 생일이 막 지난 후에 내가 이런 깨달음을 얻었다는 것은 아마도 우연이 아닐 것이다. 삶의 마지막 장들에 이를 때 어떻게 가을을 느끼는지에 관한 작가 마거릿 렌클Margaret Renkl의 사색적인 칼럼을 읽고 난 후라서 집중력이 예민해져 있기도 했을 것이다.

> 젊은 시절에는 가을이 시작되는 것을 슬퍼하지 않았던
> 이유는 아마도 내가 더 젊고 아직 인생이 많이 남아 있었기
> 때문일 것이다. 그때는 내 진짜 삶, 내가 스스로 선택하고
> 내가 원하는 대로 살아갈 삶이 나에게 찾아오기까지 너무
> 오래 걸린다는 걱정밖에 없었다. 이제는 나에게 주어진
> 매일이 앞으로 내 삶의 어느 날보다 진짜라는 것을 안다.
> 이제는 아무것도 우리에게 보장되어 있지 않으며, 우리가
> 살날이 항상 줄어들고 있다는 것을 안다. 늘, 언제나
> 줄어들고 있다는 것을.[1]

가을이 찾아온 마당은 거울이며, 그는 빛이 점점 약해지는 가운데 바삐 겨울을 준비하는 모든 피조물에 유대감을 느낀다. "털갈이하는 파랑새의 우스꽝스러운 초라함"에 공감하고, 이동을 준비하기 위해 모이통을 두고 싸움을 벌이는 벌새

를 보며 감탄하고, 자신의 유산인 "진주처럼 완벽한 알주머니"를 꿰어 둘 거미줄을 만들면서 마지막을 맞이하는 거미를 보며 경외감을 느낀다. 거미는 자리를 내어주고 있다. 놓아주고 있다. 이 가능성의 진주를 세상에 남기고 있다.

❊ ❊ ❊

프랑스 시인 샤를 보들레르Charles Baudelaire는 근대성이 "덧없는 것, 일시적인 것, 우연적인 것"에 매혹되어 있다고 주장했다.[2] 모더니즘 화가들은 무미건조한 풍경을 그리는 대신, 발레리나의 도약, 기차에서 뿜어져 나오는 증기, 해가 다시 지평선 아래로 뛰어들기 전의 황금빛에 관심을 기울인다. 이런 의미에서 근대주의는 우리가 피조물이라는 사실과 인간 조건의 특징에 매우 집중한다고 볼 수도 있다. 창조되었다는 것은 덧없고 일시적이며 우연적인 존재라는 것이다. 피조물이라는 것은 시간의 부침에 영향을 받을 수밖에 없는 필멸의 존재라는 것이다. 날마다 해가 뜨고 작별을 고한다. 튤립 구근은 싹을 내고 화려하게 꽃을 피우고 다시 동면에 들어간다. 우리는 배우고 기억하고 잊어버린다. 피조물로 사는 법을 배운다는 것은 놓아주는 법을 배운다는 것이다.

　덧없음을 인식하고 더 나아가 끌어안는 것이 기독교적 시간 의식의 핵심이다. 죽을 수밖에 없음을 우리의 조건으로 인정할 뿐만 아니라 선물로 받아들이는 훈련을 통해 덧없음을 끌어안는다고 상상해 보자. 겨울의 상실이 있기에 우리는 가을의 불타는 단풍을 누린다.

우리의 유한성은 (비록 타락으로 영향을 받기는 하지만) 타락의 결과가 아니다.[3] 우연성은 저주가 아니다. 피조물의 유한성에 분노하면서 살아가는 것 자체가 일종의 교만이다. 물론, 우리가 잃어버리는 많은 것에 많이 안타까워할 것이다. 타락의 깨어짐 때문에 많은 것을 빼앗겼다. 하지만 사라져 가는 것이 다 도둑맞은 것은 아니다. 사라져 가는 것이 다 저주의 결과는 아니다. 덧없음과 함께 살아가고, 더 나아가 그것을 기리는 법을 배우는 것이 그리스도인의 시간 지키기의 특징이자 우리의 피조물 됨을 받아들이고 우리의 필멸성 안에 안식하는 방법이다.

필멸성에 분노하는 것은 교만의 표지다. 자신의 필멸성에 분노할 때 우리는 주어진 것이 영원하지 않다는 사실에 분노하는 셈이다. 그럴 때 우리는 영원을 만들어 내려고 노력할 때가 너무나도 많다. 놓아주기를 거부하면서 집착하고 꽉 붙잡으려 한다. 붙잡으려 애쓰다가 오히려 잃어버린다는 것이 인생의 역설이다. 지나가는 것을 붙잡고 멈추려고 할 때 우리는 자신의 피조물 됨을 부인하고 바로 우리 앞에 있는 무언가를 놓치고 만다.

2019년, 길고 고통스러운 휴지기를 보낸 타이거 우즈Tiger Woods는 프로 골프 대회에서 다시 우승을 차지하며 포효했다. 당시 한 사진기자는 그의 선수 경력 초기인 1997년 우승과 가장 최근 2019년 우승이 극명한 대조를 이룬다고 지적했다. 1997년 사진에서 18번 홀의 이미지는 르네상스 걸작의 분위기를 자아낸다. 공이 홀로 빨려 들어가 우승이 확정된 순간 모두가 공에 집중하고 있다. 카라바조의 작품 속 인물처럼 빛이 나는 수많은 얼굴이 황홀하게 기뻐하며 함성을 지르고 있다. 지켜보는 갤러리는 마치 하나의 유기체 같았다. 그곳에 있던 모든 사람은 젊은 정복자 타이거가 공중으로 주먹을 치켜올리는 모습을 결코 잊지 못할 것이다.

2019년의 우승 장면은 사뭇 대조적이다. 그 마지막 홀에서 타이거는 여전히 수많은 사람에 둘러싸여 있지만, 그들의 시선은 다른 곳을 향했다. 그들은 이 순간을 사진으로 포착하기 위해 스마트폰을 보면서 정확한 순간에 버튼을 누르는 데 집중하고 있다. 위로 뻗은 팔이 사람들의 얼굴을 가리고, 그들 머리 위로 이 순간의 자그마한 복제품 수백 개가 떠 있다. 이들은 그 순간을 포착하겠다고 결심한 나머지 더는 그 현장에 충실하게 존재하지 않는다. 이 경험을 붙잡겠다고 결심한 나머지 그것을 경험할 기회를 놓치고 있다. 이 순간을 붙잡겠다는 욕망 때문에 그 순간을 잃어버리고 있다.

이런 대조는 사진작가 샐리 만Sally Mann의 비망록《움직이지 마세요Hold Still》에 담긴 탁월한 통찰을 떠올리게 한다. 그는 자신이 사랑한 두 남자, 즉 아버지와 친한 친구인 화가 사이 트웜블리Cy Twombly의 죽음과 상실에 관해 성찰한다. 트웜블리에 대한 기억은 생생해서 "느릿느릿 말하는 그의 목소리, 주름진 얼굴, 앞니 사이 벌어진 틈"을 즉각적으로 떠올릴 수 있다. "사이는 바로 여기 있다." 기억만으로 그의 존재를 환기할 수 있다. 하지만 그런 다음 사진작가는 이런 놀라운 통찰을 제시한다. "내가 그를 이토록 분명하고도 자세히 기억할 수 있는 이유는 나에게 그의 사진이 거의 없기 때문이라고 확신한다."트웜블리가 기억의 동반자인 자신 안에서 아버지와 매우 다른 방식으로 살아 있다고 그는 인정한다. "내게 있는 수많은 아버지 사진 때문에 나는 아버지를 전혀 포착할 수가 없다. 터무니없을 정도로 불충한 나의 기억에서 그분은 3차원으로 존재하지 않으며 연관된 냄새나 목소리의 어조를 지닌 채 존재하지도 않는다.…나에게는 그분의 기억이 없다. 사진의 기억이 있을 뿐이다."필름이 포착한 아버지는 그녀에게 상실된 존재다. 기억된 친구는 그의 앞에 있다. 샐리 만은 현실을 프레임에 포착할 수 있는 우리의 능력이 실제로는 상실인 이유를 이렇게 진단한다.

> 사진이 발명되기 전에 우리 삶의 흐름에서 중요한 순간은
> 개울 속 바위와 같았을 것이다. 흐르는 물의 양을 보여
> 주지만 그 양을 줄이지는 않는 장애물, 그 주위로
> 시각적·후각적·미각적·청각적으로 풍성한 기억의 파편이
> 축적되는 장애물이었다. 어떤 스냅사진도 기억을
> 끌어모으는 장애물이 할 수 있는 일을 하지 못한다. 그 일을
> 사진기에 맡길 때 우리의 기억력이 줄어들고 우리가
> 소유하는 기억이 빈약해진다.⁴

나는 내 삶의 주기와 실천에서 만의 통찰을 받아들이려고 노력했다. 나는 모든 경험을 기록해야 할 무언가로 전환하기보다는 기억할 기회로 삼고자 노력하고 있다. 모든 아름다운 순간을 내 아이폰에 담아 두려고 할 때 나는 세계를 잃어버리

고 만다. 내가 경험하는 모든 기쁨과 아름다움은 나의 신체 기억에서 나와 함께 살아가기보다는 결국 내가 거의 들여다보지 않는 사진 폴더에 묻혀 있게 된다. 그 결과 현재와 과거에 대한 경험이 축소되고 만다. 그 순간을 스냅사진으로 포착하겠다고 결심할 때 나는 그 순간에 덜 충실한 상태로 존재한다. 나는 미래의 기억에 집착하고 있다. 하지만 미래의 기억이란 내 영원의 동굴에 저장할 수 있는 감정이나 광경에 대한 보잘 것없는 대체물이 되고 만다.

그래서 나는 단순한 실천을 하고 있다. 아름다운 공간에 들어가거나 중대한 사건을 예상하고 있을 때는 의도적으로 전화를 두고 온다. 나는 현재에 충실히 존재하고, 그리하여 그 현재가 나에게 미래의 기억으로 살아 있기를 원한다. 텍사스 힐 컨트리의 프리오Frio 강이 내려다보이는 서클 블러프Circle Bluff에 올라갈 때든, 니스의 카페에서 촛불을 사이에 두고 아내와 오붓한 시간을 즐길 때든, 나는 현재에 충실히 존재하고, 그것을 잃어버릴 수도 있다고 불안해하지 않으면서 **지금**을 만끽하기 원한다. 나는 그 순간에 몰두함으로써 내가 상상하지도 못했던 방식으로 이런 기쁨을 간직할 수 있게 되었다.

우리가 피조물임을 시간적으로 지각한다는 것은 필멸성을 편안히 받아들인다는 것이다. 죽을 수밖에 없는 존재로 산다는 것은 놓아줌으로써, 사라져 가는 현재에서 기쁨을 발견함으로써 선물을 받는 것이라고 말할 수도 있다. 이것이 시간적인 만족이다. 즉, 눈을 크게 뜬 채 움켜쥐기 위해서가 아니라 받아들이고 즐기고 놓아주기 위해 손을 펼치고 시간 안에서 살아가는 것이다. 때로는 이것이 영원히 지속되지 않을 것을 알기에 우리는 현재에 서로 손을 잡을 수밖에 없다.[5]

※ ※ ※

그리스도인의 시간 지키기는 춤추며 외줄을 타는 것과 비슷하다. 한편으로, 우리는 우리를 확장하는 방식으로 시간 안에서 살도록, 지금보다 훨씬 더 많은 것이 있음을 깨닫도록 부르심을 받았다. 전통을 물려받은 백성인 우리는 우리 유산을 염두에 두고 장차 올 왕국을 기다리며 미래를 살아간다. 다른 한편으로, 우리는 언제나 현재를 살아간다. 과거의 선물과 미래의 소망이 지금 우리 안에서 결합된다. 나는 현재에 존재하지 않을 수 없다. 우리의 과제는 지금만 중요하다는 (방종하는 쾌락주의Epicureanism로 귀결되는) 현재주의 present-ism 에 굴복하지 않고 현재 안에서 신실하게 살아가는 것이다. 그 요령은 시대정신 Zeitgeist 에 규정되지 않으면서 그 순간을 온전히 사는 것이다.

"요령"이라고 했지만, 키르케고르가 말하는 믿음의 기사가 지닌 "무공"이라고 표현하는 쪽이 더 적절할 것이다. 이 기사는 너무나도 뛰어난 무용의 대가여서 깜짝 놀랄 만한 믿음의 도약조차도 전혀 힘들지 않고 할 수 있는 것처럼 보이게 만든다. 그는 무한 체념 infinite resignation 의 기사들은 영원 속으로 도약하지만, 자신이 속한 세상 속으로 어떻게 착지할 수 있을지 절대 알아내지 못한다고 말한다. "그들은 내려올 때마다 즉시 자세를 취할 수 없고 잠깐 동안 흔들린다. 이 흔들림이 그들이 세상에서 이방인임을 말해 준다." 많은 종교인에게 믿음은 향수에 젖게 하는 과거나 도피주의적인 미래로의 도약을 의미하지만, 현재는 그들을 혼란스럽게 한다. 어색하고 불안한 그들은 비틀거리며 흔들린다. 그들은 현재가 아닌 그 어떤 곳에서도 믿음을 지키며 사는 법을 알고 있다. "하지만 즉시 서서 걷는 것처럼 보이도록 착지하고, 삶 속으로의 도약을 걷기로 바꿔 내고, 일상적인 것 안에서 숭고한 것을 절대적으로 표현할 수 있는 것, 이는 그 [믿음의] 기사만 할 수 있는 일이다. 이것이 유일하게 놀라운 일이다."[6] 하나님의 시간 안에서 춤을 추고 인간처럼 걷는 법을 안다는 것은 참으로 놀라운 일이다.

우리의 집이자 현재의 배양기인 피조물은 역동적이다. 피조물의 존재는 되어 감이다. 에덴은 이미 변화로 요동치고 있다. 덧없음이란 피조물에 닥친 무언가가 아니라, 유한성의 특성이다. 노화는 저주가 아니고 가을은 형벌이 아니다. 사라져 가는 모든 것을 상실로 여겨서는 안 된다. 죽을 수밖에 없는 우리 삶을 특징짓는 생성과 소멸은 피조물이 거치는 주기일 뿐이다. 시간의 부침에 영향을 받지 않는 피조물의 존재 방식은 존재하지 않는다. 부활의 몸조차도 변한다.[7]

성 아우구스티누스는 《고백록》에서 시간에 관해 성찰하면서 나 자신의 자아가 과거와 미래의 현재적 결합체라고 말한다. 그는 엄밀하게 말해서 미래도 과거도 실제로는 존재하지 않는다는 과감한 주장을 전개한다. "어쩌면 이렇게 말하는 것이 정확할 것이다. 세 가지 시간, 즉 지나간 것들의 현재, 지금 존재하는 것들의 현재, 장차 올 것들의 현재가 존재한다.

영혼 안에 시간의 세 양상이 존재하며, 나는 다른 어느 곳에서도 이 양상들을 볼 수 없다."[8] 아우구스티누스는 현재가 존재하는 모든 것이라고 매우 대담하게 주장한다. 그렇기 때문에 덧없음이 피조물을 이루는 구성 요소다. 아우구스티누스는 인간으로 살아가기 위해서는 이러한 도착과 상실의 흐름에 익숙해져야 함을 입증하는 사례로 말이나 노래를 예로 들곤 한다.

> 내가 아는 시편을 암송한다고 생각해 보자. 시작하기 전에
> 나의 기대는 전체를 지향한다. 하지만 일단 시작하면, 내가
> 과거로 가져간 절들은 내 기억의 대상이 된다. 내가 하는 이
> 행동의 생명은 두 방향, 즉 내가 이미 한 말 때문에 내 기억
> 안으로, 또한 내가 막 하려는 말 때문에 내 기대 안으로
> 확장된다. 하지만 내 관심은 지금 존재하는 것에 집중된다.
> 그것에 의해 미래가 옮겨져 과거가 된다.[9]

말하기 같은 단순한 행동을 할 때 인간의 의식은 현재의 터빈처럼 작동한다. 지금 말함으로써 내가 과거에 말한 것을 미래로 끌어간다. 모든 대화는 기대와 기억의 휘젓기다. 계속해서 아우구스티누스는 "잘 아는 노래를 부르거나 듣는 사람은 미래의 소리에 대한 기대와 지나간 소리의 기억으로 인해 느낌과 감각 지각의 확장 혹은 긴장을 경험한다"라고 말한다.[10] 달아나는 소리의 속성이 없다면 음악에는 아무런 기쁨도 존재하지 않는다. 떠오르고, 머물고, 그런 다음 더 많은 소리에 자리를 내어주기 위해 사라져 가는 덧없는 음이라는 선물

이 없다면 노래에는 아무런 기쁨도 존재하지 않는다.[11]

덧없음을 끌어안는다는 것은 그러한 밀려듦과 함께 사는 것, 변화 속에서 감사하게 사는 것이다. 다시 말해서, 죽을 수밖에 없는 존재**로서** 사는 것이다. 여기에 전도서에 기록된 지혜자의 심오한 교훈이 있다고 말할 수 있다. 그는 죽을 수밖에 없는 우리 상태를 한탄하지 말고 그것을 마주하고, 받아들이고, 사라져 가는 시간의 속성과 조화를 이루는 리듬을 발견하라고 말한다. 이것은 헛됨을 속량하는 훈련이라고 말할 수도 있다. 지혜자는 "네 헛된 평생의 모든 날 곧 하나님이 해 아래에서 네게 주신 모든 헛된 날에 네가 사랑하는 아내와 함께 즐겁게 살지어다. 그것이 네가 평생에 해 아래에서 수고하고 얻은 네 몫이니라"라고 조언한다(전 9:9). 여기서 "헛됨"과 "수고"라는 거슬리는 단어는 우리를 당혹스럽게 하며, "즐겁게 살라!"라는 지혜자의 조언과 어울리지 않아 보인다. 헛됨, 공허함, 무의미함을 즐기라니?

신학자 피터 레이하트 Peter Leithart 는 우리가 느끼는 혼란을 이렇게 설명한다. "헛됨"으로—심지어 ("말도 안 되게"라고 레이하트는 지적한다) "무의미함"으로—번역된 히브리어 단어 '헤벨 hebel'은 문자적으로 '안개'나 '증기'를 뜻한다. "은유적으로 사용할 때 이 단어는 인간 실존의 덧없음과 걷잡을 수 없음을 강조한다. 영구적이지 않기 때문에, 우리가 변하며 궁극적으로 죽을 수밖에 없기 때문에 인생은 '헤벨'(시 39:4-11; 78:33; 욥 7:16)"이라고 그는 분명히 설명한다. 지혜자가 "모든 것"을 '헤벨'로 묘사할 때는(전 1:2) "모든 것이 무의미하다는 뜻이 아니다. 그는 우리 손가락 사이로 빠져나가고 통제하려는 모든 노력을 피해 가는 세상이 걷잡을 수 없다고 강조할 뿐이다." 우리가 죽을 수밖에 없는 존재이기 때문에 인간의 삶은 '헤벨'이다. 인간의 일생은 우리를 매혹하지만 너무나 빨리 사라지는 안개, 사라지는 증기와 같다. 레이하트는 헤벨이 "아담의 둘째 아들, 즉 죽음을 경험한 첫 인간, 삶이 증기처럼 사라지는 것을 알았던 첫 인간의 이름"이라고 지적한다(창 4:2). "결국에는 우리 모두가 아벨('헤벨')이다." 지혜자는 이 현실에 분노하지 말고 이를 직시하라고 조언한다. 그는 삶이 "바람을 잡으려는 것"과 같다는 현실에 절망하지 않는다(전 1:14). 오히려 레이하트가 지적하듯이 이 히브리어 구절은 "목자처럼 바람을 돌보는 것"이라고 번역해야 한다.[12] 이것은 절망하거나 체념하라는 조언이 아니라 내 앞에 있는 것과 나와 함께 있는 이들의 존재가 덧없을지라도 그들을 '누릴' 수 있도록 기대를 재조정하라는 권유다. 중요한 것은, 우리가 이 상황을 벗어날 수 있느냐가 아니다. 어떻게 우리의 필멸성을 받아들이고 덧없이 사라져 가지만 **주어진** 것을 목자처럼 돌볼 것이냐다. 아내가 내 책상에 과꽃과 백일홍 꽃병을 가져다 놓을 때 나는 이 꽃들이 영원히 살지 못한다는 사실에 분개해야 할까? 며칠만 지나면 향이 사라지고 꽃잎이 떨어질 테니 화를 내야 할까? 이 꽃이 영속하지 않을 것을 한탄해야 할까? 아니면 감사하게 받고, 내가 할 수 있는 한 오래도록 가꾸고, 이 꽃들이 주어진 지금 그 아름다움을 누림으로써 내가 통제할 수 없는 것을 돌보아야 할까?

필멸성을 누린다는 것은 바람을 붙잡으려는 노력을 멈추고 돛을 올리는 법을 배운다는 뜻이지 않을까?

작가 로버트 허드슨Robert Hudson은 윌리엄 올디스William Oldys의 〈파리 The Fly〉라는 기발한 옛 시가 필멸성과 친구가 되는 법을 가르쳐 주었다고 증언한다.

> 이 시는 비할 데 없는 역설적인 교훈을 나에게 가르쳐
> 주었고, 이 교훈이 모든 시대와 모든 장소에서 거의 모든
> 예술의 핵심임을 깨닫게 했다. 즉, 우리를 짓누르는 것이
> 우리를 끌어올리기도 한다는 것이다. 이것이 시편과 단테의
> 《신곡》, 셰익스피어 소네트, 모차르트 〈레퀴엠〉, 반 고흐
> 그림의 핵심이다. 이것은 수백 년 동안 일본 시인들이 벚꽃에
> 관한 수많은 하이쿠를 통해 가르쳤던 교훈이다. 이를
> 지칭하는 일본어 용어가 '모노노 아와레'인데 "덧없음에
> 대한 인식으로 강화되는 미적 지각"을 뜻한다. 나는 이것이
> 하나님이 우리에게 예술을 주신 이유라고 확신한다. 우리의
> 필멸성이라는 신비에 대처하고, 모든 삶이 유효기간이 찍힌
> 채로 이 세상에 나타난다는 사실을 이해하게 하기 위해서다.
> 혹은 필멸성 자체가 삶에 그런 풍성함을 더해 주기 때문에
> 선물이라고 보아야 하지 않을까?[13]

이러한 일본인들의 미학 원리는 피조물로서 덧없음을 받아들이는 것에 관해 통찰을 제공한다. 무상함에 대한 깨달음이 우울한 한탄으로 이어질 필요는 없다(하지만 타락하고 깨진 세

상에서 이러한 우울과 애도가 언제나 표면 아래 자리 잡고 있으며, 당연하게 밖으로 터져 나올 수도 있을 것이다). 무상함을 깨달을 때 더 깊이 이해하고 감사하게 될 수도 있다. 실제로 14세기 일본의 승려 요시다 겐코 Yoshida Kenkō 는 덧없음이 아름다움을 밝혀 주고 강화한다고 보았다. "인간이 아다시노의 이슬처럼 사라지지 않고 토리베야마의 연기처럼 없어지지 않는다면, 사물은 우리를 감동시키는 힘을 잃어버리고 말 것이다!"14 벚꽃의 강렬한 아름다움은 꽃송이 하나하나의 짧은 생명 때문에 신성하게 느껴진다. 여기서는 특수한 종류의 관심이 필요하다. 그래서 13세기 일본의 비구니 아부쓰니 Abutsu-ni 는 시인들에게 무엇보다도 관심을 기울이라고 조언했다. "시인은 '모노노 아와레', 곧 '사물에 감탄하는 법'—사물을 있는 그대로 지각할 수 있는 감수성—을 알아야 하고, 마음을 깨끗하게 유지해야 한다. 흩어지는 꽃, 떨어지는 잎사귀, 이슬, 소나기, 나뭇잎이 색을 바꿀 때를 알아차리고 이런 것들에 예민해야 한다."15 "사물에 감탄하는" 감수성, 나는 이것이 덧없는 것조차 누릴 수 있는 방법이라고 생각한다.

❋ ❋ ❋

허드슨의 말이 옳다고 생각한다. 예술가들은 이렇듯 깨지기 쉬운 피조물의 특징을 우리가 가장 잘 이해할 수 있도록 도와준다. 이는 의심할 나위가 없는데, 예술은 모호함과 미묘한 의미의 차이를 다루는 데 초점을 맞추기 때문이다. 예술이 무언가를 환기하지만 특정하지 않는 실천 분과가 아니라면 무엇이

겠는가? 영화와 시와 노래는 우리를 여러 마음 상태로 초대하며, 상충하는 감정을 환기하면서도 그런 감정들을 하나로 묶어 냄으로써 우리가 말로 표현할 수는 없지만 세상의 혼란함을 이해하고 그 복잡성 앞에서 새로이 발견한 겸손함을 가지고 살아갈 수 있게 해 준다. 필멸성은 우리를 불안하게 하지만 예술은 위안이 된다. 우리의 필멸성을 치유하기 때문이 아니라, 통제하고 바로잡고 도망쳐야 할 필요성에서 우리를 해방해 주기 때문이다. 전도서의 시처럼 예술은 우리가 피조물로 경험하는 얽힘을 존중하는 말과 이미지를 우리에게 제공한다.

필멸성은 우리를 불안하게 하는데, 비극적이며 있어서는 안 되는 상실을 우리가 너무나도 많이 경험하기 때문이다. 향유와 수고는 짝을 이룬다. 우리가 경험하는 것은 **단지** 필멸성과 피조물 됨만이 아니라, 죄로 파괴된 타락 이후 그것의 다양성이기도 하다. 즉, 일시적일 **뿐** 아니라 타락이 그 안에서 파멸을 초래했던 시간성 자체인 세상이다. 타락한 이 세상에서 필멸성은 비통함과 너무나도 밀접하게 결합되어 있기 때문에 우리는 필멸성 자체에 분노하게 되었다. 모든 부패가 재앙처럼 보인다.

하지만 죽을 수밖에 없는 존재로 산다는 것은 모든 변화가 상실은 아니며 모든 상실이 비극적이지는 않은 세상에서 사는—그와 동시에, 존재해서는 안 되는 상실을 명명하고 애도하는—법을 배운다는 것이다. 키르케고르의 무용수처럼 우리는 다시 그 외줄 위에 오른다. 죽을 수밖에 없는 존재로 신실하게 산다는 것은, 받아들이고 놓아주며 기뻐하고 슬퍼하는 법을 알고 있다는 것이다. 죽을 수밖에 없는 존재로 사는 것은 언제 고맙다고 말해야 하고 언제 어둠을 저주해야 할지를 알면서 상실과 더불어 사는 법을 익힌다는 것이다.

엘리자베스 비숍Elizabeth Bishop의 탁월한 시 〈한 가지 기술 One Art〉은 이 위태로운 행동에 관한 묵상이다.

상실의 기술을 익히기는 어렵지 않다
많은 것들이 본래부터 상실될 의도로 채워진 듯하니
그것들을 잃는다고 재앙은 아니다

날마다 무엇인가를 잃어버리라. 문 열쇠를 잃은 후의
당혹감, 무의미하게 허비한 시간들을 받아들이라
상실의 기술을 익히기는 어렵지 않다

그리고 더 많이, 더 빨리 잃는 연습을 하라
장소들, 이름들, 여행하려 했던 곳들을
그것들을 잃는다고 재앙이 오지는 않는다

나는 어머니의 시계를 잃어버렸다
그리고 보라! 내가 좋아했던 세 집 중 마지막 집,
아니 마지막에서 두 번째 집도 잃었다
상실의 기술을 익히기는 어렵지 않다

두 도시도 잃었다

멋진 도시들을, 그리고 내가 소유했던
더 광대한 영토, 두 강과 하나의 대륙을 잃었다
그것들이 그립긴 하지만 그렇다고 재앙은 아니었다

당신을 잃는 것조차(그 농담 섞인 목소리와
내가 좋아하는 몸짓을), 나는 솔직히 말해야 하리라,
분명 상실의 기술을 익히는 것은 그다지 어렵지 않다고
그것이 당장은 재앙처럼(그렇게 **쓰라!**) 보일지라도[16]

시인은 어떤 것들은 처음부터 잃어버리도록 계획되고 소
멸되도록 만들어진 것(실리콘 밸리의 표현을 빌리자면, "계획적 진부
화")처럼 보인다고 말한다. 이런 것들은 존재의 궤적을 지니며,
황혼이 지나 깜깜해지듯이 사라진다고 해서 놀라서는 안 된
다. 그럼에도 상실의 기술이라는 게 존재한다. 우리는 잃어버
리는 법을 배워야 한다. 일시적으로 존재하도록 만들어진 것
들의 징후를 이해하고, 이런 것들이 사라질 때 그것이 재앙이
되지 않도록 붙잡거나 꽉 쥐려고 하지 않으면서 그것들을 누
리는 법을 배워야 한다. 이 시는 가벼운 필치, 재치와 익살을
담고 있어서 마치 그렇게 말함으로써 이런 자세를 취하도록
스스로 설득하려는 것처럼 느껴진다. 빙그레 웃으면서 우리가
실제로 그럴 수 있을 때까지 그런 척하려는 초조한 노력처럼
느껴진다.

상실은 축적된다. 다시 말해서, 우리에게는 이 기술을 연
습할 수많은 기회가 있다. 자동차 열쇠 같은 것을 잃어버리는

법을 배우는 것을 상상해 볼 수 있다. 시계를 잃어버리는 것은 심각한 문제가 아니고, 다만 그것이 어머니의 시계였을 뿐이며, 그 물건 자체보다 훨씬 더 중요한, 그것을 둘러싸고 있는 기운을 상상하기는 쉽다고 우리 자신에게 말한다. 재앙은 아니지만 그렇다고 쉽지도 않다.

잃어버리는 것이 계속 늘어난다. 이는 시인이 계속 살아간다는 뜻이다.[17] 더 늦게 잃어버리는 것들은 그 역시 예상해야만 하는 것이지만 더 깊은 아픔을 느낀다. 언제나 마지막이 찾아올 것이다. 사랑하는 도시나 고향을 마지막으로 방문하는 때, 명상에 잠기게 하는 신성한 몬태나 황무지를 마지막으로 찾아가는 때, 마지막 유럽 여행, 노트르담 다리Pont de Notre-Dame를 마지막으로 걸으며 화재의 상처를 지닌 대성당을 넋을 잃고 조용히 바라볼 때가 반드시 있을 것이다.

그럼 다음 우리가 두려워하는 상실, 우리가 아는 상실이 다가온다. "당신." 우리 모두는 그 줄에 누군가가 서 있다고 상상한다. 당신을 잃는 것조차 하나의 기술이 필요하며, 시인은 거짓말하기를 원치 않는다. 그럴 수 있어야 한다. 하지만 여기에 기록된 유언, 거부의 뜻이 담긴 항의가 있다. 즉, 확실히 이것은 재앙처럼 보인다.

젊은 아우구스티누스는 이런 종류의 재앙, 우리의 별들을 잃어버리고 우주 전체가 어두워져 지긋지긋한 무의미함에 빠지는 상실을 경험했다. 하지만 더 나이가 든 아우구스티누스는 그때를 회상하면서, 자신의 젊은 자아가 상실의 기술을 배우지 못했고 어떻게 부활을 통해 새로운 틀에서 상실을 바라볼 수 있는지를 상상하지 못했다고 말했을 것이다. 그는 "주님을 사랑하고, 주님 안에서 친구를 사랑하고, 주님 때문에 원수를 사랑하는 사람은 행복합니다. 홀로 남겨지더라도 그는 자신에게 소중한 사람을 한 사람도 잃어버리지 않습니다. 잃어버릴 수 없는 주님이 모두를 소중히 여기시기 때문입니다"라고 기도한다.[18] 잃어버리는 기술은 쉽지 않다. 죽을 수밖에 없는 존재에게 그것은 외줄 타기 곡예와 같다. 하지만 우리는 만유의 주로서 만유 안에 계시는 하나님의 그물 위에서 줄타기를 연습한다.

✼ ✼ ✼

감사한 마음으로 잃어버리는 기술, 죽을 수밖에 없는 존재로 살아가는 춤을 엿볼 수 있게 해 주는 기술의 사례를 하나 더 들어 보자. 시인 존 터프스트라John Terpstra는 자신을 놓아주려 하지 않는 의심과 믿음을 이해해 보려고 애쓰는 마음을 솔직하게 묘사한 비망록에서, 자신이 교회 안에 있을 뿐만 아니라 교회를 갈망하고 있음을 깨닫고 놀란다고 말한다. 그는 "이곳은 내가 아는 한, 시간과 영원이 주기적으로 만나는 유일한 공간이다"라고 고백한다. 작지 않은 부분에서 이 만남은 (아우구스티누스가 이미 지적했듯이 그 자체로 덧없음의 행동인) **노래**를 통해 이뤄진다고 말한다. 그는 "다른 어느 곳에서 당신은 공동체로 노래하는가?"라고 묻는다. "노래, 특히 화음으로 부르는 노래는 무언가 신체적으로 작용한다. 노래는 머리가 하나의 방, 하나의 대성당인 것처럼 그것을 채운다. 몸이라는 현악기 전체에

뻗어 있는 동맥과 정맥 안에 공명하는 진동을 야기한다. 몸 안에서 울려 퍼진다." 음정이 맞지 않는 교인은 희한하게도 그 경험을 더 심오하게 만들 뿐이다.[19]

아우구스티누스의 묵상을 떠올려 볼 때, 소리의 덧없음이 그럼에도 불구하고 필멸성을 마주해야 할 공간이 된다는 것이 오히려 적절할지도 모른다. 터프스트라는 "우리가 성 커스버트 St. Cuthbert 교회에 나가기 시작한 후 두어 해가 지났을 때 예배 중에 누군가 일어나 헨델의 '죽은 자들이 썩지 아니할 것으로 다시 살아나리라 And the Dead Shall Be Raised Incorruptible'를 노래했다"라고 회상한다.

> 나는 이 곡의 제목만 듣고도 15년 전에 죽은 세 처남을 떠올릴 수밖에 없었다. 십대 후반과 이십대 초반이었던 그들은 선천성 근위축증으로 6개월 간격으로 세상을 떠났다.
>
> 그때 무언가 특별한 일이 일어났다. 그날 독창자는 감기에 걸려서 일부 고음에서 음이 떨어졌다. 그런데 떨어진 음정이 처남들이 온전히 살아 낸 짧은 삶, 그리고 질병으로 망가진 그들의 몸에 대한 생각과 어우러지기 시작하더니, 마침내 그 노래가 그들의 기억과 음악에 더 잘 어울린다는 것이 확실해졌다. 심지어 모든 음을 정확히 내는 것보다 훨씬 더 진정성 있게 들렸다.[20]

모든 변화가 상실은 아니며 모든 상실이 비극적이지는 않지만, 어떤 상실은 비극적이다. 그래서 소망은 슬픔과 얽혀 있으며, 우리는 부활의 노래조차 갈라지는 목소리로 부른다.

❊   ❊   ❊

이 책을 시작하면서 나는 고통스러운 우울증의 시기를 통과한 경험에 대해 이야기했다. 여러 달, 여러 해 동안 살고자 하는 의미를 집어삼킨 불안함 속에서 살았고, 감사하게도 한 상담사의 도움으로 그 구덩이에서 빠져나올 수 있었다. 최근에 다시 한번 그 어두운 해가 빛을 가릴 수도 있다고 느꼈을 때 아내는 내가 해결의 도화선이었을지도 모르는 한 연관성에 주목하도록 도와주었다. 아내는 "당신은 우리가 이 집으로 이사하면서 우울증이 시작되었다는 것을 알아차리지 못한 것 같아요"라고 다정하게 말했다. 아내는 10년 전에 첫 번째 집을 떠나 지금 집으로 이사한 때를 떠올렸다. 우리는 볼드윈가Baldwin Street의 소박하고 안락한 집에서 10년 동안 살았다. 우리가 처음으로 소유했던 집. 어린이에서 십대로 훌쩍 자란 아이들 때문에 집이 점점 좁아진다고 느껴질 때까지 그곳에서 아이들을 키웠다. 땀과 눈물을 쏟아 가꾼 집이었다. 벽을 허물기도 하고, 바닥 밑 좁은 지하 공간에 임시 휴게실을 만들어 아이들이 웅크리고 앉아 해리 포터 책을 읽을 공간을 마련하기도 했다. 사랑하는 이웃 수와 멜리사가 마룻바닥을 새로 설치해 봄방학이 끝난 후 집으로 돌아온 우리를 몹시 놀라게 했던 곳이기도 하다. 그 집에서 우리는 도시에서 사는 법, 복합용도지구의 기쁨, 다양한 인구구성 동네의 장단점을 경험하면서 살아가는 법을 배웠다.

아내의 말을 듣자마자 맞는 말이라고 생각했다. 어린 시절 집을 떠나는 트라우마를 경험한 내 몸은 계속 점수를 기록하고 있었다. 이 상실은 내가 지니고 있는 것 중 하나다. 물론 수많은 중요한 차이점이 있었다! 우리는 어쩔 수 없이 집과 분리된 것이 아니었다. 아이들이 무럭무럭 자라고 다른 이들에게 환대를 베풀 수 있는 아름다운 새집으로 이사하기로 했다. 이사 때문에 가족이 해체된 것이 아니었다. 하지만 아무도 내 몸에 말해 주지 않았다. 아무도 내 내장에 알려 주지 않았다. 아무도 내 영혼에 있던 슬픔에 잠긴 아이와 마주 앉아 이야기를 나누지 않았다. 그 아이에게는 이사가 비극이자 종말을 의미했다. 10여 년에 걸친 돌아보기와 좋은 상담사라는 선물을 통해 이제야 알게 되었다. 이사가 상처를 만들었다는 것을.

그때까지도 나는 모든 변화가 상실은 아니고 모든 상실이 비극적이지는 않다는 것을 알지 못했다. 상실의 기술을 아직 배우지 못했다. 내 유일한 대처법은 그다지 섬세하지 않은 내파의 기술이었다. 아내가 나에게 다른 기술을 연습하도록 권했다는 것을 이제는 알 수 있다. 새 주인에게 열쇠를 건네던 날, 아내는 온 가족을 이끌고 방마다 다니면서 감사한 마음으로 기억하고, 함께 나눈 기쁨과 어려움을 떠올리고, 파티와 친구를 데려와 하룻밤을 같이 보낸 시간을 다시 경험하게 해 주었다. 방마다 들어가서, 붙들지 않고 받아들이는 상실의 기술을 연습했다. 모든 변화가 상실이 아니고, 모든 상실이 비극은 아니다.

두어 해 후에 우리 딸은 당시에 부모가 내린 금지 사항을 어기고 문신을 했다. 하지만 딸은 우리 마음을 누그러뜨리는 법을 알고 있었다. 아이는 문신을 보여 주면서 자기 팔에 새겨진 일련의 숫자에 대해 설명했다. 볼드윈가의 그 집, 자신을 만들어 준 그 집의 좌표였다.

아우구스티누스는 초기작《참된 종교 *Of True Religion*》(분도출판사)에서 평생 그의 저술 전체를 관통하는 영속적인 주제가 될 사랑하는 법에 관해 이야기한다. "공간은 우리에게 사랑할 무언가를 제공하지만 시간은 우리가 사랑하는 것을 훔쳐 가고 이것 혹은 저것에 대한 욕망을 불러일으키는 환영을 우리 영혼에 남겨놓는다. 따라서 마음은 불안하고 불행해지며, 자신을 포로로 붙잡아 두는 것을 붙잡으려고 헛되이 노력한다. 마음은 수고 없이 사랑할 수 없는 것들을 사랑하지 않는 평온함을 유지하라는 명령을 받았다."[21] 아우구스티누스는 잃어버릴 것을 사랑하는 법을 배우는 것이 요령이라고 말한다. 오래 지속될 수 없는 것을 경멸하거나 덧없는 것을 미워하라는 뜻이 아니다. 오히려 빈손으로 그것을 붙잡고, 죽을 수밖에 없는 것에 적절한 방식으로 그것을 사랑하라는 뜻이다. 사랑이 바르게 질서 잡혀 있을 때 우리는 덧없는 것조차도 끌어안을 수 있다.

묵상 3

전도서 11장 7절 - 12장 8절

7 빛은 실로 아름다운 것이라. 눈으로 해를 보는 것이 즐거운
일이로다. 8 사람이 여러 해를 살면 항상 즐거워할지로다.
그러나 캄캄한 날들이 많으리니 그날들을 생각할지로다.
다가올 일은 다 헛되도다. 9 청년이여 네 어린 때를
즐거워하며 네 청년의 날들을 마음에 기뻐하여 마음에
원하는 길들과 네 눈이 보는 대로 행하라. 그러나 하나님이
이 모든 일로 말미암아 너를 심판하실 줄 알라. 10 그런즉
근심이 네 마음에서 떠나게 하며 악이 네 몸에서 물러가게
하라. 어릴 때와 검은 머리의 시절이 다 헛되니라.
12:1 너는 청년의 때에 너의 창조주를 기억하라. 곧 곤고한
날이 이르기 전에, 나는 아무 낙이 없다고 할 해들이 가깝기
전에 2 해와 빛과 달과 별들이 어둡기 전에, 비 뒤에 구름이

다시 일어나기 전에 그리하라. 3 그런 날에는 집을 지키는
자들이 떨 것이며 힘 있는 자들이 구부러질 것이며
맷돌질하는 자들이 적으므로 그칠 것이며 창들로 내다보는
자가 어두워질 것이며 4 길거리 문들이 닫혀질 것이며 맷돌
소리가 적어질 것이며 새의 소리로 말미암아 일어날 것이며
음악하는 여자들은 다 쇠하여질 것이며 5 또한 그런 자들은
높은 곳을 두려워할 것이며 길에서는 놀랄 것이며
살구나무가 꽃이 필 것이며 메뚜기도 짐이 될 것이며 정욕이
그치리니 이는 사람이 자기의 영원한 집으로 돌아가고
조문객들이 거리로 왕래하게 됨이니라. 6 은 줄이 풀리고
금 그릇이 깨지고 항아리가 샘 곁에서 깨지고 바퀴가 우물
위에서 깨지고 7 흙은 여전히 땅으로 돌아가고 영은 그것을
주신 하나님께로 돌아가기 전에 기억하라. 8 전도자가
이르되 헛되고 헛되도다. 모든 것이 헛되도다.

결국 지혜자는 시인이었다. 이 마지막 조언은 삶의 황혼에 이
른 사람의 시적 묵상이다. 세상살이의 곤고함은 만질 수 있을
정도로 명백하지만 어렵게 얻은 것이다. 하지만 이 시는 소망
가운데 쓰였다. 실제로, 다음 세대에 지혜를 전수하는 행동 자
체가 절망에 대한 저항이자 지혜자가 관심을 기울이는 덧없음
을 초월하는 행동이다. 모든 것이 헛되다. 하지만 우리는 21세
기에 전도서라는 고대 문서를 읽고 있다.
　　이것을 테런스 맬릭 Terrence Malick 영화의 보이스오버처럼
상상해 볼 수 있다. 빛이 어른거리고 어두운 구름이 몰려오고

버려진 방에 바람이 불어 커튼이 날리고 아몬드 나무가 꽃을 피우고 열매를 맺고 떨어지는 모습을 타임랩스로 포착한 기적 같은 장면 위로, 나이 든 짐 카비젤Jim Caviezel이나 반백의 매슈 맥커너히Matthew McConaughey가 내레이션을 한다. 그리고 얼굴들이 보인다. 미소 짓는 얼굴, 애원하는 얼굴, 태양의 온기 아래 감은 눈, 어둠 속에서 흐느끼는 눈, 아래로 떨군 얼굴, 환하게 빛나며 기대에 차서 하늘을 향하고 있는 얼굴. 지혜자의 삶에서 만난 얼굴들이 그의 앞을 휙 지나간다. 어떤 의미에서 지혜자는 제자에게 일종의 시간 여행을 권한다. 내 말에 귀를 기울이고, 이 긴 삶에서 내가 배운 것을 잘 들어 보라. 그러면 사후에야 비로소 내가 발견한 것을 미리 알게 될 것이다. 내 삶의 궤적으로부터 배우라. 그러면 네가 아직 경험하지 못한 것을 '기억'할 수 있을 것이다. 나는 지혜자가 그런 선물을 받을 준비가 된 젊은이가 안타깝게도 거의 없다는 것을 알 만큼 나이가 들었으리라고 생각한다.

마지막에 이르러 삶을 돌아보는 행위는 키질하는 효과를 낸다. 해가 성실하게 다시 나타나고 이로써 가능성을 재점화하는 것처럼, 몇몇 단순한 기쁨이 명징해진다. 지혜자는 여러 해를 산 사람들은 이 빛의 근원 주위를 여러 차례 순환했으며, 모든 해가 기쁨의 원인이라고 말한다. 하지만 그런 삶은 수많은 밤도 견뎌 냈다. "안녕, 나의 오랜 친구 어둠아."

이 시적인 결론은 '헛됨'과 감사 사이에서 선회한다. 혹은 정확히 말해, **사이에서**가 아니라 헛됨 **한가운데서** 드리는 감사, 더 나아가 '헤벨'에 대한 감사다. '헛됨'이 최선의 번역어가 아니라는 점을 기억하자. 지혜자는 모든 삶이 **증기**라고 우리에게 일깨워 준다. 삶이 공허하거나 무의하다는 뜻이 아니다. 우리 삶이 덧없고, 어느덧 사라져 가고, 변하기 쉽고, 통합과 해체의 주기를 따를 수밖에 없다는 뜻일 뿐이다. 증발하는 안개처럼 죽을 수밖에 없는 우리 삶은 결국 마지막에 이를 뿐만 아니라, 평생을 구성하는 시절과 작은 시기가 결합되어 견고하고 무시무시해 보이는 구름 같은 모습을 띨 수도 있지만 오후가 되면 사라져 버리고 만다.

하지만 증기 안에도 좋은 선물이 있다. 지혜자는 알베르 카뮈 Albert Camus 가 아니다. 카뮈는 **마치 그런 것처럼** 행동하고, 의미가 없는 곳에서 의미를 만들어 내고, 시시포스처럼 살지만 모든 것에도 불구하고 행복하겠다고 결단하라고 조언하지만, 지혜자의 지혜는 다르다. 삶은 무의미하지 않다. 짧고 빈약하고 유동적이고 녹아 없어지고 붙잡기 어려울 뿐이다. 우리처럼 몸을 입은 영혼은 숨을 쉬어야만 살아갈 수 있다. 증기도 살아 있는 물이다. 지혜자는 "들이마셔라"라고 말한다.

그러니 청년들이여, 젊을 때 기뻐하라. 젊음을 잃어버릴 때까지는 젊음을 이해하기 어렵겠지만 젊은 사람답게 살라. (그리고 나이 든 이들이여, 당신이 낭비한 것을 기억하고 지금 당신이 고대하는 것을 청년들에게 주라.) 창조자의 형상을 지닌 피조물, 덧없는 숨을 부여받은 피조물인 당신이 **누구의 소유**인지 기억하라. 젊음의 에너지와 꿈, 특별한 기쁨을 지니고 있을 때 피조물로서 신나게 살아가라.

지혜자는 **언제**가 왜 중요한지를 아는 것이 지혜라고 말한다. 이 본문 곳곳에는 삶의 단계를 지칭하는 구절("청년의 때에")과 "전에", "동안", "때에"처럼 시간을 표시하는 어구가 등장한다. 삶이 증기이며 삶의 단계가 예상 가능한 동시에 덧없이 지나갈 것을 이해할 때, 당신은 올바른 기대를 지니고 그 시간 안에서 살아갈 수 있다. 즉, 당신이 언제에 있음을 알고 지금 안에서 살지만 이 시간 역시 사라져 버릴 것을 인식하면서 살아갈 수 있다. 이처럼 시간적으로 조율되어 있을 때 우리가 속한 시대와 시기—우리의 집단적 조건이 변하고 강한 남자들이 구부러지고 산고를 겪는 여자들이 지치고 "음악하는 여자들이 다 쇠하여질" 날(12:4)—를 인식할 수 있다. 무엇이든 할 수 있다는 미국식 낙관주의나 유쾌하고 경건한 낙관주의라는 망상 없이 그런 시대와 마주할 수 있다. 바람이 좌절되고 슬픔에 잠길 수밖에 없는 시절, 물을 담는 그릇이 모두 깨지고 계속해서 목말라하는 시절이 와도 놀라지 않을 수 있다. 어느 창문을 통해서도 희미하게 보일 뿐인 시절에도 그 안개 속을 걸으면서 하나님이 우리를 떠나지 않으셨다고 생각할 수 있다. 증기까지도 주의 것이기 때문이다.

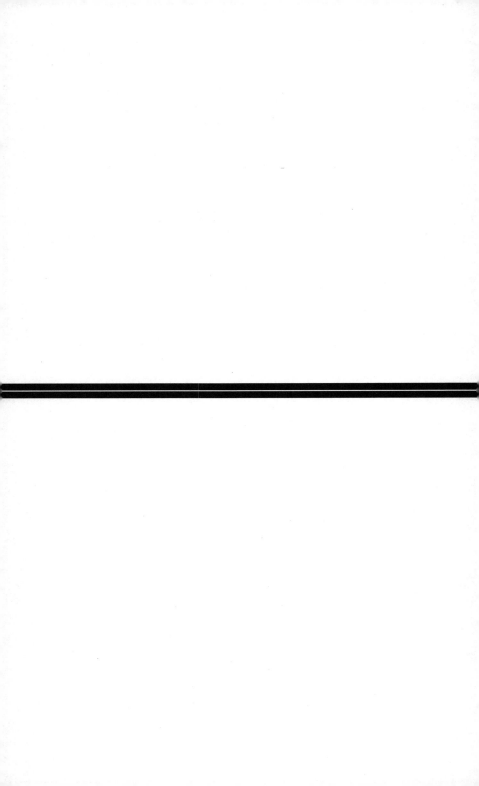

5장 마음의 계절

당신의 현재에서 살아가는 법

범사에 기한이 있고 천하만사가 다 때가 있나니.
―전도서 3장 1절

지구가 기울어져서 계절이 생긴다. 지구는 수평면에서 태양 주위를 돌지만 황도면에서 23.5도 기울어져 있다. 6학년 과학 수업에서 배운 흥미로운 사실이다. 지구가 공전할 때 회전축이 기울어져 있기 때문에 궤도의 한쪽 끝에서는 지구가 태양에서 먼 쪽으로 기울어지고, 궤도의 다른 쪽 끝에서는―6개월 후에―태양을 향해 기울어진다.

이런 우주의 기하학 때문에 여름과 겨울, 봄과 가을이 생긴다. 지구가 이렇게 기울어진 각도로 태양 주위를 돌기 때문에 우리가 어느 반구에 있는지도 중요해진다. 궤도의 한쪽 끝에서는 지구가 태양에서 먼 쪽으로 기울어지기 때문에 북반구에서는 겨울의 한기를 느끼고 태양에서 멀어져서 낮이 짧아진다. 하지만 그때 남반구에서는 불타는 구형 가스 덩어리와 가까워져 여름을 즐긴다. 공전 궤도의 그 끝에 가까워지는 석 달 동안 우리는 가을이라는 또 다른 빛의 기울어짐, 다가오는 겨울을 알려 주는 상쾌한 아침을 느끼기 시작한다. 우리 몸이 3월 아침 10도와 9월 아침 10도의 차이를 아는 것은 우리가 앞으로 올 것에 관해 예민한 감각을 지니고 있기 때문이다.

극단에 있는 지역, 극지방과 적도에서는 차이가 극명하며 계절이 둘로 나뉘는 경향이 있다. 적도에서는 기울어짐이 거의 영향을 미치지 않으며, 온도보다는 강수량으로 건기와 우기로 나뉜다. 하지만 극지방에서는 이 두 계절이 상상하기 힘들 정도로 긴 두 '날들'과 동의어라고 해도 과언이 아니다. 여름에는 6개월 중 대부분 시간에 해가 지평선 위에 머무르고, 겨울에는 거의 비슷한 시간 동안 사라진다. 그 6개월은 밤만 있는 '날'들이다.

정말로 계절을 구별하는 것은 거리가 아니라 햇빛의 유무다. 여름을 규정하는 것은 낮의 길이뿐만 아니라 지표면에 집중되는 태양 에너지의 양이다. 겨울에는 해가 하늘에 낮게 떠 있어서 빛이 비스듬한 각도로 도달하기 때문에, 똑같은 에너지가 분산되고 퍼져서 강도가 약해진다. 여름에는 해가 하늘 높이 떠 있어서 빛이 더 직접적으로 도달하며, 따라서 기적을 가능하게 만드는 에너지를 전달한다. 씨앗이 싹을 틔워 백일홍이 되고, 잠자고 있던 구근이 달리아로 피어나며, 작은 토마토꽃이 결국 잘 익은 열매가 된다. 1년 내내 똑같은 태양이 온대 지역을 비추지만, 여름의 빛만 가을의 추수를 허락한다. 시든 줄기에서 소 떼를 먹일 옥수수를 딴다. 차가운 가을 공기를 맞으며 땅에서 감자를 캐낸다. 죽어 가는 정원과 밭에서 풍성한 수확을 거둔다는 사실에는 희한한 역설이 있다. 선물은 마지막에 도착한다.

❈ ❈ ❈

요리사 앨리스 워터스Alice Waters는 우리가 음식과 맺는 관계가 그것을 생산하는 지구와 친밀한 관계를 맺는 방식이어야 한다는 원칙과 신념에 입각해 버클리의 유명한 식당 쉐 파니스Chez Panisse를 세웠다. 우리가 음식을 먹는 방식이 우리가 지구에 의존하고 있으며 환경에 깃들어 있음을 우리에게 일깨워 주어야 한다. 당시 쉐 파니스는 지금 우리가 농장 식재료를 그대로 식탁으로 가져오는 요리법 farm-to-table dining 이라고 부르는 것을 전위적으로 표현한 식당이었다. 이 요리법은 유기농법을 통해 지속 가능한 방식으로 지역에서 기른 식재료를 강조하며, 우리가 식탁에서 먹는 요리를 지구와 거기에 의존할 미래 세대의 필요에 주의를 기울이는 식량 생산 사슬의 마지막 단계로 만들고자 한다.

　　최근 그가 발표한 슬로푸드 선언《우리가 먹는 음식이 바로 우리다 We Are What We Eat》는 먹는 행위와 이런 관계를 맺는 것의 핵심 원리, 먹는 이들과 지구의 친밀함에 관한 신조를 명확히 설명한다. 그는 이 원리를, 명료하게 진술되지 않을 때가 많지만 그럼에도 영향력이 큰 패스트푸드 문화의 원칙들과 대조한다. 패스트푸드 문화의 원칙들은 전 세계와 음식의 관계,

따라서 우리가 지구 자체와 맺는 관계를 암시적이기는 하지만 너무나도 강력하게 규정한다. 패스트푸드 문화는 드라이브스루로 구입한 햄버거를 허겁지겁 먹는 것에 그치지 않는다. 그 것은 편리함, 획일성, 가용성, 속도를 중시하는 일군의 광범위한 세력이다. 이런 세력은 생물 다양성, 환경 돌봄, 단순성, 상호 연결성과 같은 지속 가능한 식생활 원리—그가 슬로푸드 문화라고 부르는 것—와 대조를 이룬다.

슬로푸드 문화의 핵심 원리 중 하나가 **계절성**seasonality이다. 이것은 패스트푸드의 **가용성**availiability에 대한 집착과 대조적이다. 패스트푸드 문화는 시간의 현실을 초월해 떠다니는 일종의 무시간적 이상주의에 의해 추동된다. 언제 어디서나 모든 것을 사용할 수 있게 하여 '무시간'을 만들어 낸다.[1] "우리는 계절에 상관없이 언제나 여름 음식을 풍성하게 먹을 수 있다고 기대하게 되었다. 하지만 이는 자연의 작동 방식이 아니다."[2] 1년 내내 딸기 철처럼 살게 만드는 이 조작된 허구는 나의 기대를 왜곡하는 동시에 세상이 내놓는 물건에 맞춰 살아가는 능력을 약화한다. "지구 반대편에서 항공편으로 배송되거나 산업화된 온실에서 재배한 똑같은 2등급 과일과 채소를 사시사철 먹는다면, 제철에 제대로 익은 맛있는 과일과 채소를 먹어도 그 참맛을 제대로 알 수 없게 된다. 그때가 되면 당신은 이미 그 음식에 물려 있을 것이다."[3] 제조된 가용성이 우리 감각을 무디게 만들 때 우리는 맛을 보고 판단하고 분별하는 능력을 잃어버리고 만다.

영속적 가용성을 포기하는 것이 상실을 의미한다고 생각

할지도 모른다. 하지만 워터스는 실제로는 우리에게 이득이라고 주장한다. "이러한 변함없는 가용성을 포기한다고 해서 반드시 제약을 받아야만 하는 것은 아니다. 오히려 반대다. 그렇게 해서 우리는 평범함을 버리고 자유로워진다."[4] 언제나 가용한 빈약한 대체물에 입맛이 익숙해지면, 우리는 희소함을 더 불안해하고 맛에는 덜 예민해진다. **가용성**을 버리고 **계절성**을 택하는 것이 두렵게 느껴질 수 있다. 하지만 워터스는 자신이 얻은 깨달음을 이렇게 설명한다. "계절성은 우리가 날마다 씨름하고 있었던 보이지 않는 힘이었지만 우리는 그 의미를 제대로 이해하려고 애쓰지 않았음을 깨달았다. 어느 시점엔가 우리는 계절성의 제약을 받는 대신 그것을 받아들이기 시작했다."[5] 그렇게 해서 그들은 무엇을 발견했을까? "계절을 이해함으로써 우리는 인내하고 분별하는 법을 배우며, 시공간에서 우리가 어디에 있는지, 어떻게 자연과 조화를 이루며 살 수 있는지를 분별하는 법을 배운다."[6] 여기에 깊이 생각해 보아야 할 영적 유비가 있다.

워터스는 삶의 계절성에도 적용될 수 있는 일종의 코다를 덧붙인다. "거주하기에 적합해 보이지 않는 기후에서도 계절에 맞춰 먹을 수 있다." 비평가들은 쉐 파니스가 재배 가능한 계절이 길고 후한 지중해성 기후의 유익을 누리고 있다고 지적할 때가 많다. 캐나다나 노르웨이처럼 추운 지역에서도 계절에 맞춰 먹는 것이 가능할까? 워터스는 회의론자들에 답하면서 보존이라는 아주 오래된 요리법을 상기시킨다. "계절에 맞춰 먹는 법이 우리에게 너무나 익숙하지 않기 때문에 음식을 보존하고 요리하는 전통적인 방식을 잊어버리고 말았다. 나는 소금에 절인 대구, 염장한 햄, 양배추·당근·순무 피클, 토마토 캔처럼 온갖 방식으로 계절성을 붙잡아 둘 수 있다는 사실이 놀랍게 여겨진다."[7] 때로는 계절성이 저장 식품을 먹으며 사는 것을 의미하기도 한다. 이는 미래를 대비해 저장하는 방식으로 사는 것을 의미하기도 한다. 나의 성경 교사 중한 사람은 마치 전도서의 지혜처럼 들리는 이런 말씀을 들려준 적이 있다. "어둠 속에 있을 때는 빛 가운데서 배운 것을 기억하라." 다가오는 겨울에 살아남기 위해 정원이 내어주는 것을 저장하라. 친애하는 친구여, 겨울이 오고 있기 때문이다.

❊ ❊ ❊

5월과 6월에는 내 손이 더러워지고, 성화에 관해 많이 생각하게 된다.

5월이 되어 미시간에 서리가 내릴 위험이 사라지면 우리는 그랜드래피즈 힐크레스 지역 정원 Hillcrest Community Garden 으로 돌아간다. 그럴 때마다 겨울 고치에서 밖으로 나오는 것처럼 느껴진다. 식물을 기르는 것은 곁에 있겠다고 약속하는 것이다. 돌봄과 관심을 통해서만 우리가 '씨앗'이라고 부르는 이 작고 동그란 물체에 숨어 있는 놀라운 잠재력을 끄집어낼 수 있다. 정원은 우리가 이 작은 밭에 자리를 잡게 하고 우리를 그 안에 계속 묶어 둔다.

아내가 주 정원사고, 사실 나는 부 정원사에 가깝다. 아내의 끈기 있는 가르침 덕분에 지난 10년 동안 원예 기술이 늘었다. 예를 들어, 지난 2년 사이에 드디어 식물과 잡초를 구별할 수 있게 되었다. 짐작할 수 있듯이, 이 둘을 구별하지 못하면 끔찍한 결과가 생긴다. 나는 공격적으로 침입자들을 물리치려고 하다가 막 솟아난 연한 순을 뽑기도 했다. 혹은 나의 무지 때문에 잡초가 무성하게 자라도록 내버려두었고, 그 결과 정작 우리가 심은 것은 제대로 자라지 못할 때도 있었다. 내가 계속해서 성화에 관해 생각하는 이유를 이해하겠는가?

잡초를 뽑다 보면 집중하게 된다. 정원에서 고개를 숙이고 고추와 가지 사이 땅에 집중하면서 땅속에 손가락을 집어넣을 때, 비유에서 배운 은유를 떠올리면서 내 영혼의 상태를 생각하곤 한다.

예를 들어, 나는 우리가 심은 토마토를 키우는 바로 그 조건이 잡초가 무성하게 자라게 도와줄 수도 있다는 사실에 관해 묵상하기 시작할 것이다. 텃밭이 있으면 잡초도 생기기 마련이다. 씨앗을 심는 것이 곁에 있겠다는 약속이라면, 추수의 소망은 5월부터 9월까지 밤마다 이곳에 와서 물떼새가 지저귀며 뛰어다니는 동안 저녁 빛 아래 잡초를 뽑겠다는 다짐을 의미한다. 거기에 익숙해져야 한다.

올해는 내내 잡초가 얼마나 끈질긴지 생각했다. 이제 막 솟아난 옥수수나 당근 사이에서 조심스럽게 잡초를 뽑으면서, 나는 표토를 걷어내고 뿌리까지 뽑아내기 위해 진흙을 파고 그 안으로 손가락을 집어넣는다. 많은 경우, 파고 또 파서 뿌리를 뽑아낼 수 있을 정도가 되면 깊이가 내 팔뚝 절반에 이른다. 오 주님, 왜 잡초는 이렇게 완고하고 식물은 이렇게 연약해야 합니까? 원하지 않는 이 잡초 뿌리는 이렇게 깊이 박혀 있고 내가 키우고 싶어 하는 과일은 이토록 약해야만 합니까? 잡초 뽑기가 과연 끝나기는 하는 겁니까?

물론, 나는 신비에 관해, 곧 인간의 마음이라는 정원에 관해 이야기하고 있다.

정원 일은 우리가 시간 안에서 살아가는 방식을 바꿔어 놓았다. 학사 일정, 예전력, 그레고리우스력 같은 다른 달력들 위에 새로운 주기의 기대와 의무가 겹쳐 있는 것 같다. 2월은 더는 잿빛 미시간 서부가 가장 음울하게 느껴지는 우울한 겨울이 아니라 씨앗 목록이 도착하고 아내가 5월 계획을 세우기 시작하는 달이 되었다. 2월이 기대에 넘치는 시간으로 바뀌었다. 3월과 4월은 지하 보일러실에서 전구로 덮힌 모판에 씨앗을 심고 봄을 미리 준비하는 시간이다. 새롭고 독특한 씨앗이 저장하고 있는 것을 꿈꾸는 시간이다. 우리가 묶이기 시작하는 시간이기도 하다. 작은 땅 속에 들어 있는 이 연약한 피조물은 날마다 돌봄이 필요하다. 우리는 6주 동안 아무 데도 가지 않을 것이다.

미시간은 북쪽 지방에 속하기 때문에 힐크레스 지역 정원에서는 5월 마지막 월요일인 현충일에 대부분의 식물을 심는다. 깨끗하게 갈려 씨앗과 식물을 기다리는 땅은 가능성의 장이다. 심는 기쁨에 견줄 만한 것은 추수의 만족감뿐이다. 그 사이에 꾸준히 일해야 하는 긴 시간이 있다. 나는 이 시간이 농업의 '연중 시기ordinary time'(예전력에서 대림절, 성탄절, 사순절, 부활절에 해당하지 않는 기간—역주)와 같다고 생각한다. 잡초를 뽑고

물을 주는 이 계절에 우리는 구름과 일기 예보에 촉각을 곤두세우고 돌미나리와 돼지풀 같은 침입자들의 공격에 맞서 싸운다. 이 시기에는 끝없이 일만 하고 모든 수고는 한참이 지나야 보상받을 것이다. 우리는 10년 동안 그렇게 해 왔다. 놀라울 것은 없다. 정원에 식물을 심는 것은 기꺼이 이런 수고를 감내하겠다는 약속이다. 추수를 위해 우리는 이 모든 것을 견뎌 낸다.

내가 하려는 말은, 계절 안에 작은 계절이 포함되어 있는 정원 가꾸기를 통해 내가 계절성—시간을 나누어 괄호 안에 역사의 덩어리를 묶어서 살아가는 방식—에 민감해질 수 있었다는 것이다. 비록 그 규모가 결코 웅장하지 않은 **나의** 삶일 뿐이지만 삶 자체가 시대로 나뉜다. 계절성이란 우리 삶이 끊임없이 똑딱거리며 흐르는 분침의 지배를 받기보다는 여러 **시대**로 펼쳐진다는 의미다. 분과 날과 해로 지구가 한 왜성矮星 주위를 도는 우주의 시간을 나누고 측정하지만, 우리 같은 시간적 피조물에게는 아마도 **계절**이 시간을 가늠하는 가장 자연스러운 형식일 것이다. "내가 언제에 있는가?"라는 물음에 대한 답은 6시나 2022년이 아니다. 오히려 청년기, 중년기, 인생의 3장이라고 답해야 할 것이다. 결혼이나 기관, 심지어 국가까지 집단이나 공동체 차원에서도 마찬가지다. "우리가 언제에 있는가?"라는 질문은 연도를 헤아리는 질문이 아니라 계절을 분별하고, 무엇을 기대할지 알고, 계절마다 우리가 태양 주위를 돌고 있음을 기억하는 행동이다.

5장 마음의 계절

※ ※ ※

죽을 수밖에 없는 존재로 살아가는 의미에 가혹할 정도로 집
중하는 전도서의 지혜자는 피조물이 경험하는 시간의 계절성
을 인식하고 있다.

범사에 기한이 있고 천하만사가 다 때가 있나니

날 때가 있고 죽을 때가 있으며
심을 때가 있고 심은 것을 뽑을 때가 있으며
죽일 때가 있고 치료할 때가 있으며
헐 때가 있고 세울 때가 있으며
울 때가 있고 웃을 때가 있으며
슬퍼할 때가 있고 춤출 때가 있으며
돌을 던져 버릴 때가 있고 돌을 거둘 때가 있으며
안을 때가 있고 안는 일을 멀리할 때가 있으며
찾을 때가 있고 잃을 때가 있으며
지킬 때가 있고 버릴 때가 있으며
찢을 때가 있고 꿰맬 때가 있으며
잠잠할 때가 있고 말할 때가 있으며
사랑할 때가 있고 미워할 때가 있으며
전쟁할 때가 있고 평화할 때가 있느니라(전 3:1-8).

삶의 다채로운 일화를 엮어 낸 지혜자의 시는 불가항력이

라는 느낌을 전달한다(이 시는 더버즈 The Byrds 의 연주 버전으로 가장 유명한, 피트 시거 Pete Seeger 의 노래 〈턴턴턴 Turn! Turn! Turn!〉으로 대중문화에 길이 남았다). "해 아래" 사는 인생은 봄과 가을, 여름과 겨울을 예상하는 것처럼 탄생과 죽음, 애도와 춤, 전쟁과 평화를 예상해야 한다. 이런 시간은 예측 가능하며 심지어 불가피하다. 이런 시간과 계절이 당도하는 것에 놀라지 않는 사람을 보면 실존적 평정을 유지하고 있음을 알 수 있다. 예상하는 감각을 기를 수 있다면 우리는 슬피 우는 계절이 와도 불안해하지 않을 것이다. 춤이 영원히 계속되리라고 예상하지 않을 것이다. 심지어 "이제 내가 죽을 때인가?"라고 자문할 수도 있고, 그렇게 해서 은총으로 주어지는 차분함으로 그 계절을 받아들일 수 있을 것이다.

지혜자는 이런 순간에 계절성을 부여하면서 그런 경험에는 시간이 필요함을 깨달으라고 우리에게 권고한다. 출생은 날이 아니라 계절이다(임신, 산고, 이후로 몇 달에 걸친 가족 재편 과정, 몸의 재건). 각각 두 살 터울로 네 자녀를 둔 우리 삶을 돌아보면 어떤 면에서 출생의 '시간'이 10년에 이르렀다. 우리가 예비 부모가 꼭 읽어야 하는 책《임신한 당신이 알아야 할 모든 것 What to Expect When You're Expecting》을 받았을 때 아무도 이 수고와 인내의 계절이 여러 해 동안 계속될 것을 예상하라고 말해 주지 않았다. 우리가 10년간 지속될 결혼 생활의 새로운 장에 진입하고 있음을 상상조차 하지 못했다. 산모의 몸에 상처의 잔향이 남을 것을 예상하라고 가르쳐 주지 않았고, 산후 우울증이라는 현실을 알려 주지 않았으며(그때는 1990년대였다), 신체적으로 친밀한 관계를 갖기 어려울 것이며 이로 인해 우리가 자녀 양육의 동반자가 되어야 하지만 우리 사이에 거리감과 긴장이 생길 수밖에 없다고 솔직하게 말해 주지 않았다. 결혼 초반에 겪은 그런 어려움을 돌아보면서 나는 지혜자의 충고를 새롭게 듣게 된다. 우리가 어떤 계절에 와 있는지를 깨닫고 그 시간의 계절성을 이해하도록 누군가가 우리를 도와주었다면 우리의 기대와 노력이 달라졌을 것이다. 그런 깨달음이 있었다면 그 시간을 견딜 수 있는 은총을 얻을 수 있었을 것이다.

유한한 우리 인생이 계절 안에서 펼쳐진다고 말하는 것은 경험이 그 나름의 시간적 후광을 지니고 있음을 강조하는 것이다. 일화에는 수명이 있기 마련이며, 경험할 수 있는 능력 자체가 두 가지 의미에서 **시간을 요구한다**. 경험이 펼쳐지려면 시간이 필요할 뿐만 아니라, 경험이 시간을 집어삼키고 소비하고 때로는 일정한 시간 동안 우리 삶을 차지하여 경험이 계절을 규정하기도 한다. 비록 여전히 우리는 이를 닦고 쓰레기를 내놓고 세금을 내고 교회에 가야 하지만 말이다.[8] 우리 삶에는—개인적으로, 또한 집단적으로—계절이 요구하는 바에 내어주어야 하는 시간이 있다. 이런 의미에서 계절은 **초점을 맞추게 한다**. 우리에게 무언가를 요구하지만, 만약 "그것에 시간을 내어준다면"—그 경험에 우리 시간을 내어주고 그것이 펼쳐지는 데 필요한 시간을 허락한다면—우리는 무언가를 돌려받는다. 그 경험에서 무언가를 얻는다.

죽을 시간과 슬퍼할 계절이 있다고 말한다는 것은 죽음이 우리에게 무언가를 요구하며 애도에는 시간이 필요하다고 인정하는 것이다. 이런 통찰 때문에 유대인들은 사랑하는 사람이 죽은 후 '시바shiva'를 실천한다. 애도하는 사람들이 유족의 집으로 가서 이레 동안 앉아 있는다. 전통적으로는 낮은 걸상이나 상자에 앉아서 상실을 겪은 이들과 함께 '낮아진다.' 애도하는 사람들은 일을 하지 않고, 주변 사람들은 다양한 방식으로 상실을 애도하도록 돕는다. 이러한 의례 구조로 그 경험을 연장함으로써 (해마다 '야르차이Yahrzeit'라고 부르는 추도일에 사랑하는 이를 기억하기는 하겠지만) 평화와 안정과 수용을 찾는 수단으로서 애도 작업을 제대로 수행하기 위한 틀을 제공한다. '시바' 의례는 시간이 걸려서 무언가를 했을 때 그만큼 보상을 받는다는 역설을 예증한다. 그 계절에 우리 자신을 내어줌으로써 다음 계절에 우리에게 필요한 것을 얻게 된다.

그 계절에 시간을 내어주는 것이 매우 힘들고, 그 과정이 즉각 회복으로 전환되지 않을 때도 있다. 때로는 우리의 (집단적인) 죄와 실패에 대한 인정을 포함해 인정의 계절을 통과해야만 할 때도 있다. 그런 계절에 자신을 내어준다는 것, 곧 그것이 요구하는 바에 집중한다는 것은 서둘러 그것을 해결하거나 피하려 하지 않고 인내하고 감내하며 우리가 내놓아야 하는 것을 내어주는 것을 의미한다. 지혜자의 조언은 앨리스 워터스의 선구자였던 고대 히브리인이 한 말처럼 들린다. 우리는 계절성의 제약을 받기보다 그것을 끌어안아야 한다. '시간을 내어주는' 것은 계절이 우리를 빚어 가도록 허락하는 것이다. 궁극적으로 우리는 우리를 돌보시는 하나님의 섭리의 손길이 계절의 배후에 있을 뿐만 아니라 그 계절을 **통과하도록**

우리를 붙들고 있다고 신뢰한다.

계절성이 불가피성과 지속성에 대한 인식이라면, 이 본문에는 할당이라는 의미도 들어 있다. "천하만사를 **위한** 때", "행동할 때". 특정한 종류의 경험이 닥치리라고 기대해야 할 계절이 있다면 우리에게 특정한 행동이 기대되는 시간도 있다. 이런 계절 중 일부는 우리가 부르지 않아도 찾아오지만(출생, 죽음, 슬픔, 웃음), 여기서 지혜자가 조언하는 바의 상당 부분은 우리의 행위 능력을 전제한다. 그런 의미에서 전도서는 우리에게 무엇을 기대할지를 가르치는 동시에, 여러 다른 계절에 요청되는 바, 우리**에게** 기대되는 바를 깨달으라고 권고한다. 때로는 끌어안으라는 부르심을 받을 때도 있다. 하지만 다른 계절에는 거짓 화해를 거부함으로써 정의를 증언하는 것이 최선일 것이다. 건설하고 착수하고 설립해야 할 때도 있다. 하지만 덧없는 세상에서 지혜란 언제 폐쇄하고 해체해야 하는지를 아는 것을 의미할 때도 있다. 우리에게 무너뜨리라고 요구하는 계절이 있을 수도 있다고 상상하기가 어려울지도 모른다. 우리는 엮어서 만드는 사람, 고치는 사람, 사회 구조를 바로잡는 사람이 되어야 하지 않는가? 그렇다. 하지만 때로는 그러기 위해서 온전한 포용을 가로막는 역할을 해 온 깃발과 기념물, 해체해야 마땅한 공포의 유물을 무너뜨려야 할 때도 있다. 우리는 다시는 다른 이들이 우리 목소리에 귀를 기울이지 않으리라고 초조해하지 않으면서 "지금은 내가 조용히 있어야 할 계절인가?"라고 자문할 준비가 되어 있어야 한다. (백인 남성들이여, 나는 지금 우리 이야기를 하고 있다!)

일정 기간 우리에게 무언가를 요구한다는 점에서 계절은 우리를 집중하게 만든다. 하지만 그렇게 집중을 요구하는 것이 수동적이기만(우리가 무언가를 겪어야만) 한 것은 아니다. 계절이 우리에게 적극적으로 행동하라고 요구할 때도 있다. 우리는 "이때"를 위해 무언가를 **하라**는 요청을 받는다(에 4:14).

하지만 여기서 지혜자는 뭔가 핵심을 빠뜨린 것처럼 보인다. 우리 삶이 계절로 나뉠 것을 개인적·집단적으로 인식하고, 따라서 시대가 요구하는 바를 인식하라고 정확하게 조언하지만, **지금이 어떤 시간인지를 어떻게 알 수 있는지** 말해 주지는 않는다. 집단적으로든 개인적으로든, 우리의 계절을 어떻게 인식할 수 있을까? 심을 때인지, 뽑을 계절인지 어떻게 알 수 있을까? 어떻게 계절이 뚜렷해지고, 그 계절에서 우리의 책임과 소명이 무엇인지가 뚜렷해지는가? **그 한가운데서** 우리는 알 수 있을까? 어떻게?

※ ※ ※

우리는 시간을 충실하게 자각하기 위한 핵심 훈련 중 하나, 즉 **분별**로 되돌아간다. 과학보다는 예술에 가까운 분별은 방향감각을 유지하려는 노력이다. 나는 우리가 살면서 할 수 있는 가장 중요한 분별력 훈련 중 하나가 **계절적** 위치를 파악하는 것이라고 주장한다. 문제는 대부분 계절이 사후에 파악된다는 것이다. 전도서가 묘사하는 '때'를 통과한 후에야 비로소 우리는 그것이 계절이었다고 깨닫는다. 이것이 미네르바의 부엉이가 황혼이 되어서야 날아오른다는 헤겔의 말에 담긴 핵심

논점이다. 상황이 다 끝난 후에야 우리는 명징한 통찰을 얻게 된다.

하지만 어떻게 살아야 하는지에 관한 지혜를 제공하기 위해서는 상황 한가운데에 *in medias res* 있는 동안 우리가 어떤 계절에 와 있는지를 분별해야 한다. 이런 점에서 분별은 하나님의 시선으로 내려다보는 것보다는 반향정위 echolocation 와 더 비슷하다. 우리는 자신의 계절을 **초월하여**, 즉 그 위로 떠올라 일종의 영적 드론처럼 전체를 볼 수 있는 사치는 누리지 못할 것이다. 분별, 특히 **시간에 관한** 분별은 옥수수 들판 한가운데에서 완벽한 침묵을 유지하면서 자갈길로 트럭이 지나가는 소리나 희미한 시냇물 소리를 듣고 위치를 가늠하는 것과 비슷하다.

혹은 분별이 잠과 비슷하다고 말할 수도 있다. 한편으로, 우리는 스스로 잠잘 수 있는 상황을 만든다. 나는 자기 전에 항상 책을 읽고, 잠이 내려오는 것을 느낄 때 방을 조용하고 어둡게 만든다. 조용히 숨을 고르고 기다린다. 하지만 그 기다림 자체가 하나의 행동이다. 나는 (바라건대!) 날마다 주어지는 밤의 선물처럼 잠이 평온하게 도착할 준비를 한다.

마찬가지로 분별은 행동과 받아들임 사이의 이 공간에 거한다. 교황 프란치스코 Pope Francis 는 오늘의 세상에서 거룩하게 살아가라고 권고하는 《기뻐하고 즐거워하여라 *Gaudete et exsultate*》(한국천주교주교회의)에서 분별이 궁극적으로 선물을 받아들이는 것임을 우리에게 상기시킨다. 그는 분별이 "지능이나 상식 이상의 무언가를 요청한다. 그것은 우리가 간청해야 할 선물이다. 성령께서 우리에게 이 선물을 주신다는 확신을 가지고 간구하고, 그런 다음 기도와 묵상, 독서, 훌륭한 조언을 통해 이를 계발하기 위해 노력한다면, 이 영적 선물을 사용하는 우리의 능력이 반드시 자랄 것이다"라고 말한다.[9] 분별은 우리에게서 무언가를 요구하지만, 그것은 우리의 재주나 능력이 아니다. "분별은 은총이다."[10] 우리는 그것을 기꺼이 받아들이는 수용적인 자세를 갖추기만 하면 된다.

모든 계절은 듣기 위해 노력해야 하는 계절, 특히 이전에 주의를 기울이지 않았던 목소리와 속삭임을 듣기 위해 노력해야 하는 계절이다. 그런 의미에서 분별은 그리스도인의 삶과 그리스도인의 공동체에서 일차적이며 지속적으로 행해야 할 영적 훈련이다. 교황 프란치스코는 계속해서 "분별은 우리가 중대한 문제를 해결하고 중요한 결정을 내려야 하는 특별한 때에만 필요한 것이 아니다"라고 말한다. "하나님의 시간표를 이해하기 위해, 그분의 은총을 통해 우리에게 주시는 자극을 놓치거나 자라 가라는 그분의 권유를 무시하지 않기 위해 우리에게는 항상 분별이 필요하다. 사소하고 중요하지 않아 보이는 문제에 관해서도 분별을 실행할 때가 많다. 영혼의 위대함이 단순한 일상의 현실을 통해 드러나기 때문이다. 분별이란 아무런 제약 없이 크고 더 좋고 더 아름다운 모든 것을 추구하면서도 동시에 작은 것들, 매일의 책임과 헌신에 관심을 기울이는 것을 의미한다."[11] 계절을 분별하는 것은 특정한 시간에 우리가 집중해야 할 소명에 귀를 기울이기 위해 노력하고, 여전히 다른 모든 일상의 책임을 다해야 하지만 동시에 그런 집중이 하나의 계절 동안 우리 삶을 어떻게 조직해야 하는

지 이해하고자 하는 노력이다.

이는 확실히 우선순위 매기기와 관계가 있지만 그와 똑같지는 않다. 예를 들어, 개인 차원에서 한 사람의 계절을 분별한다는 것은 기도하면서 귀를 기울여 나의 여러 소명의 어떤 양상을 우선시해야 하는지를 판단하고 자유롭게 그에 집중해서 살아가는 문제인 경우가 많을 것이다. "좋아. 이것이 **지금** 내가 해야 할 일이다." 그렇다고 해서 그것이 고역처럼 느껴질 것이라는 말은 아니다. 오히려 한 계절 동안 거기에 전념할 때는 항상 그것이 영원하지 않다는 깨달음이 뒤따른다.

예를 들어, 많은 사람이 자녀 양육을 집중적인 소명으로 여기는 긴 계절을 경험한다(장성한 자녀를 떠나보낸 이들은 "이 또한 지나가리라!"라고 조언한다). 이 계절은 두려움과 기쁨, 고단함과 성취감이 뒤섞여 있다. 부모의 삶에서 중요한 다른 시기—여전히 가정의 역사를 통합하고 그 사이에 타협해 가는 결혼 초기, 직업적인 야심이 가득한 시기, 부모를 잃는 경험—와 중첩되는 경우도 많다. 인생에서 한 덩어리를 자녀 양육에 전념하는 계절로 인식하는 것은 다른 의무를 경감하는 효과를 발휘하며, 어떤 의미에서는 우리를 자유롭게 해 준다. 언제나 모든 일을 완벽하게 할 필요는 없음을 되새기게 해 준다. 바로 지금, 이 계절에 나는 이 한 가지 중요한 일에 집중한다. 바로 이 연약한 선물들의 삶을 잘 돌보아서 그들이 하나님이 우리에게 맡기신 형상을 지닌 존재로서 그 삶을 꽃피울 수 있게 하는 일이다. 첫아이를 대학에 보낼 때 당신은 이 주기의 가을이 다가오고 있다고 느끼기 시작하며, 그것이 어디로 떠나갈지 궁금해할 것이다. 양육의 계절은 우리 개인의 역사에서 우리가 사랑하도록 부름받은 가장 가깝고 체화된 이웃이 자녀인 시기다. 물론 우리는 도적의 습격을 받은 이웃도 사랑하도록 부르심을 받기는 했지만 말이다.

삶의 후반부에 이를 때 우리는 그 계절에 어떤 계획을 세웠든지 상관없이 성령께서 우리에게 아프고 쇠약해지는 가족을 돌보라고 부르신다는 것을 깨닫게 될 것이다. 이 부르심에 답한다는 것은 그 기간에 집중해야 할 소명을 인식한다는 뜻이다. 그 일에 전념하기가 어려울 수도 있다. 우리가 계획했던 일을 하지 못하게 되어 안타까워할 수도 있다. 포스터 E. M. Forster는 "우리는 우리를 기다리고 있는 삶을 살아가기 위해 우리가 계획했던 삶을 기꺼이 놓아주어야 한다"라고 말한다.[12] 그 의무에 전념한다는 것은 부르시는 하나님께 우리를 의탁하는 것을 의미한다.

때로는 한 라운드를 마친 권투선수처럼 어떤 계절에 우리가 들어야 할 말씀은 "쉬라"라는 말씀이다. 이는 휴가처럼 일시적으로 휴식하는 시간이 아니라 긴 피정의 계절, 곧 재생과 회복과 재충전에 집중하는 시간이다. 만약 우리가 (예를 들어, 공인으로) 활동해 왔다면, 인스타그램이 지배하는 세상을 특징짓는 관심의 동학에 사로잡혀 있다면, 이런 피정의 계절이 마치 후퇴처럼 느껴질 수도 있다. 어떤 이들에게는 일종의 이기심처럼 보일 수도 있다. 하지만 그것은 삶을 영상이 아니라 스냅사진으로 보는 태도다. 삶의 과정에서 의도적으로 뒤로 물러나는 계절, 심지어 내면으로 파고 들어가는 계절은 우리가 더 나은 일꾼으로 다시 나타나기 위해 꼭 필요한 과정일 것이다.

　다른 경우에는 계절을 분별한다는 것이 일정 기간 무언가를 경험하고 거기에 몰두할 것을 인식하는 것을 의미한다. 어쩌면 주목할 만한 성취 때문에 기대한 적 없던 관심을 받기 시작할 수도 있다. 깜짝 인기를 얻을지도 모른다. 혹은 훨씬 더 어려운 무언가일 수도 있다. 갑자기 가족이 상처를 받거나 질병에 걸려 불가피한 고통을 당할 수도 있고, 영혼의 어두운 밤이 찾아올 수도 있고, 하나님이 멀리 계실 뿐 아니라 계시지 않는 것처럼, 심지어 믿을 수 없어 보이는 차가운 고독의 시간일 수도 있다. 이렇게 말하는 것이 이상하게 보일지도 모르지만, 전도서가 옳다면 이런 것들과 **함께 살아가야** 하는 때, 이런 것들이 할 일을 하도록 허용하기 위해 이런 것들과 함께 살아가야 하는 때가 있다. 그 계절성을 인식한다는 것은 한동안 이런 것들에 집중하지만—자신을 내어주지만—그것이 일시적이며 덧없음을 인식하면서 그렇게 하는 것이다. 그것과 함께 가라. 하지만 그것에 익숙해지지는 말라.

　이는 기관이나 국가의 집단적 삶에도 적용될 것이다. 여기서는 수많은 변수와 이야기의 줄거리를 지닌 역사의 혼란스러움으로 인해 분별이 훨씬 더 어렵다고 말할 수 있다. 또한 우리가 시간과 역사 안에서 우리의 집단적 위치를 파악하려고 노력할 때 분별이 더 복잡해진다.[13] 하지만 "우리 국민"이든, "우리 교구민"이든, "우리 농부들"이든 집단적인 **우리**도 우리가 '계절'이라고 부르는 역사의 덩어리를 분명히 경험한다.

　최근 경험한 코로나바이러스 대유행이 그 예가 될 수 있다. 우리가 한 번도 예상하지 못한 방식으로 전 세계가 공유된 시간 속으로 내던져졌다. 많은 사람에게 전례가 없는 경험이었다. 감염병이 전 세계적으로 유행하는 계절은 우리에게 무언가를 요구했다. 공중 보건을 위해 우리는 새로운 방식으로 연대해야 했다. 예를 들어, 우리는 서로 보살피기 위해 역설적으로 거리 두기를 실천했다. 또한 우리는 이 계절에 예배와 우정을 새로운 방식으로 실천해야 했다. (미시간에서는 우정을 유지하기 위해 파카를 입고 침낭으로 몸을 감싼 채 영하 4도 날씨에 모닥불 주위에 둘러앉았다.) 우리는 공동체로의 부름에 응답하는 새로운 습관을 만들어 가야 했다. 또한 많은 이들이 이처럼 사회적 거리 두기와 고립과 심리적 과세로 특징지어지는 계절을 '무기력 languishing'의 계절로 경험했고,[14] 따라서 새로운 방식으로 이렇게 자문했다. 바로 지금 우리에게 무엇이 요구되는가? 공중 보건의 요구에 응답하기 위해 에너지를 쓰면서 많은 사람은 어쩌면 전에는 한 번도 해 보지 못한 방식으로 여유―비생산적일 수 있는 영광스러운 자유―를 가질 수 있게 되었다. "세계적인 감염병이야!"라고 우리는 자신과 서로에게 말하면서 한동안 그럴 수 있는 자유를 허용했다. (고백하자면, 나는 2020년에 새로 구입한 소니 플레이스테이션 4로 포뮬러 1 게임을 200시간 했다. 전혀 후회하지 않는다.) 집단적으로 우리는 서로 타협하면서 집중력이 필요한 힘든 계절을 함께 통과했다. 그때를 하나의 계절로 분별하는 것은 너무나도 당연해 보였다. 하지만 이 계절에 무엇을 해야 하는지를 분별하는 것은 그보다 더 어려웠다.

남극대륙의 여름 눈보라라는 이상한 선물에 대해 앱슬리

체리 개러드가 쓴 감동적인 글이 떠오른다.

> 원래부터 그리 낮지 않았던 온도가 올라가고, 텐트 안에
> 있으면 춥지 않다. 눈보라가 매우 반가운 휴식을 제공할
> 때도 있다. 빙하 틈새에서 일하다 보면 겪을 수밖에 없는
> 정신적 긴장감 속에서 아침마다 이제 막 잠들었던 것 같다는
> 느낌과 함께 억지로 잠에서 깨어나야만 하는 힘겨운 몇 주가
> 지난 후 2, 3일 동안 침대에 누워 있을 수 있다는 것은
> 대단히 기분 좋은 일이다. 흩날리는 눈발이 소리를 내며
> 머리 위 초록색 텐트를 두드리는 동안 당신은 식사하려고
> 일어나거나 가끔 깨어 순록 가죽 침낭의 부드러운 온기를
> 느끼며 텐트가 바람에 펄럭이는 소리를 들을 때를 제외하면
> 꿈도 꾸지 않고 거의 그 시간 내내 잠을 잘 것이다. 혹은
> 잠결에 세계의 다른 곳을 방문할 것이다.[15]

때로는 눈보라가 쳐야만 꿈을 꿀 수 있다. 구름 속에 둘러
싸인 계절이 우리에게 선물일 수도 있다. 정신없이 돌아가는
분주함 속에서는 결코 발견할 수 없었을, 우리 자신에 관한 무
언가를 배울 수 있게 해 주기 때문이다. 분별은 무슨 일이 생
기든 일종의 마술처럼 긍정하는 것이 아니다. 우리가 놓쳤을
지도 모르는 선물에 주의를 기울이는 태도다.

집단적 계절의 또 다른 사례는 조지 플로이드George Floyd
의 살해와 경찰에 의한 그의 죽음이 촉발한 구조적 인종주의
에 대한 집단적 인정하기로 특징지어지는 시간일 것이다. 사

실 우리는 여전히 그 계절에 살아가고 있다.[16] 많은 이들은 이 계절을 편견을 뿌리 뽑고 장벽을 무너뜨리는 시간으로 인식했다. 즉, 권력과 특권을 누리는 백인들로 하여금 자신의 개인적 편견뿐만 아니라 자신들에게 유익을 주었고 흑인들을 의도적으로 주변화하고 배제하고 억압했던 체제에 자신들이 연루되어 있음을 돌아보게 한 시간, 백인 다수 집단이 귀를 기울여 듣고 흑인 소수 집단이 말해야 할 시간으로 인식했다. 앨리스 워터스의 말처럼 계절성을 **끌어안는다**는 것은 시간이 우리에게 요구하는 바에 따라 살아가고자 하는—서두르거나 미루는 대신 귀를 기울여 듣고 관심을 기울이고 참고 곰곰이 돌아보고자 하는—의도적인 노력이다. 불의가 지속되는 한 이 계절은 지나갈 수가 없다.

❊　❊　❊

분별이라는 은사를 길러야만 계절성을 끌어안는 법을 배울 수 있다. 분별은 우리가 어떤 계절에 와 있으며, 이 계절이 우리에게 무엇을 요구하고, 우리가 무엇을 배워야 하는지를 이해할 수 있게 해 준다. 계절성을 끌어안는다는 것은 역사의 주인이신 하나님께 우리 자신을 의탁하고 기꺼이 시간이라는 신비를 통과하며 살아가고자 함으로써 그 순간에 충실하게 살아가는 능력을 길러내는 것이다. 그렇게 하기 위해서는 이를테면 다음 모퉁이를 지날 때까지 이번 모퉁이에 대한 판단을 유보하겠다는—그 계절이 취한 것에 분개하기 전에 그 계절이 펼쳐지기를 기다리겠다는—특별한 종류의 인내심이 필요하다.

마지막에야 선물이 찾아올 때도 있다.

앞서 강조했듯이, 이러한 분별의 자세를 취할 수 있으려면 그 상황 가운데 기도하며 귀를 기울여야만 한다. 우리는 절대로 그 상황을 초월해 어떤 시간 안에도 있지 않은 채로 현재를 바라볼 수 없기 때문이다. 하지만 거의 속임수를 부리듯 당신의 현재를 벗어날 방법이 하나 있다. 시간을 초월하고 싶다면 세대를 가로지르는 우정을 키우라. 당신의 계절 바깥에 서 있을 수는 없지만, 그 계절을 이미 통과한 사람들의 이야기를 들어 볼 수는 있다. 내 경험상 이것은 여러 세대를 아우르는 우정이 주는 가장 큰 선물 중 하나다.[17] 이런 점에서 우정은 시간 여행과 비슷하다. 우리는 우리 삶이 완전히 독특하다고 주장하지만 인생에는 사실상 반복되고 공유되는 양식이 있다. 우리는 우리의 상상만큼 특별하지 않으며, 사람들이 평생 견뎌 내고 기념하는 것은 대부분 공유된 것이다. 철저한 독특성이라는 신화를 포기할 수 있다면 우리보다 앞선 세대에 귀를 기울임으로써 우리의 미래로부터 배울 수 있다. 물론 그런 선물을 거부하는 것이 젊은이의 본성이다. 하지만 우리가 겸손해질 때 세대를 가로지르는 우정은 생명선이 된다. 즉 하나님이 우리에게 우리의 현재를 외부에서 흘끗 볼 수 있게 해 주실 때 우리의 지금을 바라보는 시선을 초월할 수 있는 거의 성례전적인 수단이 된다.

하지만 이 선물은 양방향으로 시간을 가로지른다. 젊은 세대의 말을 주의하여 듣는 옛 세대는 바로 지금 사람들이 속삭이거나 외치는 소리를 들을 수 있는 다른 귀를 얻게 된다.

학부생을 가르치는 교수인 나에게는 모든 강의실이 타임머신처럼 느껴지고, 모든 신입생이 다른 방식으로는 내가 받지 못했을 현재가 보내온 새로운 속달우편처럼 느껴진다.

내 경험상, 나이가 더 많은 친구가 온화하게 "두려워하지 마"라고 말할 때 그들이 전해 주는 말이 복음처럼 들릴 때가 많다. 나이 많은 친구의 삶을 바라보면 그 삶이 목적 지향적이고 뿌리가 든든하고 평온해 보인다. 그 삶이 곧은길이었을 것이라고 생각한다. 당신이 처한 수렁에서—어쩔 줄 모르고 실패하고 허우적거리는 상황에서—그런 삶을 바라보면 절망과 시기에 휩싸이기 쉽다. 하지만 대화하면서, 그들이 당신이 보지 못한 지난 계절들을 통과해 왔음을 깨닫는다. 이 친구가 당신이 겪고 있는 것과 매우 비슷한 계절을 지나서 지금의 삶에 당도했음을 알게 된다. 그런 친구와의 대화를 통해 마침내 당신이 하나의 계절 **안에** 있음을 또렷하게 깨닫게 될 것이다. 대화한다고 해서 그 힘겨운 계절이 끝나지는 않지만, 이 대화는 즉시 소망을 불러일으킨다. 왜냐하면 당신은 이 계절이 끝난 곳에서 보내온 보고를 들었고, 이로써 지금 시급한 문제이며 우리가 다른 미래를 볼 수 없도록 만드는 것 너머에 삶이 존재한다는 것을 알게 되었기 때문이다. 나이 많은 친구가 당신이 상상할 수 없었던 미래로부터 그 소식을 전해 줄 때 당신의 상상력에 새로운 가능성이 주입된다. 그것을 소망이라고 한다.

결국 당신이 속한 계절을 인식한다는 것은 당신 역시 누군가보다 더 나이가 많은 사람, 견뎌 낸 사람, 경험을 통해 힘겹게 얻어 낸 지혜를 더 어린 친구에게 나눌 수 있는 사람임을 깨닫는 것을 의미한다. 동굴로 돌아갈 수밖에 없었던 플라톤의 철학자처럼, 당신에게는 말하자면 당신이 겪어 낸 경험을 지금 겪으면서 살고 있는 누군가에게 조언자가 됨으로써 시간 속으로 되돌아가야 할 의무가 있다. 세대를 가로질러 증언을 나눌 때 성도의 교제는 타임머신이 된다.

※ ※ ※

우리보다 앞서간 이들에게 배우는 것은 개인의 삶의 주기와 관련해 특히나 유익하다. 청소년기와 중년, 대학 졸업 이후와 은퇴 이후 같은 계절은 보편적이지는 않더라도 여전히 널리 공유되며 여러 세대에 걸쳐 반복적으로 경험되고 있기 때문이다. 모든 인생은 저마다 신비이며 지문처럼 독특한 경험의 혼합물이지만, 삶의 모습을 예측할 수는 없더라도 적어도 어떤 경향을 띤다고 말할 수 있다.

집단적 차원에서는 덜 그런 것처럼 보인다. 기관이나 국가의 경우에는 이런 경향성을 예측하기가 더 어려운데, 역사의 궤도가 예상 밖으로 주어지기 때문이다. 물론 식별할 수 있는 유비나 경향성도 존재한다. 우리가 로마사를 계속 공부하는 이유는 21세기를 살아가는 우리에게 필요한 통찰을 품고 있기 때문이다. 우리가 "민주주의의 퇴보"를 경험하고 있을지도 모른다고 말하면서 그것이 미래에 어떤 전조가 될지 우려하는 평론가와 분석가들을 떠올려 보라.[18] 또한 많은 회사와 조직이 경험하는 경향성이 존재하고, 그 때문에 우리에게 '설립자증후군founder's syndrome'이 너무나도 익숙하기는 하지만, 기관과 국가의 역사가 반복되는 경우는 드물다. 기관과 국가는 독특한 방식으로 역사에 **영향을 미치는** 동시에 역사 **안에서** 행동하는 행위자이자, 독특한 방식으로 역사라는 파도의 높이와 회전에 영향을 받는다. 그런 역사와 관련해서는 반복 가능성이 더 낮으며, 이는 분별이 완전히 처음부터 시작해야 하는 것*de novo*은 아니더라도 적어도 훨씬 더 즉흥적일 수밖에 없음을 의미한다. 모든 조직과 회사는 어느 시점에는 설립자와 설립 세대로부터 그다음 리더십으로 전환을 이뤄야만 하지만, 과거의 어떤 회사나 조직도 인터넷의 도래를 대비하거나 긱 이코노미 gig economy의 역학을 미리 이해할 수는 없었다. 백 년 전 교회가 겪은 전 지구적 감염병 유행 경험으로부터 배울 만한 교훈이 있을지도 모르지만, 그 선례는 가상 예배와 방송 기술이 예배에 어떤 지울 수 없는 영향을 남길지에 관해 그다지 많은 통찰을 제공할 수 없을 것이다. 역사에는 영속적인 변수가 존재하지만, 역사는 특히 기관이라는 집단적 차원에서 또 다른 층위의 분별을 요구하는 새로움이 펼쳐지는 원천이기도 하다.

따라서 우리는 특수한 방식으로 역사에 주의를 기울여야 한다. 즉, 우리보다 먼저 살았던 이들이 지금 우리가 겪고 있는 것을 경험했기 때문이라기보다는 우리가 어떻게 여기에 이르게 되었는지를 이해할 필요가 있기 때문에 역사에 주의해야 한다. 이는 교황 프란치스코가 최근 여러 해 동안 분별에 관해 조언하며 강조한 주제이기도 하다. 프란치스코는 "하나님이 세계 역사에서 일하고 계신다"라는 확신에 근거해 분별을 위해서는 일종의 역사 훈련이 필요하다고 강조한다. "역사 전체를 통해 축적된 인간 경험은 한 세대가 다른 세대로부터 물려받는 가장 소중하며 신뢰할 만한 보물이다. 하나님의 계시를 잊지 않는다면 그것이 역사와 우리 실존을 비추고 거기에 의미를 부여할 것이다."[19] 그는 전임자였던 (이제는 성인으로 시성된) 교황 요한 13세의 지혜로운 말을 인용한다. 1962년에 제2차 바티칸 공의회가 시작될 때 그는 미래가 언제나 쇠퇴의 이야기일 수밖에 없다고 생각하는 이들에 맞서 이렇게 경고했다. "인간 사회의 현재 조건 아래에서 그들은 파멸과 재앙 외에는 아무것도 보지 못한다. 그들은 과거와 비교해 우리 시대에는 모든 것이 더 나쁘다고 말한다. 심지어 우리의 선생인 역사로부터 아무것도 배울 것이 없는 것처럼 행동한다."[20] 분별의 핵심은 우리의 선생인 역사에 다가가는 것이다.

이런 식으로 역사에 주의를 기울이는 태도—역사를 선생으로 삼는 훈련 과정—를 묘사하는 한 가지 방식이 **계보학**이다. 족보를 거슬러 올라간다는 좁은 의미가 아니라 우리의 현재를 형성한 과거의 동학을 이해한다는 더 심층적인 의미에서의 계보학이다. 자축하는 역사, 즉 단순히 우리의 건국 신화를 서술하고 우리가 스스로 들려주는 이야기를 그대로 승인하는 역사는 분별에 그다지 도움이 되지 않는다. 분별을 위해서는 우리가 묻어 두고 무시하고 듣지 않으려고 하는 것을 기꺼이 드러내려는 역사에 관심을 기울여야만 한다. 우리 역사의 그런 양상을 마주할 때에야 비로소 우리가 **언제**에 있으며 우리가 **어떤 사람**이 되었는지를 제대로 이해할 수 있을 것이다.

우리 역사는 성인전聖人傳인 경우가 너무나도 많다. 분별에 필요한 것은 계보학의 훈련이며, 이 점에서 우리는 프리드리히 니체Friedrich Nietzsche와 미셸 푸코Michel Foucault 같은 이들에게서 배워야 한다. 많은 면에서 이들은 다수의 종교인보다 인간 됨의 변덕스러움을 더 솔직하게 인정한다. 푸코의 말처럼 계보학은 "한 종의 진화와 비슷하지 않고 한 민족의 운명을 기록하려 하지 않는다." 다시 말해, 우리가 계보학에서 배우는 역사는 진보와 발전이라는 직선적 서사가 아니다. "반대로 가계의 복잡한 경로를 따라가는 것은 지나쳐 가는 사건이 그 나름대로 흩어지게 두는 것이다. 그것은 우연과 사소한 이탈, 혹은 거꾸로 완전한 역전, 오류, 거짓 평가, 계속해서 존재하며 우리를 위해 가치를 지니고 있는 것들을 만들어 내는 잘못된 계산을 확인하는 것이다. 그것은 진리나 존재가 우리가 알고 있는 것과 우리 존재의 뿌리가 아니라 우연의 외재성에 자리 잡고 있음을 발견하는 것이다." 우리가 삼위일체 하나님 안에서 살아가며 움직이고 우리 존재를 지니고 있다고 확신하지만, 창조의 경륜은 우리의 지금이 그러한 우연, 즉 응고되어 한 인생, 한 사회, 한 역사를 이루는 우연성의 소용돌이에 의해 형성됨을 의미한다. 계보학에서는 우리의 현재가 어떤 예정된 기반이 아니라 "잘못, 균열, 안으로부터 혹은 아래로부터 연약한 상속자를 위협하는 이질적 층위의 불안정한 결합"에 기초해 있다고 인정한다.[21] 이처럼 우리의 잘못과 오류, 경로 이탈과 잘못된 방향 전환을 정면으로 마주하려고 하는, 입자가 곱고 정직하며 약점을 그대로 드러내는 역사가 구원의 미래로 귀결되는 참된 분별을 위해 필요한 집단적 자기 점검이다.

이러한 작업은 인정이 될 수 있다. 하지만 그러한 계보학 작업을 기꺼이 시작하려고 할 때만 신실한 미래를 위한 분별이 가능하다. 계절성이 분별을 요구한다면, 분별은 한편으로는 놀라게 하시는 하나님을 받아들이고자 하는 개방적 태도뿐만 아니라 우리가 묻어 두고 삭제했던 역사를 마주함으로써 기꺼이 우리 스스로 놀라워하고자 하는 태도도 요구한다.

＊　＊　＊

지금까지 계절이 금세 지나가지만 우리로 하여금 초점을 맞추게 한다는 것을 생각해 보았다. 계절은 일시적이지만, 우리가 지니고 앞으로 나아갈 것을 남겨 준다. 계절은 우리한테서 무언가를 요구한다. 계절은 시간을 가져가지만 무언가를 되돌려 준다.

우리가 주목해야 할 계절의 또 다른 양상이 있다. 중요한 점에서 계절은 환경적이며 비자발적이다. 겨울이 오는 것은 우주의 조건이며, 봄이 되어 겨울에서 벗어나는 것도 마찬가지다. 계절은 **예상할** 수 있으며 우리가 야기하기보다 우리에게 닥치는 무언가다. 이 점을 인식하는 것이 중요하며, 그래야만 어떤 계절을 우리의 정체성과 혼동하거나 어떤 계절이 보상이나 처벌이라고 생각하는 태도를 피할 수 있다.

계절과 관련하여 중요한 사실은 그것이 기후와 밀접하게 연결되어 있다는 것이다. 우리가 아닌 다른 무언가가 계절을 결정한다. 우리는 계절의 시작이나 끝을 앞당길 수 없다. 이 개념을 그리스도인의 삶에 어떻게 적용할 수 있는지 살펴본다면 어떻겠는가? 삶의 계절이 반드시 나의 내적 기질에 의해 만들어지지는 않는다. 하나님과 함께하는 삶의 계절이 나의 성공이나 실패를 가늠하는 척도는 아니다.

플릿 폭시스Fleet Foxes의 노래 〈나는 나의 계절이 아니다 I'm Not My Season〉는 내가 이 의미를 이해할 수 있게 도와주었다. 그들은 "나는 시간에 속해 있지 않고 내가 지나고 있는 계절이 나인 것은 아니다"라고 노래한다. 내가 지금 겪고 있는 것이 나는 아니다. 나는 내가 지금 경험하는 바로 환원되지 않는다. 계절이 나를 규정하지 못한다.

❉ ❉ ❉

하나님은 영원하시지만 피조물은 계절에 따라 살아가며, 따라서 자연스럽고 예상되며 선한 계절성이 우리가 하나님과 맺는 관계를 특징짓는다. 자녀가 여덟 살일 때와 마흔여덟 살일 때 부모와 다른 방식으로 관계를 맺는 것처럼 피조물로 시간을 통과하는 여정에서 상이한 시점에 하나님과 다르게 관계를 맺는 것은 자연스러운 일이다. 어떤 점에서 이 관계는 친밀함과 거리감, 열정과 투쟁이라는 다양한 파도가 동반되는 밀물과 썰물 같은 경험일 수도 있다. 이를 예상하는 방법을 터득한다면 썰물과 거리감의 계절이 찾아올 때 어렵고 당혹스러울지언정 그로 인해 놀라며 불안해하지는 않을 것이다. 하지만 하나님과 관계를 맺는 계절은 한 사람이 하나님의 임재를 경험하는 다양한 동학일 수도 있다. 사람들은 강렬한 정서적 교감, 공동체에서 공유되는 성령이 주시는 일종의 활력을 누리는 계절을 경험할 수도 있다. 이럴 때는 기쁨이 주된 정서가 된다. 하지만 그런 다음 어쩌면 놀랍게도 고요함 가운데, 고요함으로서 하나님을 경험하는 계절로 들어갈 수도 있다. 이는 하나님의 언약적 성실하심이 **인내**의 꾸준한 상태가 되는 관조적 계절이다. 하지만 활력에 넘치는 '당신'은 장차 올 그 관조 안에서 찾을 수 있는 형언할 수 없는 위로를 이해할 능력을 아직 가지고 있지 못하다. 당신이 지나고 있는 계절에 따라 하나님이 가까이 계심이 다르게 보이고 다르게 느껴진다.

당신이 지나고 있는 계절에 따라 성경도 다르게 들린다는 것을 깨닫게 될 것이다. 혹은 당신이 속한 계절에 따라 이미 수천 번 들었던 같은 말씀이 다르게 들린다는 것을 깨달을 것이다. 심오한 성경은 삶 전체를 거치면서 우리에게 너무나도 다양한 것을 줄 수 있다. 수천 년 동안 수많은 세대에 걸쳐 그치지 않는 폭포수처럼 꾸준하게 남아 있지만 그 음과 소리는 계속해서 달라진다.

피아니스트 이고르 레비트Igor Levit는 워싱턴 디시에 있는 미국공영방송국NPR의 유명한 '작은 책상' 옆에서 아리 샤피로Ari Shapiro와 대담하면서 베토벤 탄생 250주년에 관한 소감을 말했다. 샤피로가 "지금 우리는 그의 음악을 다르게 듣고 있을까요?"라고 물었다. 레비트는 마일즈 데이비스Miles Davis의 말을 변주하여 매혹적인 통찰을 제시한다. "음악가들은 자동적으로 과거와 다르게 음악을 듣습니다. 집 밖에서 나는 소리가 40년 전과는 다르기 때문입니다. 차 소리가 다르고…신호 소리가 다릅니다." 뿐만 아니라 "정서적 환경도 변했습니다. 우리가 바뀔 때는 명백한 이유로 우리가 듣는 소리도 바뀝니다. 따라서 당연히 우리는 다르게 음악을 듣고 있으며, 지금 제가 베토벤을 듣는 방식도 다음에는 완전히 바뀔 것입니다."[22]

이 말은 중요한 영적 통찰을 암시한다. 시간이 평평하지 않기 때문에 하나님 말씀이 언제나 동일하게 들리지는 않는다. 물론 베토벤 교향곡 9번의 악보가 '정해져' 있듯이 그분의 말씀은 영속한다. 하지만 그렇다고 해서 우리가 그것을 다르게 듣지 않고 그것이 **새로운 의미를 갖지** 않는 것은 아니다. 성서정과와 예전력을 통해 정해진 말씀을 반복적으로 읽음으로써 우리는 계속해서 성경과 만날 수 있다. 이는 내가 언제에 있으며 우리가 언제에 있는지에 따라 같은 말씀이 다르게 들릴 것이기 때문이다. 하나님과 하나님 말씀은 그대로 남아 있지만, 내가(그리고 우리가) 그것을 듣는 장소와 계절이 새로운 울림, 새로운 깨달음을 만들어 낸다. 이는 집단적인 의미에서도 마찬가지다. 역사는 우리가 새로운 틀에서 들을 수 있게 해 준다. 유대인 철학자 에마뉘엘 레비나스Emmanuel Levinas는 "홀로코스트 이후에 우리는 어떻게 토라를 읽을 수 있을까?"라고 물었다.[23] 수 세대에 걸쳐 노예 상태를 견뎌 내고 린치를 당하고 그리스도인 형제자매를 자처하는 이들의 손에 차별을 받아 온 흑인 그리스도인 공동체들은 그들의 압제자들과는 다른 방식으로 성경에 귀를 기울일 것이다.[24] 또한 성경 해석의 역사가 하나님의 형상을 지닌 여성의 존엄성에 주의를 기울이고, 따라서 성경에 나타난 여성 폭력에 대해 재고하기까지—심지어는 마침내 그것을 **알아차리기까지**—너무나도 오랜 시간이 걸렸다.[25] 미투#MeToo 이후에 우리는 어떻게 새롭게 성경을 들을 수 있을까?[26] 우리 자신의 역사와 다른 역사를 경험한 이들의 말을 들을 때 나는—그리고 우리는—다른 방식으로 성경에 귀를 기울이게 될 것이다.

내가 다른 계절을 통과해 걸을 **때까지는** 내가 헤아릴 수 없는 성경의 깊이와 신비가 존재할 것이다. 시간은 성경의 깊이를 경험하기 위한 신비롭지만 필수적인 조건이다.

문학 평론가 리타 펠스키Rita Felski는 이 원리를 이해할 수 있게 해 주는 언어를 제공한다. 예술이 우리에게 영향을 미치는 방식에 관심이 있는 펠스키는 '미학적' 시간의 독특함에 관해 이야기한다. "모든 기분attunement이 마른하늘에 날벼락처럼 도착하지는 않는다." 회화든 시든 예술 작품이 즉시 나에게 영향을 미치고 중요한 방식으로 나의 관심을 사로잡는 것은 아닐지도 모른다. 펠스키는 충격적으로 나의 관심을 끄는 청천벽력이라기보다는 "정서적 분위기의 변화"라는 관점에서 그런 만남을 바라보아야 한다고 말한다. 오랜 시간에 걸쳐 무언가를 받아들일 수 있는 나 자신의 **능력**에 천천히 변화가 일어나며, 따라서 내가 20년 전에 보았고 어쩌면 여러 차례 만났을지도 모르는 소설이나 영화가 그 사이 **내 안에서** 일어난 점진적 변화 때문에 한참 지난 어느 시점에 나를 **사로잡는다.**[27] 영화나 소설은 객관적으로 그대로다. 시간이 지나서 바뀐 것은 이를테면 나의 수용 기관이다. 고통과 시련, 성취와 회심을 포함하는 축적된 나의 경험이 새로운 방식으로 나의 수용 토양을 일군다. 전에 있던 장벽이 깨졌고, 사각지대를 우회할 수 있게 되었다. 어떤 노래가 우리가 전에 구축해 놓은 방어진지를 돌파할 때 우리는 마치 처음인 것처럼 그 노래를 듣게 된다. 흥미롭게도 그는 누군가가 브루스 스프링스틴Bruce Springsteen의 노래에 새롭게 관심을 기울이게 되었다는 경험을 소개하는데, 이는 나의 경험과도 비슷하다. "너무 뻔하고 너무 주류인 브루스 스프링스틴에게 20년 동안 전혀 관심이 없었던 이 인터뷰 대상자는 갑자기 자신도 모르게 눈물을 터트렸다."[28]

펠스키는 이를 "배양"의 시간으로 묘사한다.[29] 시간의 신비, 시간 안에서 살아가는 피조물로서 우리가 흡수하는 역사의 신비 중 하나는 경험이 우리가 계획할 수 없었던 수용성, 세상에 대한 새로운 개방성, 우리의 영혼 안에 열리는 예상하지 못한 필요를 배양한다는 것이다. 시간을 통과하면서 하나님과 함께 살아간 삶은 성령께서 같은 말씀을 새롭게 들을 수 있는 능력을 우리 안에서 창조하고 그 말씀이 우리 마음속의 새로운 틈 안에 새롭게 울릴 수 있게 하시는 배양기다.

❊ ❊ ❊

결국 우리는 우리에게 마지막이 될 계절에 도달한다. 마지막 신발을 사고, 마지막 파리 여행을 하고, 마지막으로 친구를 만나고, 크로커스와 수선화가 겨울을 이겨 내고 아름답게 꽃을 피우는 마지막 봄을 맞는다. 물론 모두가 마지막 때를 아는 축복을 누리지는 못한다. 모두가 천천히 작별 인사를 나눌 수 있는 것은 아니다. 하지만 많은 이들이 그런 계절에 들어섰음을 알고 그 때문에 복을 누리거나 힘겨워한다. 어떻게 작별 인사를 해야 할까? 어떻게 놓아주어야 할까? 어떻게 슬퍼하는 동시에 소망을 품을 수 있을까?

마르셀 프루스트Marcel Proust의 《스완네 집 쪽으로Swann's Way》(민음사)에는 나에게 늘 깊이 영향을 미친 단락이 있다. 우리는 오랫동안 병을 앓았고 이제는 죽음이 얼마 남지 않은 화자의 아주머니 레오니를 다시 만난다. 화자는 할아버지와 산책하고 돌아오는 길이다. 할아버지는 레오니가 그토록 좋아하던 분홍색 산사나무를 볼 수 있었다면 얼마나 좋았겠냐고 말한다. 레오니는 "그래요. 다음에 날씨가 좋으면요, 마차를 타고 정원 문 앞까지 가 볼 거예요"라고 대답한다. 화자는 "아주머니의 이 말은 진심이었다"라고 설명한다. 아주머니 역시 그런 일은 결코 일어나지 않을 것을 알고 있지만 "아주머니에게 남아 있는 힘으로는 그렇게 했으면 하는 욕망뿐이지, 실현한다는 것은 그 힘을 넘어서는 일이었기" 때문이다.[30] 그는 인생의 가을에 들어섰으며, 이 계절에는 바라는 것만으로 충분하다. 바람이 곧 기쁨이다. 그가 살아온 삶이 의도한 바가 아니었듯이 그의 물러남 역시 의도한 바가 아니다. 물러남조차도 그에게서 무언가를 요구한다. 프루스트는 그의 칩거 자체가 강인한 행동이라고 생각한다. 나는 이 마지막 행동을 "커다란 체념"으로 묘사하는 프루스트의 글을 결코 잊을 수가 없었다.

아주머니에게서 시작되고 있었던 것은―단지 보통 때보다

조금 더 일찍 일어난 것뿐이지만—죽음을 준비하며 자신을 번데기로 감싸는 노년의 커다란 체념이었는데, 이런 체념은 오래 끌어 온 인생 말년에 흔히 볼 수 있는 일이다. 가장 단단한 정신적 유대로 맺어진 친구들 사이에서 또는 열렬히 사랑했던 옛 연인들에게서도 찾아볼 수 있는 것으로, 그들은 어느 해부터인가 서로 만나는 데 필요한 여행이나 외출을 중단하고, 편지 쓰는 일을 그만두고, 이 세상에서는 더 이상 대화를 나눌 수 없다는 걸 깨닫는다. 아주머니는 자신이 결코 스완을 다시는 보지 못하리라는 것을, 결코 집을 떠날 수 없다는 것을 알았던 것이 틀림없다. 하지만 우리 눈에는 고통스럽게만 여겨지는 이 결정적인 칩거가, 같은 이유로 오히려 아주머니에게는 견디기 쉬웠는지도 모른다. 왜냐하면 아주머니가 나날이 확인할 수 있는 쇠진한 기력 탓에 어쩔 수 없이 부과된 칩거였는데도, 아주머니는 행동이나 움직임 각각을 피로나 고통으로 만들면서 자신의 무위나 고립, 침묵에 기력을 되찾아 주는 축복받은 휴식의 부드러움을 부여했기 때문이다.[31]

6장 시간보다 앞서 살아가지 않는 법에 관하여

마라나타를 노래하는 법

"아무리 희미하게라도, 아무리 의심스러워했더라도
그 아이를 본 사람들에게 현재는 어떤 의미에서
모든 시간 중에 가장 괴로운 시간이다."
— 오든 W. H. Auden, 〈당분간 For the Time Being〉

딸과 사위가 최근에 집을 샀다. 이 과정에서 감정의 롤러코스터를 타는 아이들 모습을 보면서 젊었을 때 우리 모습이 떠올랐다. 처음 집을 찾을 때 흥분에 휩싸여 갖가지 꿈을 꾸던 모습이 생생히 그려졌다. 그것은 마치 반복해서 사랑에 빠지는 것과 비슷했다. 차례로 여러 집을 둘러볼 때 우리는 아주 쉽게 거기서 펼쳐질 미래를 상상해 볼 수 있었다. 모두가 우리 집이 될 가능성을 품고 있는 듯 보였기 때문이다. 막 시작된 사랑은 우리 마음을 나긋나긋하게 하고 쉽게 열어 준다.

그러고 나서는 딸 부부가 제시한 가격이 받아들여지지 않고, 다른 사람이 더 높은 가격을 제시하고, 계속 거부를 당해서 지쳐 갈 무렵 우리는 아이들이 실망에 빠지는 모습을 지켜보았다.

그리고 그들이 포기한 직후 꼭 맞는 집이 한밤의 도둑처럼 찾아왔다. 나긋나긋하고도 쉽게 열리는 마음으로 희망을 품고 있던 이들에게 이 집은 처음부터 자신들이 찾고 있던 바로 '그 집'이었고, '운명적으로 정해져 있던' 집이었다. 그들의 사랑이 이 집을 그런 집으로 만들 것이다.

하지만 그다음에는 길고도 지루한 기다림의 계절이 찾아온다. 제시한 가격이 받아들여지고, 이제 새로운 현실이 시작된다. 입주 전 검사를 기다려라. 감정 평가를 기다려라. 그런 다음 당신의 미래를 무단으로 점거하고 있는 것처럼 보이는 불청객이 '당신' 집을 점유하는 제3자 예탁escrow이라는 흥미로운 계절을 거쳐야 한다. 당신은 커튼을 사고 페인트 견본을 구해 놓고 벌써 집들이 계획을 세우고 있다. 하지만 기다려야만 한다. 당신은 오든이 "당분간"이라고 부르는 시간 안에서 살아야 한다. 그리스도인의 삶은 제3자 예탁 상태에서 살아가는 것과 비슷하다. 창조주께서 점유권을 되찾으셨지만 우리는 명의 이전 절차를 마무리하기까지 기다려야 한다.

❊ ❊ ❊

철학자 데이비드 흄David Hume은 우리가 이미 경험한 바를 근거로만 상상할 수 있다고 지적했다. 우리의 상상력은 "감각 인상sense impressions"으로 가득 차 있는 우물에서 물을 긷고, 이 감각 인상이 우리의 환상을 위한 원천이 된다고 그는 말한다. "처음에는 인간의 생각보다 얽매이지 않은 것은 없다고 생각할지도 모른다. 인간의 생각은 모든 인간의 권력과 권위를 벗어날 뿐만 아니라 자연과 현실이라는 한계 안에 가두어 놓을 수조차 없기 때문이다. 상상력은 가장 자연스럽고 익숙한 대상을 마음속에 그리는 것만큼이나 쉽게 괴물을 만들어 내고 조화롭지 않은 모양과 외형을 결합할 수 있다."[1] 우리는 타투인 행성 모스 아이슬리 술집(영화 〈스타워즈〉의 가상공간―역주)의 온갖 기이한 생명체처럼 세상에서 한 번도 만난 적이 없는 온갖 종류의 허구적 생명체를 상상해 낼 수 있다.

"하지만 우리 생각이 이렇게 아무런 제약 없는 자유를 지닌 것처럼 보여도 더 자세히 살펴보면 사실은 매우 협소한 한계 안에 갇혀 있으며, 정신의 이러한 창조력이 감각과 경험에 의해 우리에게 주어진 재료를 섞거나 바꾸거나 늘리거나 줄이는 능력에 불과함을 깨닫게 될 것이다"라고 흄은 지적한다.[2] 가장 기이한 상상조차도 우리가 이미 경험한 바를 구성해 낸 것일 뿐이다. 가장 엉뚱한 꿈조차도 우리가 이미 본 것의 인상을 지니고 있다.

이런 한계는 손실이 아니다. 피조물에게 주어진 제약, 유한성이라는 한계일 뿐이다. 이런 한계 때문에 미래에 대한 인간의 소망은 우리가 이미 경험한 세상과 비슷하지만 슬픔만 없는 세상에 대한 갈망이 된다. 하나님은 우리가 구하거나 생각하는 모든 것을 뛰어넘을 것이라고 약속하시지만, 여전히 우리가 아는 세상과 비슷한 미래의 세상에 대한 그림을 보여 주시면서 우리의 소망에 대해 말씀하신다. 이사야 60장에서 장차 올 세상을 그릴 때, 예언자 이사야는 피조물이 노래하고 예배하는 가운데(60:6-7) 다시 모여 회복되고(4절) 모두를 위한 음식이 풍성하게 차려진 식탁에 둘러앉은(5절) 가족에 관해 이야기한다. 경계에 관한 걱정은 사라졌다(10-11절). 백향목으로 지은 이 집에는 모두를 위한 공간이 있다(13절). 모두 환영받고, 아무도 억압받지 않으며, 더는 폭력이 없을 것이다(14-18절). 이 모두는 어떤 내세적 실체가 내려온 것이 아니다. 하나님이 지금 여기에 이미 심어 놓은 싹이 열매를 맺은 것이다(21절).[3] 하나님의 계시가 우리에게 상상해 보라고 권하는 것은 우리가 이미 알고 있는 세상이 갱신되고 변화된―알아볼 수 있지만, 분명히 알아차릴 수 있을 만큼 새로워진―모습이다.

《북극을 꿈꾸다Arctic Dream》(봄날의책)에서 작가 배리 로페즈 Barry Lopez는 피조물이 되고 싶어 하는 바에 놀라운 방식으로 주목한다. 그는 척박한 북극의 아름답지만 힘겨운 평온함 속에서, 사향소의 끈질긴 인내가 보여 주는 위엄 있는 "순수함"을 묘사한다. 평온하고 흔들림 없는 작은 무리의 어른 사향소와 송아지를 바라보던 그에게 이런 생각이 떠올랐다. "그들은 자기 모습 그대로 존재하는 데 있어서 너무나도 탁월했다."[4]

로페즈는 이런 관조의 맥락에서 장차 올 세상에 관한 이야기를 떠올린다. 한번은 살타사Saltatha라는 이름의 치페와이언족Chipewyan 가이드가 프랑스인 사제에게 현생 너머에는 무엇이 있는지 물었다. "천국이 매우 아름답다고 말씀하셨죠? 한 가지 더 말씀해 주세요. 천국이 여름에는 사향소가 많은 그곳보다 더 아름다운가요? 때로는 호수 위로 옅은 안개가 날리고, 때로는 물이 푸르고, 아비새가 자주 우는 그곳은 참 아름답죠. 천국이 그보다 더 아름답다면 정말 좋겠어요. 나는 나이가 많이 들 때까지 기꺼이 그곳에서 쉬겠어요."5

＊ ＊ ＊

아우구스티누스가 말년에 쓴 흥미로운 서신이 있다. 그는 이 편지에서 당시 아프리카 지역을 다스리던 로마 장군 보니파키우스Boniface에게 조언한다. 기독교 신앙을 멸시하는 이들의 봉기와 침략으로 좌절하고 있던 보니파키우스는 인내심을 잃고 있다. 그는 하나님 나라가 어떤 모습이어야 하는지 알고 있다고 생각하며, 따라서 그것을 강요하고 싶어 하는—말하자면 그 나라를 임하게 **만들고** 싶어 하는—유혹을 점점 더 강하게 느끼고 있다. 하지만 아우구스티누스는 그에게 경고하면서 인생 전체를 좌우할 만한 조언을 제시한다. "우리는 시간을 앞질러 가서 성인과 의인들하고만 살고 싶어 해서는 안 됩니다."6

이러한 통찰이 실용적 종말론의 핵심이며 그리스도인의 삶의 모습이어야 한다. 그리스도인은 미래의 백성이다. 우리는 하나님 나라가 **임하기**를 날마다 기도한다. 하지만 우리가 이렇게 기도하는 한 그 나라는 아직 도착하지 않았고, 이는 우리가 **기다리는** 백성이기도 하다는 뜻이다. 마치 **지금** 우리가 "성인과 의인들하고만" 살 수 있기라도 한 것처럼 서둘러 그 나라를 임하게 하려는 태도에는 심각한 위험이 도사리고 있다. 그리스도인은 다른 달력을 지킬 뿐 아니라 다르게 시간을 지키는데, 우리가 미래로부터 도래할 나라의 시민이기 때문이다. 종말론적으로 산다는 것은 마지막을 아는 것보다 우리가 지금 **언제에** 있는지 아는 것에 관한 문제다. 종말론적 정향 orientation은 미래에 대한 기대의 문제일 뿐만 아니라 우리의 현재를 재조정하는 것에 관한 문제이기도 하다.

그리스도의 몸은 이렇게 독특한 방식으로 시간 안에서 살아가고 시간을 지키기 때문에 우리는 시간 안에서 살아가는 다른 지배적 방식에 저항할 수밖에 없다. 그런 방식 중 일부는 스스로 '기독교적'이라고 자부하기도 한다. 예를 들어, 실제로 이러한 종말론적 정향은 현재와 마지막 때 사이에 급진적 균열이 존재한다고 주장하는 도피주의적 종말에 대한 집착이나 다른 교묘한 영지주의들과 깊은 긴장 관계에 있다. 이처럼 둘을 가르는 태도는 기독교 자체만큼이나 오래되었다. 이미 1세기 말 설교인 클레멘스 2서에서 이런 태도를 뚜렷하게 진술하고 있음을 확인할 수 있다. "이 시대와 장차 올 시대는 서로 원수 사이다.… 그러므로 우리가 둘 모두의 친구가 될 수는 없다. 저 시대를 경험하기 위해서는 이 시대를 거부해야 한다. 우리는 여기에 있는 것들은 중요하지 않고 덧없으며 결국 사라질 것이므로 그것들을 미워하고, 선하고 결코 사라지지 않을 저기에 있는 것들을 사랑하는 것이 더 낫다고 생각한다."[7] 21세기에도 이런 잘못된 사상이 여전히 남아 있다. 이것이 아이러니인 까닭은 그로부터 2천 년이 지났음에도 영원하신 하나님은 시간을 폐기하는 일을 전혀 서두르지 않으시기 때문이다.

그런 태도는 하나님이 행동하시는 무대로서의 역사를 사실상 무효화한다. 경건해 보이는 이 관점에서 역사는 속될 뿐이고 영원은 거룩하다. 오래전 클레멘스가 '이 시대'를 악마화했던 태도가 19세기 말 이후로는 휴거를 준비하는 기독교라는 형식으로 되풀이되고 있다. 이런 기독교에서는 재림을 시간의 부침으로부터 도피할 수 있는 탈출선으로 간주하고 이를 기다린다. 이렇게 왜곡된 영성은 미래에 집착하지만 미래적이지 않다. 이런 영성은 무시간적 영원을 물신 숭배하는 시간 없음의 경건이다. 그리스도의 오심이 이전에 존재한 모든 것을 삭제하고 극복할 것이라고 생각한다. 해방신학자 구스타보 구티에레스Gustavo Gutiérrez는 이런 "미래의 기독교들"을 신랄하게 비판한다. "우리는 [영지주의의] 저 너머 기독교를 미래의 기독교로 대체하지 않도록 극도로 조심해야 한다. 전자는 세상을 망각하는 경향이 있다면, 후자는 불행하고 불의한 현재와 해방을 위한 투쟁을 무시할 위험이 있다."[8] 이런 미래의 기독교들에서 그들이 기대하는 하나님은 현재에 거의 관심을 기울이지 않는 것처럼 보인다. 하지만 올바른 종말론적 정향은 "하나님의 성전이 인간의 역사"라는 확신에 뿌리를 내리고 있다.[9] 우리는 역사 안에서 펼쳐지고 있으며 탄식과 신음으로 시간을 견뎌 온 이 세상을 **위한** 미래를 고대한다.

같은 이유로, 미래적·종말론적 자세는 특히 종교적 형식을 취하면서 과거를 낭만화하는 퇴행적 향수에 맞선다. 역사가 하나님의 구속 행위를 위한 무대이기는 하지만, 시간을 가로지르는 하나님의 언약적 신실함이 우리 소망을 불타오르게 하지만(따라서 예언자들이 계속해서 출애굽에 호소하지만), 신실함은 절대 회복 계획과 동의어가 아니다. 우리는 시계를 되돌리도록 부르심을 받지 않았다. 역사 가운데 하나님이 활동하시기를 호소하는 이유는 '황금시대를 그리워하기' 때문이 아니다. 에덴은 우리의 목적지가 아니다. 우리의 순례는 오디세우스의 귀환이 아니다. 우리는 한 번도 방문한 적이 없는 집을 향해 떠나도록 부르심을 받았다.[10] 우리는 전에 있었던 것이 아니라 **오고 있는** 것을 향해 가고 있다.

　그런 미래에 대한 올바른 종말론적 정향은 유토피아주의와 지배적 진보의 신화에도 저항한다. 참된 기독교적 시간 지키기의 미래 정향은 펠라기우스적 '계획'이 아니다. 미래는 우리가 조작할 수 있는 것이 아니다. 종말론적 소망이라는 이상한 태도는 적극적 수용, 의도적 개방성, 역설적으로 선물을 기다리는 노동의 자세. 다시 한번 이 점에서 구티에레스의 통찰이 유익하다. "예수께서는 하나님 나라가 무엇보다도 먼저 선물이라고 생각하셨다. 이를 근거로 삼을 때만 우리는 그 나라의 도래에 인간이 적극적으로 참여한다는 것의 의미를 이해할 수 있다. 열심당원들은 이를 자신들이 했던 노력의 결실이라고 생각하는 경향이 있었다." 불의와 억압의 근본 원인을 제거하기 위해서는 우리가 세울 수 있는 계획, 심지어는 우리가 부추길 수 있는 혁명보다 더 급진적인 무언가가 필요하다. 따라서 구티에레스는 오스카 쿨만Oscar Cullmann을 따라 예수의 자세를 "종말론적 급진주의"라고 묘사한다. 이는 봉기의 도래, 다른 질서의 도착parousia, 만물의 회복과 화해를 기다리는 노동

에 뿌리를 내린 소망이다.[11]

시간 의식의 본질을 깊이 탐구한 사상가인 철학자 에드문 트 후설은 '지금'이 뒤섞인 소리가 아니라 아름다운 화음이라 고 설명했다. 그는 화음이 들릴 때 "개별 음이 만든 자극이나 신경 활동이 종료된 후에도 그 음이 완전히 사라지지는 않는 다. 새로운 음이 들릴 때, 바로 앞서 들렸던 음이 흔적도 없이 사라지지는 않는다"라고 지적한다. 만약 음이 사라져 버린다 면 "우리는 선율이 아니라, 동시에 들리는 음이나 불협화음만 들릴 뿐이다."[12] 화음이 공명하기 위해서는 과거와 현재와 미 래를 우리 안에 붙잡아 둘 수 있는 신비로운 방식이 존재해야 만 한다. 그런 화음을 들을 수 있다는 것은 기억과 기대 모두 로 가득 차 있는 '지금'을 붙잡아 둘 수 있는—평균대에서 균 형을 유지하는 체조선수처럼—귀와 정신의 능력을 갖추고 있 다는 것이다. **지금**이란 "본질상 언제나 시간의 간격 안의 경계 점이다."[13]

종말론적 삶이란 이런 화음을 붙잡아 두는 삶, 즉 아름다 운 긴장 가운데 살아가는 삶의 방식이다. 종말론적 삶은 경계 에서, 항상 **사이에서** 살아가지만 그 **사이**에서 음악을 만들어 내는 가능성을 붙잡는다. 시편 기자의 혼란스러운 질문, "우리 가 이방 땅에서 어찌 여호와의 노래를 부를까?"(시 137:4)는 시 간에 관한 물음이기도 하다. 어떻게 우리가 지금 하나님 나라 노래를 부를 수 있을까? 화음은 단조에, 슬피 울며 노래할 때 가 많을 것이다. 하지만 그리스도 안에서 우리는 이미 미래에 서 노래하고 있다. 그리스도의 몸이라는 찬양대는 역사의 경계 지점이기에 계시록의 새 노래(계 5:9; 14:3)조차 다시 부르는 노래일 것이다. 우리는 역사 안에서 배운 모티프를 노래할 것이다. 화음을 가지고 하나님 나라로 들어갈 것이다. 소크라테스는 철학이 죽음을 대비한 훈련이라고 말했다. 하나님은 우리에게 역사가 하나님 나라 찬양대를 위한 훈련이라고 말씀하신다. 우리가 음악을 만들 수 있는 백성이라는 것은 피조물 됨의 신비 중 하나다. 우리가 계속해서 노래할 수 있는 백성이라는 것은 성육신한 은총의 신비 중 하나다.

❊ ❊ ❊

종말론적 삶은 단지 미래를 바라보는 것에 관한 문제가 아니다. 단지 기대하는 자세를 취하는 것에 그치지 않는다. 그것은 **미래적으로** 사는 것, 즉 미래가 내 지금을 뛰게 하는 방식으로 현재 안에서 살아가는 것을 의미한다. 미래적으로 산다는 것은 주전자 물이 끓기를 기다리는 것이나 조금 떨어진 곳에서 아이스크림 트럭 노랫소리를 듣고 트럭이 골목을 돌아오기를 기다리는 아이처럼 그저 다음에 무엇이 올지를 기대하는 것이 아니다. 이런 기다림은 삶을 정지시킨다. 앞으로 다가올 것이 현재 나의 삶을 밀어낸다. 기다림이 나의 존재와 행위를 포위하거나 압도하는 이런 종류의 수동적 기대와 달리, 미래적으로 살아간다는 것은 나의 세계 내의 존재 방식 자체가 기대로 가득 차 있도록 살아감을 의미한다. 기다림이 아니라 내가 바라는 바가 나의 능동적 삶을 형성한다. 나는 미래를 근거로 지금 행동한다. 나는 미래로부터 나 자신을 받는다. 나는 지금 내가 되도록 부르심을 받은 존재다.

하이데거의 《존재와 시간》에는 이 신비를 간파하려고 노력하는, 모호하지만 시사하는 바가 많은 단락이 있다. 이 내용은 어렵지만 숙고할 가치가 있다. 앞서 언급한 "던져져 있음"이라는 하이데거의 개념을 떠올려 보라. 이는 내가 선택하지 않은 삶, 그 테두리와 경계가 나를 위한 가능성의 한계가 되는 삶 한가운데 내가 놓여 있다는 말이다. 중요한 방식으로 나는 내가 될 수 있는 존재를 물려받았다. 하이데거의 표현대로 존재한다는 것은 "빚을 지고 있다"는 것이다.[14]

하지만 그것이 전부가 아니며, 나중에 우리는 사실 나의 과거보다는 나의 미래가 나를 규정하는 것을 발견하게 된다. 하이데거는 특유의 언어로 이렇게 설명한다.

참으로 미래적인 존재로서 나는 참으로 '**존재해 옴**'이다. 나는 미래적인 만큼만 참으로 존재해 옴일 수 있다. 어떤 점에서 '존재해 옴'의 성격은 미래로부터 기인한다.[15]

하이데거는 여기서 중요한 무언가, 즉 내 안에 있는 이 흥미롭고 신비로운 시간의 구부러짐에 관해 말하고 있다. 나의 과거는 나의 미래로부터 기인한다는 것이다. 전해진 것은 미래에 대한 기대로 명확해진다. 기대가 일관되고 "참된" 삶을 향해 나아가는 나의 길에 던져진 가능성을 모아들이는 한, 내가 되도록 부르심을 받은 존재가 지금까지의 내 존재를 소환하고 구성한다.[16] 하이데거는 이것이 삶을 일종의 "스스로 던짐 project"—나의 과거를 차지하는 가능성의 투사—으로 보는 것이 뜻하는 바라고 말한다. 예를 들어, 생의 후반에 마침내 시인이나 목회자가 되라는 부르심을 분별하고 그 부르심에 응답하기로 결심한다면, 그 가능성은 나의 과거를 새로운 방식으로 묶어 낸다. 이 다른 미래가 나라는 사람을 형성해 온 모든 경험을 새롭게 구성하고, 나의 과거는 과거에는 내가 결코 예상할 수 없었던 무언가가 **된다**. 실제로 하이데거는 이를 **시간성**으로 정의한다. 이는 내가 미래로부터 "나 자신에게로 되돌아가는" 독특하게 인간적인 세계 내 존재 방식이다.[17] 나는 나의 미래가 나에게 준 통일성과 전체성 때문에 "나다."

이 단락이 포함된 《존재와 시간》은 1928년에 출간되었다. 수년 후, 1919년부터 1921년까지 하이데거의 강연 원고가 출간되었을 때 우리는 흥미로운 사실을 알게 된다. 그가 미래성에 관해 쓴 글의 '초고'가 바울서신 데살로니가서에 관한 그의 강연 원고에 포함되어 있었다. 그가 "선구적 결의성 anticipatory resoluteness"이라고 부르는 것—미래성으로 형성된 삶—의 본보기는 사실 파루시아를 향해 살아가는 공동체였다. 다시 말해서, 하이데거는 재림을 기다리는 시원적 기독교 공동체로부터 인간 됨의 **미래성**에 관해 배웠다.

젊은 하이데거는 데살로니가전서를 읽으면서 기독교 공동체의 종말론적 정향이 카운트다운이 아니며, 심지어는 "객관적 시간"의 문제도 아니라고 지적한다. 그는 그것이 일반적 의미의 "기다림"이 아니라고 주장한다.

얼핏 이렇게 생각할 수도 있다. 즉, '파루시아'에 대한 기본적 자세가 기다림이며, 기독교의 소망('엘피스 *elpis*')이 특수한 종류의 기다림이라고 생각할 수도 있다. 하지만 이는 완전히 틀린 생각이다! 단순히 미래 사건에 대한 의식을 분석하는 것만으로는 '파루시아'의 관계적 의미를 결코 파악할 수 없다. 그 자체로 파루시아의 관계적 의미인 기독교적 소망의 구조는 모든 기대와 근원적으로 다르다.[18]

종말론적 공동체가 기다리는 방식은 질적으로 다른데, 그런 공동체가 미래적으로 존재하는 방식이 "근원적으로 다르기"때문이다. 그리스도의 오심에 관한 문제는 "인지에 관한 문제가 아니다"라고 하이데거는 정확히 지적한다. 즉, 그것은 정보의 문제가 아니다. 그날이나 시간, 도착일을 아는지 여부에 관한 문제가 아니다. 오히려 "문제는 그들의 삶에 따라 결정된다."[19] 문제는 우리가 무엇이 오고 있는지를 아느냐가 아니라 그런 기대에 비추어 우리가 어떻게 살고 있느냐다. "'언제'라는 물음이 다시 나의 자세로 이어진다. '파루시아'가 내 삶에서 어떻게 자리 잡고 있는지가 어떻게 삶을 살아갈지를 결정한다." 하이데거는 나중에 《존재와 시간》에서 풀어내는 사상, 즉 "기독교의 종교성은 시간성을 살아간다"라는 사상을 데살로니가전서에서 발견한다.[20] 그렇기 때문에 우리는 이것을 ('사변적'이 아니라) **실천적** 종말론이라고 부를 수 있다. 그리스도께서 오신다고 믿는다면 핵심 질문은 '언제?'가 아니라 '어떻게?'다. '우리에게 얼마나 남았는가?'가 아니라 '그런 기대에 비추어 우리는 지금 어떻게 살아야 하는가?'가 문제다. 그 미래가 당신의 현재를 어떻게 형성할까? 이 미래에 비추어 어떻게 살아야 할까?

❅ ❅ ❅

내가 말하는 '실천적 종말론'이란 우리가 언제에 있는지를 알고, 이로써 개인과 집단 차원에서 이미와 아직의 긴장을 화음처럼 묶어 내는 조화로운 삶을 살아가는 실천적 지혜다. 그것은 **미래와 더불어 시간을 보내지만 시간보다 앞서 살지 않는** 경계점에서 들리는 화음이다. 하지만 실천적 종말론은 단지 영혼의 운명이나 죽음 이후의 삶에 관한 문제가 아니다. 종말론은 일차적으로 우리가 지금에 충실할 것인지, 장차 올 나라를 고대할 때 우리가 바라며 기도하는 현실을 증언하는 방식으로 "현재 the Time Being"에서 살아갈 것인지에 관한 문제다. 그래서 종말론은 개인적이기보다는 정치적이다. 종말론은 공적 삶, 즉 종말까지 우리가 공유하는 삶을 다루는 신학이다.[21] 종말론은 지금 **우리가** 어떻게 살지에 관한 문제이며, 우리 모두가 똑같은 방식으로 시간을 지키는 것은 아닐지라도 이 '우리'는 인류만큼 광범위하다.

시간 나침반이라는 흥미로운 기구가 있다고 상상해 보자. 그저 시간을 헤아리는 시계나 손목시계가 아니라 역사의 흐름에서 당신의 **위치를 알려 주고** 나침반이 그렇듯이 어느 방향으로 가야 할지를 알려 주는 장치다. 그리스도 안에 드러난 하나님의 계시는 인류에게 주어진 시간 나침반의 눈금을 재조정하며, 이 장치는 우리가 시간에 대해 올바르게 방향을 잡을 수 있게 해 준다.

나는 아우구스티누스가 《하나님의 도성》을 썼을 때 이런 장치와 비슷한 것을 발명하려고 노력했다고 생각한다. 《하나님의 도성》은 시간 재정향을 위한 고전적 훈련이다. 즉, 우리가 **어떻게** 존재하고 역사의 부침에 어떻게 대응해야 하는지에 관한 지침을 제공하기 위해 우리가 **언제에** 있는지를 폭넓게 탐색하는 훈련이다. 교황 요한 23세의 주장과 비슷하게, 아우구스티누스는 역사로부터 배우기 위해 역사를 읽는 사람의 본보기다. 이 훈련은 인간 역사가 하나님의 성전이라는 구티에레스의 확신과 비슷한 것에 뿌리를 내리고 있으며, 아우구스티누스는 구체적인 것에 관심을 기울인다. 복잡한 세부 사항, 역전과 반전, 아주 오랜 과거의 사건과 일화, 재앙과 같은 현재, 그리고 그 안에서 하나님의 섭리가 작동하고 있다고 믿는다. 아우구스티누스는 이 모든 것 안에 우리가 배울 뿐만 아니라 지니고 가야 할 무언가가 존재한다고 믿는다. "하나님의 섭리가 이 땅의 가장 낮은 것까지도 관장하며, 그 증거로서 살아 있는 피조물의 몸뿐만 아니라 풀잎에서도 찾을 수 있는 수천 가지 아름다움을 만들어 내기" 때문에 속삭이는 소리를 귀 기울여 들어야 한다고 아우구스티누스는 조언한다.[22] 이는 하나님을 꼭두각시 조종자로 이해하는 섭리관이 아니라, 하나님의 영을 불어넣고 영감을 주며 지탱하고 움직이시는 모든 피조물의 숨으로서 이해하는 관점이다.

하나님의 섭리는 "심오한 신비"이기에 이런 방식으로 역

사를 읽으려면 피조물로서 위험을 무릅써야 한다.[23] 그 이유
는 이런 방식이 일정 정도의 구체화와 개별성을 요구하고, 따
라서 우리는 언제나 제한된 시야로만 분별해 내야 하기 때문
이기도 하다. 우리는 언제나 특정한 시간과 공간으로부터 역
사를 해석할 것이다. 마치 역사에서 성령의 움직임을 분별하
려고 노력하는 것이 그 역사를 **정당화하는** 것과 동일하기라도
한 것처럼 '섭리를 찾고자 하는 해석'은 신정론과 결합되기 쉽
다. 북아프리카 해안에서 로마제국의 쇠락을 목격하면서 그
순간 성령께서 어디에서 움직이시는지 이해하고자 했던 아우
구스티누스의 기획은 대단히 구체적이며 그가 속한 위치를 반
영한다. "그러므로 왜 하나님이 로마제국이 이토록 널리 확장
하고 이토록 오래 지속되게 하셨는지를 살펴보도록 하자."[24]
그렇게 하기 위해서 "우리는 어떤 도덕적 자질과 이유 때문에
참되신 하나님이 로마인들이 그들의 제국을 확장하도록 도우
셨는지를 검토해 보아야 한다."[25] 아우구스티누스가 로마제국
을 **정당화하거나** 하나님이 어떻게 이 제국에 '복을 주셨는지'
에 관해 이야기하고 있다고 결론 내리는 것은 성급한 일일 것
이다. 오히려 아우구스티누스는 로마를 신랄하게 비판한다.
그가 평가하기에 로마는 불의할 수밖에 없다.[26] 문제는 어떻
게 현재 체제를 정당화하느냐가 아니라, 어떻게 앞으로 나아
갈 길을 분별하느냐다. **이 역사를 고려할 때** 우리는 언제에 있
으며, 무엇을 물려받고 있고, 무엇을 제거해야 하며, 무엇을
바랄 수 있을까?

아우구스티누스는 일정한 특권을 지닌 자리에서 그런 노

력을 했지만, 그런 노력이 언제나 특권적인 행동은 아니며 특권적인 행동이기만 한 것도 아니다. 분별은 현재 상태에 세례를 베푸는 행동이 아니다. 인간 역사에서 성령의 움직임을 읽어 내고자 하는 것은 우리의 현재 상태를 '하나님이 원하시는 바'로 정당화하려는 시도가 아니다. 분별은 우리가 언제에 있는지를 분명히 밝히고, 우리를 이곳에 이르게 한 체제와 구조와 역사를 드러낸 다음 우리가 앞으로 나아가고 소망을 품을 수 있게 하는 길을 알아보려는 노력이다. 그런 점에서 아마도 가장 중요한 '분별 작업'은 언제나 역사의 이면으로부터 이뤄진다.

이와 관련해 오늘날 흑인 지식인의 역할을 탐색하는 제시 매카시의 탁월한 에세이를 생각해 볼 수 있다. "잘 어울리지 않는 카키 바지와 대나무 횃불을 든" 백인우월주의자들이 샬로츠빌의 한 공원에서 "피와 땅!"(나치가 주장하는 혈통과 영토의 통합을 의미한다—역주)이라는 나치 구호를 외칠 때, 매카시는 "피와 눈물"이라는 데이비드 워커David Walker의 대안적 표어를 떠올렸다. 그는 이것이 우리와 공간의 결합을 상상하는 전혀 다른 두 방식이라고 지적한다. "이 나라 땅에 누구 피가 스며들어 있는지에 관한 논쟁은 백인우월주의자가 이길 수 없는 논쟁이다." 하지만 매카시에 따르면, 워커는 미국 흑인이 세계사의 전개 과정에서 맡아야 하는 역사적 역할에 관한 더 담대한 확신에 기초해서 자신의 주장을 전개한다. "내가 그러하듯이 그는 흑인 미국인들이 독특한 역사적 운명, 즉 우리가 세계사에서 맡아야 하며 우리가 속한 이 나라를 어떻게 만들어 갈지와 밀접한 관계가 있는 역할을 지닌 사람들이라고 본다."[27] 가능성은 비극과 결합되어 있지만, 이는 그것을 정당화하거나 소급하여 노예제를 재평가하려는 시도가 절대로 아니다. 오히려 이 구체적인 역사에 자리 잡고 있는, 다른 미래의 가능성이 존재한다는 의미일 뿐이다. 다른 글에서, 트랩trap이라는 힙합 장르로 표현된 항의와 비판의 울부짖음을 들을 때 매카시는 다시 한번 이것을 시간 안에 위치시킨다. "노예제 아래에서 형성된 우리 통속 문화의 힘은 일차적으로 음악 안에서 태어났을 뿐만 아니라 그 모든 다중적 활용 방식 중에서 **그 자체의 힘을 믿는** 말씀 안에서 태어난 연결성이다." 흑인 문화는 자연적인 종류나 형이상학적 본질이 아니다. 그것은 대단히 특수한 역사의 창조물이다. 그는 그 역사로부터 이 선물이 태어났다고 과감하게 주장한다.

> 흑인이 어떤 이신론적 방식으로 우주와 가깝기 때문에 흑인 문화가 '마법'인 것은 아니다. 노예주들은 자신들의 짐을 경매로 팔 때까지 그들이 몸을 유연하게 유지하도록 갑판에서 춤을 추게 했다. 세계사의 독특한 역사적·물질적 경험으로부터 마법이 태어났다. 다른 어떤 집단도 그토록 오랫동안 근대성의 주요한 엔진 가까이에서 그런 경험을 견뎌 내고 살아남지 못했다는 것이다.[28]

이것은 위험을 무릅쓴 역사 해석이다. 어떤 이들은 이런 해석이 소급적인 정당화일 뿐이라고 신랄하게 비판할 것이다. 하지만 그것은 매카시가 말하고자 하는 바가 전혀 아니다. 분별은 역사를 위한 홍보 전략이 아니다. 우리가 그 안으로 던져져 있는 역사로부터 미래를 찾아내고자 하는 예언자적 노력이다.

❊   ❊   ❊

우리의 현재를 규정하는 역사를 가늠해 볼 때만 우리는 미래를 향해 신실하고 정의롭게 산다는 것이 무엇을 의미하는가 하는 물음에 답할 수 있다. 우연적이며 특수한 역사를 고려할 때—그 역사에 **직면하여**—"이제 무엇을 해야 하는가? 무엇이 가능한가?"라는 물음이 제기된다. 신실한 미래를 향해 나아가기 위해 우리는 과거를 알아야 한다. 이것이 시간 나침반이 제공하는 방향감각이다.

아우구스티누스는 우리의 시간 나침반을 조정할 수 있도록 도와줄 도구를 제공한다. 이는 우리가 같은 역사를 공유하기 때문이 아니다. 아우구스티누스는《하나님의 도성》에서 특수한 시간과 특수한 공간에 필수적인 분별 작업을 했으며, 그런 특수 요소 중 다수는 21세기 우리와는 거의 관련이 없다. 하지만 우리의 **책무**는 그의 책무와 동일하며, 따라서 우리는 아우구스티누스가 시간적 방향 설정을 수행한 **방식**에서 무언가를 배울 수 있다. 뿐만 아니라 아우구스티누스는 인간 역사가 하나님의 성전이라는 구티에레스의 통찰에 대한 본보기를 보여 준다.

특히 아우구스티누스는 우리가 방향을 파악할 수 있도록

도와주는 두 가지 개념을 우리에게 물려주었다. 첫째는 '세속 saeculum'이라는 개념이다. 우리가 ('세속 공적 영역'이라는 표현처럼) 공간과 연관하여 '세속적'이라는 단어를 사용하는 방식과 달리, 아우구스티누스에게 세속은 **시대**, 즉 역사의 한 덩어리다. 성육신, 십자가, 부활, 승천을 통해 하나님이 역사에 침입하신 사건, 곧 그리스도 사건이 모든 역사의 그리니치 표준시가 된다. 그 그림자 안에 우리가 살아가는 시간이 있다. 이것이 바로 아우구스티누스가 세속이라고 부르는 시대, 십자가와 장차 올 나라 사이의 시대다. 다시 말해서, 우리가 속해 있는 이 긴 역사—오든의 "현재"—는 역사 안에서 이뤄진 하나님의 성육신이라는 괄호와 파루시아에 이뤄질 하나님 나라의 완전한 도래 사이에서 펼쳐지고 있다. 그것은 가난한 이들이 예수께서 약속하신 나라를 물려받기를 기다리고 있는 긴 영적 제3자 예탁 기간이다.

우리가 세속 안에서 살아가고 있음을 기억하는 것 자체가 무엇을 예상해야 하는지에 관해 중대한 함의를 갖는다. 예를 들어, 그것은 우리가 **다원주의를 예상해야** 한다는 의미다. 하나님의 영이 역사 안에서와 교회 안에서 이미 활동하시지만 하나님 나라는 아직 이곳에 임하지 않았다. 따라서 공공 복리에 관한 심층적인 이견이 존재한다고 해서 경악하거나 분개해서는 안 된다.

이 세속 개념은 내가 강조하고 싶은 아우구스티누스의 두 번째 개념과 연결된다. 그가 쓴 《하나님의 도성》은 사실 두 도성에 관한 이야기로서 그는 이를 '지상의' 도성과 '천상의' 도성, 혹은 인간의 도성과 하나님의 도성으로 설명한다. 마치 지상의 도성은 물질적이고 천상의 도성은 영적이기라도 한 것처럼, 두 도성을 구별하는 것이 영토나 사법권이나 층위라고 생각해서는 안 된다. 아우구스티누스에게 이 두 '도성'(라틴어 '시비타스civitas', '공공의 것')은 두 사랑으로 구별되며, 두 도성의 기원은 창조가 아니라 타락이다. 다시 말해서, 지상의 도성은 시간과 더불어 시작되지 않았다. 그것은 시간 **안에서** 시작되었고, 더 구체적으로 타락의 결과로 시작되었다. 두 도성은 전혀 다른 두 종류의 사랑을 중심으로 조직된 인간 공동체를 구성하는, 근본적으로 다른 두 방식이다. 지상의 도성은 자기에 대한 사랑, 권력과 지배에 대한 욕망(아우구스티누스는 이를 '지배욕libido dominandi'이라고 부른다)을 중심으로 돌아간다. 하나님의 도성은 하나님에 대한 사랑을 중심으로 돌아가며 이웃을 위한 희생을 낳는다.

왜 이것이 시간과 역사를 이해하는 데 중요할까? 아우구스티누스가 강조하듯, 우리가 이 세속 시대에 두 도성이 뒤섞인 상태permixtum에서 살아가기 때문이다. 우리 모두는 여전히 함께 살아가는 법을 터득해 가야 할 지상과 천상 도성 시민이 점유하는 공유된 영토 안에 던져진 채로 살아갈 것이다. 세속 시대란 우리가 선에 대해 전혀 다른 전망을 지닌 이웃과 '뒤섞여' 살아가는 긴 계절이다. 우리가 살아가는 시간은 알곡과 쭉정이, 양과 염소의 시대, 근본적인 차이를 지닌 채 아주 가까이에서 살아가야 하는 시대다.

우리가 세속 안에서 살고 있음을 고려할 때, 이는 우리가 이 시대에 살아가는 **방식**에 어떤 영향을 미칠까? 뒤섞인 상태에서 신실하게 살아간다는 것은 무엇을 의미하는가?

좌파와 우파 유토피아주의자들과 달리 그리스도인들은 **종말론적** 백성이다. 이것이 아우구스티누스의 말처럼 "시간보다 앞서 살아가지" 않는 것이 뜻하는 바다. 이 세속 안에서, 즉 그리스도의 통치가 온전히 실현되기를 기다리는 시간 안에서 살고 있음을 기억한다면, 우리는 하나님 나라가 이미 도래했다고 생각하는 덫에 걸려서는 안 된다. 마지막 바로 앞에 오는 체제나 삶의 형식을 절대화해서는 안 된다. 로마의 몰락을 하나님 나라의 붕괴로 생각했던 이들은 아우구스티누스가 강조하는 이 구별을 이해하지 못했다. 대신 그들은 특정한 현실에 만족함으로써 종말론적 소망을 무너뜨렸다. 그렇게 하면 우리는 기다리는 법을 잊어버리고 만다. 천상의 시민에게는 종말론적 기대가 필수다. "나라가 임하시오며"라고 기도하는 한 그 나라는 아직 임하지 않았다. 이는—비록 우리가 분별을 통해 특정한 시간과 공간을 위해 성령을 증언하는 운동과 한목소리를 내는 일도 필요하지만—특정한 체제나 정부나 정당이나 정책이나 진영이나 운동을 하나님 나라 **도래**와 동일시하고자 하는 유혹을 약화한다.

이러한 종말론적 자세의 특징은 일종의 거룩한 조바심이다. 한편으로 우리는 우리가 고대하는 정의롭고 번영하는 나라를 더 많이 닮은 세상을 위해 기도하고 그런 세상을 만들기 위해 노력한다. 그리스도인의 종말론에서 '기다림'은 마틴 루터 킹 주니어 Martin Luther King Jr.가 "나에게는 꿈이 있습니다I

Have a Dream"라는 연설에서 "점진주의라는 진정제"라고 부른 것과 같지 않다. 이 진정제는 기다림을 현재 상태를 신성시하는 규범으로 사용하기 때문이다.[29] 다른 한편으로 올바르게 예언자적인 우리의 바람과 갈망조차도 인간의 개선 계획이라는 교만으로 변질되는 것을 피해야 한다. 마치 우리가 우리의 탁월한 능력을 발휘해 깨진 세상으로부터 벗어나는 길을 사회적으로 만들어 낼 수 있기라도 한 것처럼 생각하는 태도를 피해야 한다.

영국 신학자 올리버 오도노반 Oliver O'Donovan은 이렇게 설명한다. 그리스도 사건의 결과는 "복음에 의한 정치의 '탈신성화 desacralization'"다.[30] 정치와 공동의 삶을 만들어 가는 공유된 과업은 창조 자체에 내재한 피조물의 소명이다. 하지만 지상의 정치적 노력, 심지어 정의를 위한 가장 진실한 노력조차도 하나님 나라를 임하게 **만들** 수는 없다. 정치가 전부일 수는 없는 이유는 바로 우리가 승천하신 왕을 예배하기 때문이다. 따라서 무엇보다도 그리스도인은 지금 우리가 지닌 정치적 정체성을 궁극적 정체성으로 삼고자 하는 유혹에 빠지지 말아야 한다.

영원이 존재하지 않으며 장차 올 나라가 없다고 궁극적으로 확신할 때 우리는 시간적인 것을 절대화하는 경향이 있다. 따라서 세속화된 사회에서는 정치를 가장 중요하게 취급하고, 따라서 마치 정치적 차이가 궁극적 차이인 것처럼 생각하기 쉽다(나의 정치적 반대자는 그저 나와 의견을 달리하는 사람이 아니라, **악한** 사람이다). 이런 태도는 그리스도인의 특징을 이루어서는 안 될 발육 부진의 상상력을 드러낸다. 무관심하지 않을 때 우리는 왕이 오실 때에야 비로소 궁극적으로 정의가 이루어질 것을 안다. 우리가 정의를 위해 노력하도록 동기를 부여하는 것은 바로 장차 올 하나님 나라에 대한 전망이지만, 우리가 세속 안에 시간적으로 자리 잡고 있음을 깨달을 때 우리의 기대, 우리와 의견을 달리하는 이들과의 관계가 조정될 것이다. 또한 그럴 때 기독교 현실주의가 만들어지고 "신실한 타협"이라는 잃어버린 기술을 되찾게 될 것이다.[31]

* * *

역사를 '읽어 내면서' 성령의 비행운, 하나님의 섭리가 남겨 놓은 가능성의 씨앗, 하나님 백성이 역사에 만들어 낸 눈덩이 효과를 찾으려고 할 때, 우리는 역사 속 하나님 활동의 유산을 발견하려고 노력한다. 우리는 어떻게 우리의 제도와 관습, 습관이 하나님이 베푸신 은총의 흔적을 지니고 있는지 식별해 내려고 노력한다. 오도노반은 이것이 특수한 종류의 고고학이라고 말한다. "우주에서 받은 폭격으로 곳곳이 분화구처럼 움푹 파인 행성 표면처럼, 지나가는 시대의 정부들은 동이 트듯 밝아 오는 그리스도의 영광이 미친 영향을 보여 준다."[32] 현재에 대한 기적적 침투만이 하나님의 선물은 아니다. 역사의 눈덩이 효과로 우리에게 전해진, 우주에 대한 하나님의 영향력의 유산인 경우가 더 많다.

예를 들어, 많은 점에서 자유민주주의를 이루는 제도와 관습은 기독교가 서양과 (이제는) 더 광범위한 세계 정치 제도에 미친 영향의 독특한 산물이라고 말할 수 있다. 대의제, 권력 견제, 심지어 재판에서의 자비 같은 정치적 선은 복음과 정치 생활의 만남이 만들어 낸 독특한 결과다.[33] 그리고 이처럼 은총이 우리의 공동 삶에 미친 구원의 영향력을 통해 우리에게 전해진 유산은 다른 신앙을 지니고 있거나 신앙이 전혀 없는 많은 이들에게도 유익을 주는 선물이다. 말하자면, 그것은 의로운 이들과 불의한 이들 모두를 비춰 주는 유산이다.

그러나 후기 근대에 이르러 이 유산이 우리의 집단 기억으로부터 지워지는 경우가 많다. 기독교 정치신학의 책무 중 하나는, 민주주의의 유익과 제도를 소중히 여기지만 그것이 기독교와 긴장을 이룬다고 상상하는 우리 이웃을 위한 일종의 **기억상실증 치료**다. (여기에는 기독교 신앙이 입헌 민주주의와 모순된다고 생각하는 것처럼 보이고 독재자에게 끌리는 것처럼 보이는 그리스도인들도 포함된다.) 기독교 정치신학이 맡아야 할 공적 역할은 후기 근대 자유주의 사회를 향해 그 사회의 종교적·신학적 유산을 재서술하는 것이다.

✳   ✳   ✳

휴대전화가 우리도 모르는 사이에 다른 시간대의 신호를 포착하는 것처럼, 우리의 영적 시간 지키기도 하나님 나라 시간이 아닌 다른 무언가와 동기화되기 쉽다. 예를 들어, 우리는 시대정신을 기본 설정으로 삼거나 우리 시계를 이른바 황금시대와 동기화해서, 우리가 미래를 벗으로 삼아야 하는 시대에 사실상 하나님의 활동을 정지시킬지도 모른다. 많은 점에서 우리가 문화적 기본 설정에 동화되는 것은 시간과 관련이 있다. 우리는 다른 표준시에 따라 시간을 지키기 시작한다.

하나님 나라가 아닌 다른 무언가와 동기화하는 우리의 성향 때문에 지속적인 예전적 재조정이 필수다. 우리가 미래에 대한 올바른 종말론적 정향에 의해 살아 움직이고자 한다면 특히나 이것이 필수적이라고 나는 믿는다. 소망은 실천이 필요하다.

예를 들어, 우리의 기억을 돕기 위해 해마다 이 현실을 재연하는 교회의 예전력에 포함된 중요한 순간을 생각해 보자. 예전력의 마지막에 이르러 우리는 왕이신 그리스도 절기를 지키고, 바로 그다음 주일에 대강절이 시작된다. 왕이신 그리스도 절기를 통해 우리는 십자가에 달려 죽으신 하나님이 상처를 지닌 채 왕좌에 오르셨음을 되새긴다. 그리스도께서 왕이시라면 모든 지상의 통치자는 어떤 의미에서 이미 퇴위되었다. 그들은 왕께서 다시 오실 때까지 책임을 맡은 청지기일 뿐이다. 그들은 우리에게 어떤 궁극적인 주장도 할 수 없다. 왕이신 예수께서 당신의 머리카락 수까지 아신다면, 당신은 집단적인 기계의 작은 부품에 불과한 존재로 축소될 수 없다. 올리버 오도노반은 이를 "복음에 의한 정치의 '탈신성화'"라고 부른다.

하지만 대강절에 우리는 **기다리는** 법을 배운다. 수동적 정적주의나 펠라기우스적 행동주의가 아니라 소망으로 가득한 신뢰를 품고 기다린다. 우리는 하나님 나라를 만들어 내는 것이 아니라 기다린다. 대강절의 인내 훈련을 통해 그리스도인은 '시간보다 앞서 살아가고자' 하는 유혹에 맞선다. 대강절의 인내는 이런 기다림을 망각하고 정치 책략으로 하나님 나라를 세우려고 하는 우파의 신율주의theonomies를 거부한다. 하지만 이 훈련은 정의의 완전한 도래가 사회 개선을 위한 우리의 노력으로 가능하다고 상상하는 모든 진보주의적 유토피아주의에도 똑같이 저항한다. 둘 모두 하나님 나라의 도래가 우리에게 달려 있다고—따라서 그것을 시행하기 위해 우리가 싸워야 한다고—생각하는 실천적 후천년설이다. 이 둘 모두 그리스도께서 왕이시라는 현실 속에서 대강절의 기다림을 실천하지 못하는 것이다. 그리스도의 형상을 지닌 백성으로서 십자가를 닮은 삶을 살아가지 못한다는 것은 말할 나위도 없다. 교회의 공동체적 삶의 주기는 우리가 어떻게 **보냄을 받는지** 규정하는 방식으로 우리가 이러한 종말론적 상상력을 실천할 기회를 제공한다.

천상의 시민은 지금이 어떤 시간인지 안다. 우리는 장차 오실 왕을 기다리고 있다. 이 종말론이 우리의 기대를 규제한다. 하지만 그렇다고 해서 우리가 피조물로서 정치적 현실화에 대한 창조의 소명, 즉 곧 임할 '샬롬'을 미리 맛보게 할 제도와 관습과 습관을 만들어 가야 할 소명에 응답해야 할 책무를 면제받는 것은 아니다. 다시 말해서, 창조 이후 줄곧, 우리가 살아가고 있는 이 세속 시대에도 여전히 피조물의 본질은 정치를 만들어 가는 문화적 작업을 우리에게 요구한다. 십자가와 부활, 새로운 창조는 이 소명을 폐기하지 않고 오히려 갱신했다. 특히 그리스도 사건은 이 소명을 우리 이웃을 사랑하고,

약자를 보호하고 우리 가운데 있는 과부와 고아와 이방인을 돌보는 동시에 우리가 상업과 교육, 예술, 심지어는 놀이에서 피조물로서 다양한 직업을 추구할 공간을 만들어 주는 정체와 정책, 체제와 제도를 만들어 가야 할 소명으로 이해할 수 있는 새로운 틀을 제공한다. 따라서 우리는 뒤섞인 공간*permixtum*, 우리가 공유하는 삶의 공간, 차지하기 위해 경쟁을 벌이지만 선한 공간에 참여하고 협력한다. 그리고 우리는 지상의 도성을 하나님의 도성 쪽으로 조금이라도 돌릴 수 있기를 바라면서 그 공간에 참여하고 협력한다.

그리스도인의 정치 참여는 담대하지만 조심스럽고, 신중하지만 희망적이며, 십자가를 닮은 모습이지만 하나님 나라를 향해 있어야 한다. 종말론적 삶은 소망으로 가득 찬 두 권면, 즉 "마음을 높이 들라"와 "두려워하지 말라"라는 권면을 통해 생명력을 얻는 삶이다.

* * *

이렇게 미래를 향해 영혼을 길게 늘이는 자세, 이 거룩한 조바심, 이 성스러운 갈망을 소망이라고 부른다. 소망은 기대하는 동시에 의존하는 마음으로 미래를 지향하는 자세다. 소망은 은총의 하나님이 돌이 아니라 떡을 주시는 아버지시라고 믿기 때문에 믿음과도 얽혀 있다(마 7:9-11). 그리고 소망은 욕구의 한 형태이기 때문에 사랑과도 묶여 있다. 따라서 믿음의 조상 아브라함은 소망의 본보기이기도 하다. "이는 그가 하나님이 계획하시고 지으실 터가 있는 성을 바랐음이라"(히 11:10). 그는 행동하고 순종하고 갔지만, 궁극적인 의미에서 이 도성은 창조주께서 지으신 성이다. 그 도성의 도래를 기대하는 우리의 신실한 수고가 필요하기는 하지만(사 60장), 하나님의 도성은 내려오는 선물이다(계 21:2). 구티에레스는 프랑스의 시인이자 작가 샤를 페기Charles Péguy를 인용하면서 이처럼 얽힌 믿음, 소망, 사랑의 관계를 설명한다. "페기는 믿음과 사랑이라는 두 언니의 안내를 받는 것처럼 보이는 소망이 사실은 그 둘을 이끈다고 썼다. 하지만 이 말은 미래에 대한 소망이 현재에서 뿌리를 찾고, 경험할 기쁨뿐만 아니라 제거해야 할 불의와 해방이 필요한 노예 상태로 매일의 사건을 통해 그 모양을 갖춰 갈때만 참일 것이다."[34]

사이버펑크의 아버지 윌리엄 깁슨William Gibson은 이렇게 말한 적이 있다. "미래는 이미 와 있다. 다만 널리 퍼져 있지 않을 뿐이다."[35] 이는 종말론적 직관이다. 부활을 통해 우주의 미래가 이미 도착했다. 하지만 그 미래는 아직 널리 퍼져 있지 않으며, 그래서 소망이 탄식으로 표현되기도 한다. 기독교의 소망은 극단적 낙관주의와 절망적 허무주의를 모두 거부한다.[36] 테리 이글턴Terry Eagleton은 "허무주의자만큼이나 낙관주의자도 소망을 상실한 상태다. 그에게는 소망이 전혀 필요 없기 때문이다"라고 지적한다.[37] **필요**라는 감각 때문에 소망은 자기 확신이나 단순한 진보라는 교만과 구별된다.

소망의 찬송가는 "오 주님, 얼마나 오래 기다려야 합니까?"와 '마라나타!'라는 반복되는 두 후렴을 중심으로 구성되어 있다. "오 주님, 얼마나 오래 기다려야 합니까?"는 우리가 하나님 나라의 침투를 목격했기 때문에 그분께 제시하는 항의이자 질문이다. 주님, 왜 그 나라가 퍼지는 것을 미루십니까? 기아와 폭력, 인종주의와 배제, 탐욕과 금권정치, 중독과 포기는 모두 우리가 이미 부활하신 예수 안에서 목격한 회복된 창조세계에 대한 모욕이다. "오 주님, 얼마나 오래 기다려야 합니까?"는 초조해하면서 "이제 다 왔나요?"라고 묻는 질문이다.

'마라나타!'("주님, 오시옵소서!")는 호소이기도 하고 명령이기도 한 부르짖음이다. 때로 구원을 호소하는 부르짖음이기도 하다. 주님, 오셔서 이 오랜 불의를 끝내소서. 주님, 오셔서 가난한 이들을 짓밟고 학대하는 맘몬의 앞잡이들로부터 우리를 구원하소서. 주님, 오셔서 바다에 빠져 죽어 가는 이들을 구해 주소서. '마라나타!'는 우리가 이미 누리는 선을 더 많이 주실 것을 갈망하는 부르짖음일 때도 있다. 주님, 오셔서 금세 사라지는 이 기쁨을 영속적이고 안정적인 기쁨으로 만들어 주소서. 주님, 오셔서 이 순간 그것을 경험할 때 우리를 영원히 함께 묶어 주소서. 주님, 오셔서 우리가 우리 공동체 안에서 경험하듯이 주님의 화해가 우주 전체에 퍼지게 하소서. 더 많이 주소서! 언제나! 영원히!

우리가 그 길에서 길러야 할 요령, 재주, 은혜로운 자세는 장차 올 그 도성을 언제나 바라보면서 분별에 뿌리내린 채 지금 신실하게 수고를 아끼지 않는 자세다. 나는 수십 년 전 운전 교습 때 배운 교훈을 아직도 기억하고 있다. 선생님은 우리에게 "멀리 보라"라고 말했다. 운전할 때 당장 눈앞에 있는 것만 보지 말라. 눈앞에 있는 것에 시선을 고정하면 항상 반응적으로 운전할 수밖에 없는데 그것이 얼마나 위험한지 모른다. 이런 운전자는 늘 경계하는 것처럼 보이지만 사실은 앞으로 닥칠 것을 제대로 받아들일 수 없다. 오히려 멀리 보라. 도로를 내려다보면서 당신의 주변 시야를 믿으라. 멀리 내다보면서 앞에 있는 길을 따라가라. 그러면 더 좋은 운전자가 될 것이다. 이렇게 시선을 높이 두고 더 멀리 내다보는 관점이 라인홀드 니버 Reinhold Niebuhr가 다음과 같이 탁월하게 묘사한 소망으로 가득한 겸손의 자세다.

> 할 만한 가치가 있는 일 중에서 우리 생애에 이룰 수 있는
> 일은 없다. 그러므로 우리는 소망으로 구원받아야 한다.
> 참되거나 아름답거나 선한 것 중에서 역사의 즉각적
> 맥락에서 온전히 이해할 수 있는 것은 아무것도 없다.
> 그러므로 우리는 믿음으로 구원받아야 한다. 아무리
> 덕스러워도 우리가 하는 일 중에서 혼자 이룰 수 있는 일은
> 아무것도 없다. 그러므로 우리는 사랑으로 구원받는다.
> 어떤 덕행도 우리가 보기에 덕스러운 것만큼 우리 친구나
> 원수가 보기에도 덕스럽지는 못하다. 그러므로 우리는
> 용서라는 최종적 형태의 사랑으로 구원받아야 한다.[38]

＊　＊　＊

일종의 거룩한 조바심이 종말론적 정향의 특징이지만, 종말론적 백성은 일종의 느긋함도 지니고 있어야 한다. 우리의 정신 없는 분주함은 무의식의 절망이 빚어낸 실질적 결과일 때가

많은데, 그것이 소망에 대한 거부이기 때문이다. 그것은 사실상 신뢰와 의존에 대한 거부이기 때문에 소망에 대한 거부다. 정신없이 분주할 때 나는 교묘하게(혹은 그다지 교묘하지 않게) 마치 내가 우주를 떠받치고 있는 사람인 것처럼, 하나님 나라 도래가 나에게 달려 있는 것처럼 모든 것이 나에게 달려 있다고 생각한다. 하나님의 통치가 실현되는 것을 보고자 하는 바람에서 기인하는 절박함이 있다. 하지만 자신이 필요하다고 느낄 수 있도록 우리가 꾸며 내는 다른 종류의 절박함이 있다. 《노인을 위한 나라는 없다No Country for Old Men》의 엘리스는 보안관에게 "그들은 널 기다리고 있지 않아. 그건 허영이야"라고 말한다.

나는 윈 콜리어Winn Collier가 쓴 유진 피터슨Eugene Peterson의 감동적인 전기《내 뼛속에서 타오르는 갈망A Burning in My Bones》을 읽으면서 큰 확신을 얻었다. 콜리어는 피터슨의 삶에서 전환점이 된 순간을 회고한다. 번아웃으로 절망에 빠지기 직전 그가 마치 만사가 자신에게 달려 있기라도 한 것처럼—마치 모두가 그를 기다리고 있기라도 한 것처럼—살아가고 있음을 깨달은 순간이다. 그는 "느긋해지고" 싶다는 갈망을 표현했으며, 그가 교회 운영회의에서 이를 인정할 때 봇물 터지듯이 말이 쏟아져 나왔다.

나는 기도하는 목사가 되고 싶습니다. 여러분 앞에서
성찰하고 반응하고 느긋한 사람이 되기 위해서 하나님
앞에서 성찰하고 반응하고 느긋한 사람이 되고 싶습니다.

일로 분주한 상황에서는 그렇게 할 수 없습니다. 많은
시간이 필요합니다.…어느 정도 초연하게 거리를 두고
바라볼 수 있는 관점이 필요합니다. 그저 더 열심히
노력해서는 그렇게 할 수 없습니다. 나는 여유롭고 느긋하게
대화하면서 여러분 곁에 있을 시간을 내고, 그렇게 해서
여러분을 이해하고 여러분의 친구가 될 수 있는 목사가 되고
싶습니다.[39]

그 후로 그는 그런 느긋한 사람이 되기 위해 오랫동안 열
심히 노력했다. 나는 한 방 얻어맞은 느낌이었지만 동시에 내
가 갈망하는 삶의 모습을 스테인드글라스로 묘사한 그림을 보
는 것 같았다. 느긋한 사람이 되는 것은 매우 실천적인 소망
훈련이다.

종말론적 정향의 충격적인 특징은 해야 할 많은 일에도
불구하고 쉼을 위한 여지를 만드는 것이다. 안식 자체가 소망
의 표현이다. 안식은 분명히 창조를 반영하지만, 안식을 실천
하고 여유를 갖는 훈련은 종말론적 정향, 즉 하나님이 우리의
노동 안팎과 그 아래에, 때로는 우리의 노동에도 불구하고 언
제나 계시며 일하신다는 신뢰와 소망의 감각을 표현한다. 그
래서 우리는 쉴 수 있다.

나의 스승 캘빈 시어벨트Calvin Seerveld는 그저 휴가와 피
정, 생산에 대한 충동을 일시적으로 멈추는 것이 아니라 오히
려 우리 일과 밀접하게 결부되어 있는 여유, 우리에게 숨 쉴
공간이 마련되어 있는 삶과 노동 존재의 **방식**이라는 관점에서

안식에 관해 이야기한다. 시어벨트는 화려한 문체로 "실용주의 문화와 666번 비밀요원의 정서는 우리 일상에서 여유를 남김없이 짜낸다"라고 지적한다. 그는 이를 성경적 관점과 대조한다.

> 내가 생각하기에 여유를 이해하는 성경적 관점은, 여유 시간이 한 사람이 날마다 하는 노동 활동을 가늠하는 계수라는 것이다. 내가 읽은 복음서 이야기에서 사도들은 하나님 나라 사역의 중압감 때문에 앉아서 식사할 시간조차 부족했다. 예수께서 "좀 쉬자"라고 말씀하셨다. 인간적으로 하는 일에 충분한 시간을 가질 때 여유가 생긴다. 계획 없이 돌아다닐 수 있는 시간이 있을 때 여유를 경험한다. 예상치 못한 상황에서 다가온 기회로 들어갈 수 있을 때 여유라는 복을 받는다.[40]

여유는 교만을 가라앉히고 장차 올 것의 첫 열매로서 예수를 죽은 자 가운데서 다시 살리신 하나님 안에서 안식하는 종말론적 훈련이다. "충분한 시간을 갖는 것"은 소망의 행위다. 삶에 여백을 부여하여 묵상하고 놀고 이야기하고 기도할 기회에 반응할 수 있게 하는 것 자체가 신뢰와 기대라는 저항적 행위다.

✻ ✻ ✻

우리는 '마라나타!'라고 노래하지만, 공포에 사로잡힌 백성이 아니다. 작가 메릴린 로빈슨의 말처럼 "두려움은 그리스도인의 마음가짐이 아니다."[41] 이는 냉담함을 용인하는 말이 아니라 소망, 곧 선물로 도착하는 미래를 바라보며 일하는 방식을 권하는 말이다. 이 말은 모든 것을 내어주신 분, 창조세계를 첫 은총으로 주신 창조주 하나님에 대한 깊은 신뢰에 뿌리내리고 있다. 공포에 사로잡히지 않는다는 것은 우리가 언제에 있든지 하나님의 첫 말씀이자 마지막 말씀이 사랑임을 확신하며 살아가는 것이다.

하늘 안의 역사

영원은 시간의 산물과 사랑에 빠져 있다.

— 윌리엄 블레이크 William Blake, 〈지옥의 잠언 Proverbs of Hell〉

한 학기 동안 워싱턴 디시에 있는 학교에서 가르칠 때 우리는 친구 토미 힌슨 Tommy Hinson 이 주임사제를 맡고 있는 강림성당 Church of the Advent 을 방문했다. 우리가 방문한 주일의 성찬 후 기도는 내가 전에는 한 번도 경험해 보지 못한 기도였으며, 나는 어떤 의미에서 이 책이 그 기도를 듣는 순간 잉태되었다고 생각한다. 기도문은 다음과 같다.

우리 조상의 하나님, 우리 백성의 하나님, 주님의 얼굴 앞에
인간의 세대가 지나갑니다. 우리는 주님 안에서 우리가
영원히 안전하며 우리 역사의 깨진 파편들이 주님의 귀하신
아들의 구속 행위를 통해 한데 모이고 떡과 포도주의 거룩한

성례전을 통해 기억됨으로 인해 주님께 감사드립니다.
우리가 날마다 성도의 교제 안에서 걸으며 죄 사함과 몸의
부활에 대한 믿음을 선포하도록 도와주소서. 이제 거룩하신
성령의 능력으로 우리를 보내셔서 주님께 찬양과 영광을
돌리기 위해 살고 일하게 하소서. 아멘.

나중에 토미는 이 기도문의 출처가 성공회 케냐 관구의
전례문이라고 알려 주었다. 1980년대 말에 만들어진 이 전례
문은 고대의 신앙을 표현하는 동시에 동아프리카의 어려움과
슬픔과 소망을 다루었다.

다른 유럽 전통에서는 한 번도 만나 본 적 없는 종류의 이
기도문을 들을 때 갑자기 나를 멈칫하게 한 부분은 바로 이 구
절이다. "우리 역사의 깨진 파편들이 주님의 귀하신 아들의 구
속 행위를 통해 한데 모입니다."

내가 그리스도인의 순례길을 막 시작했을 때 시카고 출신
한 친구가 어쩌면 많은 이들에게 익숙한 소예언자 요엘의 본
문을 알려 준 것을 나는 아직도 기억하고 있다. 여호와는 "메
뚜기와 느치와 황충과 팥중이가 먹은 햇수대로 너희에게 갚아
주리니"라고 약속하신다(욜 2:25). 아직도 나는 이 구절을, 이
책을 살아 움직이게 만드는 확신과 처음 마주했던 경험으로
기억하고 있다. 즉, 모든 별의 주요 우주의 창조자이신 분께서
우리가 시간 안에서 견뎌 온 역사들의 구체성과 특수성에 관
심을 기울이시며, 우리 마음속과 뼛속에 부재와 상실을 지니
고 있는 이상하고도 당혹스러운 방식, 근원적 **결핍**이 우리 삶

에 그토록 큰 영향력을 행사하는 방식을 아시고 이를 해결해 주신다는 확신이다. 나는 복음서를 읽자마자 하나님이 내 머리카락 수까지 아신다는 것을 이해할 수 있었다. 하지만 하나님이 내가 살면서 무슨 일을 겪어 왔는지 아신다는 것—영원하신 하나님이 내가 무엇을 잃어버렸는지, 무엇이 없었는지, 메뚜기 떼가 무엇을 먹어 치웠고 나에게서 무엇을 앗아 갔는지를 이해하신다는 것—을 깨달았을 때 나는 큰 감동을 받았다. 나는 요엘의 예언에서 **나의** 역사에 초점이 맞춰진 회복의 약속—풍성하신 하나님이 부족한 것을 채워 주실 뿐 아니라 아낌없이 넘치도록 잔을 채워 주실 것이라는 약속—을 발견했다.

나는 정말로 하나님이 나에게 그 정도로 많은 은총을 부어 주셨다고 증언할 수 있다. 아버지에 관해서는 무관심과 공포의 기억만 있는 나는 아버지의 부재 때문에 절룩거리며 걸어 왔지만, 하나님은 나에게 아버지가 **되는** 심오하고도 벅차며 기적 같은 기회를 주셔서 메뚜기 떼가 먹어 치운 것을 회복해 주셨다. 하나님의 은총으로 디애나와 나는 30년 넘게 가족이라고 부르는 시간 구부리기 작전을 수행하면서 여러 세대에 걸친 저주를 되돌리려고 노력해 왔다. 하나님은 우리 주변의 친구들과 멘토를 본보기로 보내 주셨고, 우리를 부르셔서 이 가족이라는 새로운 무언가를 이루게 하셨다. 훌륭하고 너그러운 네 자녀 덕분에 우리에게는 기쁨과 사랑의 잔이 흘러넘친다. 내 과거는 내가 결코 상상하지 못했던 미래 안에서 회복되었고, 나를 아버지로 만들어 준 네 자녀 그레이슨, 콜슨, 매디

슨, 잭슨을 통해 체화되었다. 메뚜기가 내게서 무언가를 훔쳐
간 것은 사실이지만, 이제 우리는 풍족히 먹는다(욜 2:26).

하지만 케냐에서 온 이 기도는 여전히 독특한 무언가를
이야기한다. **우리** 역사가 이렇게 "한데 모인다"라는 표현은 후
기자본주의 시대의 개인주의적, 시간 없음의 기독교에서는 찾
아볼 수 없을 때가 너무나도 많은 영적 시간 지키기를 아름답
게 표현한다. 여기서 구속은 과거를 쓸어버리지 않는다. 그리
스도의 구속은 깨진 파편을 한데 모아 거기서 무언가를 만들
어 낸다. 구원하시는 하나님은 우리 역사의 깨진 파편을 취하
여 새로운 것을 만드시는 모자이크 조각가시다. 그분은 역사
를 다른 틀에서 바라보고 재편하고 집어 들고 다시 만드셔서,
그 역사가 **있었기에** 모자이크가 될 수 있는 예술 작품을 만드
신다. 시간의 완성은 역사의 삭제가 아니다. 만물의 마지막은
파괴가 아니라 "집어 듦"이다. "시간은 죽음이 아니라 영원을
위해 만들어졌다."[1]

※　※　※

하나님의 구속이 우리 역사의 깨진 파편을 한데 모아 새로운
생명의 모자이크를 만들어 낸다면, 그 역사들도 우리와 함께
하늘로 가는 것처럼 보인다. 우리는 우리 이야기를 지닌 채 하
나님 나라에 도착할 것이다. 그리스도의 부활이 첫 열매라면
우리는 우리의 상처를 지닌 채 어린양의 혼인 잔치에 도착할
것이다. 그 기쁨의 잔치에서 누군가가 돌아보며 "그 상처에 관
해 이야기해 주세요"라고 묻는 모습을 어렵지 않게 상상해 볼

수 있다. 그리고 지금은 내가 상상조차 할 수 없는 방식으로 나는 고통이나 트라우마 없이 나의 역사를 회고할 수 있을 것이다. 이는 내 머릿속 메모리 카드가 지워졌기 때문이 아니라 이제 구속되었고 **나**를 구원한 독특한 모자이크, **우리**라는 태피스트리만 볼 수 있을 것이기 때문이다.

몇 장 몇 절에 이런 내용이 나오는지 나에게 묻지 말라. 나는 교의학적 세부 사항에는 별로 관심이 없다. 그저 나의 고대인 친구 성 아우구스티누스가 설명했던 아름다운 갈망을 떠올릴 뿐이다. 아우구스티누스는《고백록》에서 죽어서 이제는 그의 말처럼 "아브라함의 품"(눅 16:22)에서 살고 있는, 가장 친하고 가장 오래된 친구 네브리디우스Nebridius를 회상한다. 일반적으로는 확신에 차 있는 아우구스티누스지만 아브라함의 품이 무엇을 뜻하는지 좀처럼 확신하지 못한다. 하지만 그것이 무엇을 상징하든지 "주님, 그곳은 사랑하는 나의 친구, 전에는 노예였다 자유를 얻은 사람이었지만 이제는 주님의 양자가 된 나의 네브리디우스가 사는 곳입니다"라고 그는 말한다. 그는 아우구스티누스에게 하나님에 관한 온갖 질문을 퍼부었던 사랑하는 친구, 여러 해 동안 떠들썩하게 왕래하며 순수한 기쁨처럼 느껴지는 밀담을 주고받았던 친구다. 하지만 이제 친구는 떠나고 없다. 그는 더는 질문하지 않는다. 대신 아우구스티누스는 "그가 열정적으로 가능한 한 많은 지혜를 들이마시며 끝없이 행복하다"라고 상상한다. 하지만 아우구스티누스는 "나는 그가 그 지혜에 취한 나머지 나를 잊어버릴 것이라고는 생각하지 않습니다. 왜냐하면 그가 들이마시는 주님이 우

리를 마음에 새겨 두고 계시기 때문입니다"라고 말한다.[2]

네브리디우스는 천국에서 지복직관을 누리며, 아우구스티누스는 네브리디우스가 자신과 함께 나눈 역사를 가지고 하나님의 임재로 들어갔다고 상상할 수밖에 없다. 그는 하나님 나라에서 자신과 나눈 우정의 흔적을 지니고 살아간다. 무슨 일이 있어도 네브리디우스는 아우구스티누스의 친구였던 누군가가 아닐 수가 없다.

구속은 우리 역사를 취소하거나 말소하거나 삭제하지 않는다. 우리 역사를 "한데 모아" 시간이 만들어 낸 모든 것을 집어 드는 것이다. 다시스의 배들처럼(사 60:9), 우리의 습관과 역사는 만물을 새롭게 만드시는 하나님과 함께하는 영원한 미래를 향해 항해한다. 영원은 우리의 지금이 남긴 흔적을 지니고 있다.

감사의 글

나는 1990년대 중반 구스타보 구티에레스의《해방신학》을 만
난 경험이 오랜 시간에 걸쳐 나의 사유에 얼마나 큰 영향을 미
쳤는지를 제대로 가늠하지 못했다고 생각한다. 보이지 않는
곳에 숨어 있었던 그 영향력이 이 책을 쓰는 동안 표면으로 드
러났다. 많은 점에서 이 책은 구티에레스의 책 10장 "역사의
하나님"과 "하나님의 성전은 인간의 역사"라는 그의 탁월한
주장에 바치는 긴 헌사일 뿐이다.

　　2018년 11월 영국 상원의 초청 강연 덕분에 이 책으로 발
전된 아이디어가 생겨났다. 나를 초대하고 생산적 대화를 나
눌 수 있게 해 준 단체 '의회의 그리스도인들Christians in Parlia
ment'에게 감사드린다.

　　친구 케니 벤지Kenny Benge 목사와 에릭 덕슨Eric Dirksen 목
사는 이 책의 초고를 읽고 유익한 피드백과 시의적절한 격려
를 전해 주었다. 그들의 친절에 감사드린다.

장소에 감사하는 것이 가능한지 모르겠지만 이 책은 레이티 로지Laity Lodge에 많은 빚을 지고 있다. 그곳은 나에게 평온의 공간이며, 주변의 강과 절벽과 풍광은 내 영혼의 향유다. 하지만 무엇보다도 우리를 환영해 주고 (힘겨운 시간을 보낼 때를 비롯해서!) 그곳을 제2의 영적인 집처럼 느끼게 해 준 그곳 친구들에게 깊이 감사드린다. 이 책의 최종본을 마무리하던 2021년 가을에 그곳에서 머무는 동안 특히 큰 도움을 받았다. 이 책이 그 로지처럼 **느껴지게** 하는 것이 책을 쓴 목표이기도 하다. 그곳의 영혼이 조금은 스며들었기를 바란다. 게이트, 그랜트, 팀, 라이언을 비롯하여 생명을 주는 환대를 베푼 팀 전체에 진심으로 감사드린다. 그중에서도, 친절과 따뜻함을 베풀어 준 우리의 친구 에이미Amy와 스티븐 퍼슬Steven Purcell에게 특별히 감사드린다. 나는 자라서 스티븐 퍼슬 같은 사람이 되고 싶다.

브라조스Brazos 출판사 팀에 늘 감사한 마음이다. 그들은 나의 작업을 따뜻하게 환영해 주고, 늘 나를 격려해 주고, 갓 태어난 아이디어가 그들이 만드는 아름다운 책이 될 때까지 모든 과정에서 나와 함께 일한다. 나는 여러분이 많은 점에서 나를 이 과정에 참여할 수 있게 해 주었다는 것을 당연하게 여기고 싶지 않다. 그래서 열린 마음으로 나를 도와준 카라Kara와 폴라Paula와 셸리Shelly와 나머지 팀원들에게 감사드리며, 나의 글이 더 좋은 글이 될 수 있도록 도와준 에릭 세일로Eric Salo에게 감사드린다. 나의 지지자가 되어 준 밥 호색Bob Hosack과 제러미 웰스Jeremy Wells에게 특별한 감사를 드린다.

감사의 글

언제나처럼 늘 영원히 동반자이자 친구, 동료 순례자인 디애나에게 깊이 감사합니다. 당신을 만났을 때 나는 소년이 었지만, 이제 나는 당신의 은총과 사랑이 지문처럼 묻어 있는 남자가 되었습니다. 우리는 많은 시간을 함께 보내지만, 여전히 시간이 부족합니다. 막바지 책 작업에 당신이 준 도움과 격려 덕분에 이 책을 마무리할 수 있었습니다.

늘 그렇듯, 이 책에서 언급한 노래와 이 책을 쓰면서 들은 노래가 포함된 플레이리스트 "How to Inhabit Time"을 스포티파이에서 찾을 수 있다. 나에게 이 책은 언제나 피비 브리저스Phoebe Bridgers와 에릭 사티Erik Satie, 수프얀 스티븐스Sufjan Stevens의 〈칸버케이션스Convocations〉에 실린 탁월한 연주곡을 한데 수록한 모음집처럼 들릴 것이다.

서문

1. Charles Taylor, *Hegel* (Cambridge: Cambridge University Press, 1975), 73.
2. Rainer Maria Rilke, "Archaic Torso of Apollo", Poets.org, https://poets.org/poem/archaic-torso-apollo.

들어가는 글

1. David Farrier, "We're Gonna Carry That Weight a Long Time", *Emergence Magazine*, May 12, 2021, https://emergencemagazine.org/essay/were-gonna-carry-that-weight-a-long-time.
2. 나는 '시간 없음nowhen'이라는 용어를 Jimena Canales, *The Physicist and the Philosopher: Einstein, Bergson, and the Debate That Changed Our Understanding of Time* (Princeton: Princeton University Press, 2015), 103 에서 가져왔다.
3. 그리고 우리가 이러한 질문과 도전을 위해 가능한 미래라고 상상하는 것이 우리를 여기로 데려온 역사의 요인이기도 하다. 인종과 인종 문제라는 질문에 관해 나는 특히 조너선 트란Jonathan Tran이 *Asian Americans and the Spirit of Racial Capitalism* (New York: Oxford University Press, 2021) 에서 제기하는 대담한 주장을 추천한다. 트란은 자본주의의 근대성 안에

서 살아간다는 것은 필연적으로 인종과 반인종주의의 상속자가 되는 것을 의미한다고 주장한다. 하지만 그것이 인종적 정체성의 미래가 어떤 모습일지를 확정하는 것은 아니며, 트란의 주장처럼 반인종주의에서는 인종의 역사적 출현을 문화적이기보다 자연적인 것으로 취급하는 경우가 너무 많다.

4. Augustine, *Confessions* 11.25.32, trans. Henry Chadwick (Oxford: Oxford University Press, 1992), 239. 《고백록》.

5. James Baldwin, "The White Man's Guilt", Ebony 20, no. 10 (August 1965): 47-48, *James Baldwin: Collected Essays* (New York: Library of America, 1998), 722-723에 다시 수록됨.

6. James Baldwin interview, "How Can We Get the Black People to Cool It?", Esquire, July 1, 1978, Eddie S. Glaude Jr., *Begin Again: James Baldwin's America and Its Urgent Lessons for Our Own* (New York: Crown, 2020), 68에서 재인용.

7. Judith Sutera, *St. Benedict's Rule: An Inclusive Translation and Daily Commentary* (Collegeville, MN: Liturgical Press, 2021), 51.

8. Søren Kierkegaard, *Philosophical Fragments / Johannes Climacus*, ed. and trans. Howard V. Hong and Edna H. Hong (Princeton: Princeton University Press, 1985), 13. 《철학적 조각들》(집문당).

9. Kierkegaard, *Philosophical Fragments*, 18.

10. O. K. Bouwsma, "Faith, Evidence, and Proof", in *Without Proof or Evidence: Essays of O. K. Bouwsma*, ed. J. L. Craft and Ronald E. Hustwit (Lincoln: University of Nebraska Press, 1984), 6.

11. Bouwsma, "Faith, Evidence, and Proof", 7.

12. Martin Heidegger, "Phenomenology and Theology", trans. James G. Hart and John C. Maraldo, in *Pathmarks*, ed. William McNeill (Cambridge: Cambridge University Press, 1998). "현상학과 신학", 《이정표》(한길사).

13. Heidegger, "Phenomenology and Theology", 44-46.

14. Augustine, *Confessions* 11.25.32 (trans. Chadwick, 239).

15. Annie Dillard, *For the Time Being* (New York: Vintage, 2000), 88.

16. 이 용어는 사무엘상 4장에 등장한다. 블레셋 사람들에게 언약궤를 빼앗긴 후 비느하스의 아내는 아들을 낳고 죽어가면서 아이의 이름을 '이가봇'('영광 없음')이라고 짓는다. 이는 "영광이 이스라엘에서 떠났기" 때문이다(삼

상 4:22).

17. Lionel Salter, *Going to a Concert* (London: Penguin, 1954), 16-17.

1장 시간의 피조물

1. Jeremy Cooper, *Ash before Oak* (London: Fitzcarraldo Editions, 2019), 175.

2. Augustine, *Confessions* 11.31.41, trans. Henry Chadwick (Oxford: Oxford University Press, 1992), 245.

3. Tim O'Brien, *The Things They Carried* (Boston: Mariner, 2009), 7.《그들이 가지고 다닌 것들》(섬과달).

4. 우리가 영성 형성을 이해하는 데 도움을 주는 중요한 학자인 달라스 윌라 드Dallas Willard도 나처럼 현상학 전문가였다는 사실은 주목할 만하다. 관련된 논의로는 Gary W. Moon, *Becoming Dallas Willard: The Formation of a Philosopher, Teacher, and Christ Follower* (Downers Grove, IL: InterVarsity, 2018), 223-224를 보라.《달라스 윌라드: 철학자, 교사, 그리스도의 제자》(복있는사람).

5. 후설이 제시하는 이런 관념들을 설명하는 유익한 글로는 Anthony J. Steinbock, *Home and Beyond: Generative Phenomenology after Husserl* (Evanston, IL: Northwestern University Press, 1995), 29-33를 보라.

6. 이 주제에 관한 더 자세한 논의로는 Edmund Husserl, *Cartesian Meditations: An Introduction to Phenomenology*, trans. Dorion Cairns (The Hague: Martinus Nijhoff, 1960), 66-68를 보라.《데카르트적 성찰》(한길사).

7. 후설은 "예를 들어, 판단 행위를 통해 처음으로 내가 있음being과 그러하게 있음being-thus을 지지하는 판단을 내린다면, 그 덧없는 행위는 지나가 버린다. 하지만 지금부터 나는 **영속적으로 그러하게 있으며 그렇게 판단한 자아다**"라고 말한다. Edmund Husserl, *Cartesian Meditations: An Introduction to Phenomenology*, trans. Dorion Cairns (Dordrecht: Kluwer Academic, 1993), 66.

8. Helen Ngo, "Racist Habits: A Phenomenological Analysis of Racism and the Habitual Body", *Philosophy and Social Criticism* 42, no. 9 (November 2016): 847-872를 보라.

9. Steinbock, *Home and Beyond*, 223.

10. 우리가 주권적이신 하나님과 섭리적 돌보심을 믿는다면 아무것도 우연적

일 수 없다는 암묵적이지만 그릇된 신학적 전제 때문에 이를 소홀히 여기거나 무시할 때가 많다. 하지만 사실은 무로부터의 창조라는 신학 때문에 우연성은 창조의 근본 요소가 된다.

11. T. S. Eliot, "Burnt Norton", the first of his *Four Quartets* (Boston: Mariner, 1971), 13-21. 자주 간과되는 리틀 텍사스Little Texas의 발라드 곡 "What Might Have Been"과 비교해 보라.

12. Martin Heidegger, *Being and Time*, trans. Joan Stambaugh (Albany, NY: SUNY Press, 1996), 127, 167.《존재와 시간》(까치).

13. 이 점에 관해 하이데거는 키르케고르에게 영향을 받았을 가능성이 높다. 예를 들어,《반복Repetition》에 실린 이 단락을 생각해 보라. 이 단락은 토킹 헤즈Talking Heads의 노래를 떠올리게 하고 얼핏 욥기와도 비슷하게 들린다. "여기는 어디일까? 세상이라고 말한다는 것은 무엇을 뜻하는가? 그 단어의 의미는 무엇인가? 누가 나를 속여 이 모든 것 안에 집어넣고 나를 이곳에 서 있게 만들었는가? 나는 누구인가? 나는 세상에 어떻게 들어왔을까? 왜 그것에 관해 나에게 묻지 않았을까? 왜 나에게 규칙과 규정을 알려 주지 않고 마치 떠돌이 인신매매범한테서 나를 사온 것처럼 나를 사람들 사이에 던져놓았을까? 어떻게 나는 현실성actuality이라고 부르는 이 거대한 기획에 참여하게 되었을까? 왜 내가 참여해야만 할까? 그것은 선택의 문제가 아닌가? 그리고 내가 참여해야만 한다면, 관리자는 어디에 있는가? 나는 이에 관해 할 말이 있다. 관리자가 전혀 없는가? 나는 누구에게 불평해야 할까?" Søren Kierkegaard, *Fear and Trembling / Repetition*, ed. and trans. Howard V. Hong and Edna H. Hong (Princeton: Princeton University Press, 1983), 200.《공포와 전율 / 반복》(다산글방). 이반 카라마조프가 자신의 '차표'에 관해 했던 말과 비교해 보라. Fyodor Dostoevsky, *The Brothers Karamazov*, trans. Richard Pevear and Larissa Volokhonsky (New York: Farrar, Straus & Giroux, 2002), 245.《까라마조프 씨네 형제들》(열린책들).

14. 나는 Stephen Greenblatt, *The Swerve: How the World Became Modern* (New York: Norton, 2011)을 염두에 두고 이렇게 말했다.

15. William Faulkner, *Requiem for a Nun* (New York: Vintage, 1994), 73.

16. Katie Holten, "Stone Alphabet", *Emergence Magazine* 2 (2021): 20-21, https://emergencemagazine.org/gallery/stone-alphabet에서 읽을 수 있음.

17. *The Fractured Republic: Renewing America's Social Contract in the Age of*

Individualism (New York: Basic Books, 2016), *A Time to Build: From Family and Community to Congress and the Campus, How Recommitting to Our Institutions Can Revive the American Dream* (New York: Basic Books, 2020)과 같은 유벌 레빈Yuval Levin의 최근 저서를 보라.

18. Avett Brothers, "We Americans", *Closer Than Together* 수록곡, Republic/Universal, 2019. 허락을 받고 사용함.

19. Apsley Cherry‑Garrard, *The Worst Journey in the World: Antarctic, 1910-1913* (Guilford, CT: Lyons, 2004), 232.《돌아오지 않는 여행》(수문출판사).

20. 이런 식으로 마춰의 형식으로 과거와 관계를 맺는 또 다른 방식으로 향수를 드러내는 다른 방식을 꼽을 수 있다. '시원주의'에서는 선하고 참되고 아름다운 모든 것은, 그 기원이 교회의 첫 세기이든 공화국 미국의 건국기이든, '기원에서만' 찾을 수 있다고 단정한다. 그 기원과 우리의 현재 사이에 존재한 오랜 역사는 추락과 이탈로, 후대의 부흥을 통해서만 회복될 수 있는 긴 부재의—성령이나 진리, 당신이 가지고 있는 것이 부재한—시기로 서술된다. 어떤 의미에서 시원주의가 미국 복음주의 기본자세라고 말할 수 있으며, 이를 부흥 운동의 유산에서 확인할 수 있다. 이것은 공교회성과 정반대의 입장을 취한다.

21. Tyler Estep, "Roy Faulkner, the Man Who Carved Stone Mountain, Dead at 84", *Atlanta Journal-Constitution*, September 23, 2016, https://www.ajc.com/news/local/roy‑faulkner‑the‑man‑who‑carved‑stone‑mountain‑dead/Eq2sjhjPM1EwDpDYLi4W0L에서 재인용.

22. A. E. Stallings, "Summer of the Statue Storm", *Image* 106 (2020): 103-104.

23. Stallings, "Summer of the Statue Storm".

24. Richard H. Thaler and Cass R. Sunstein, *Nudge: Improving Decisions about Health, Wealth, and Happiness* (New York: Penguin, 2009), 139를 보라.《넛지》(리더스북).

25. Thomas Aquinas, *Summa Theologiae*, II-II, Q. 20, trans. Fathers of the English Dominican Province (New York: Benziger Bros., 1947), https://aquinas101.thomisticinstitute.org/st‑index에서 읽을 수 있음.

26. Matthew Aucoin, "A Dance to the Music of Death", *New York Review of Books*, May 13, 2021, 8, https://www.nybooks.com/articles/2021/05/13/thomas‑ades‑dance‑to‑the‑music‑of‑death에서 읽을 수 있음.

27. 예를 들어, 헤겔의 《정신현상학》 영어판 서문에 실린 핀들리J.N.Findlay 의 주장을 살펴보라. "기독교의 하나님은 본질적으로 구속의 하나님이 며, 헤겔 철학은 본질적으로 구속, 즉 승리하여 자아로 되돌아오는 자기 소외의 철학이다. 적어도 헤겔은 가장 위대한 기독교 신학자다."Findlay, foreword to *Phenomenology of Spirit*, by G. W. F. Hegel, trans. A. V. Miller (Oxford: Oxford University Press, 1977), xxvii. 이 주장을 확증하 는 동시에 더 복잡하게 만드는 분석으로는 Cyril O'Regan, *The Heterodox Hegel* (Albany, NY: SUNY Press, 1994)을 보라.

28. Charles Taylor, *Hegel* (Cambridge: Cambridge University Press, 1975), 68-69. 《헤겔》(그린비).

29. 이것이 헤겔의 *Elements of the Philosophy of Right*, trans. H. B. Nisbet, ed. Allen W. Wood (Cambridge: Cambridge University Press, 1991), 23에 부 치는 서문의 결론이다. 《법철학》(한길사).

30. Marilynne Robinson, *Gilead* (New York: Farrar, Straus & Giroux, 2004), 91. 《길리아드》(마로니에북스).

31. Hegel, *Elements of the Philosophy of Right*, 23.

32. Taylor, *Hegel*, 73.

33. Taylor, *Hegel*, 73.

34. Reinhold Niebuhr, *The Irony of American History* (1952), *Reinhold Niebuhr: Major Works in Religion and Politics*, ed. Elisabeth Sifton (New York: Library of America, 2015), 523.

35. Niebuhr, *Irony of American History*, 576.

36. Niebuhr, *Irony of American History*, 510.

37. Niebuhr, *Irony of American History*, 576.

38. Niebuhr, *Irony of American History*, 585.

39. Niebuhr, *Irony of American History*, 586. 1952년에 니버가 한 말은 공산주 의의 오만을 겨냥했지만 그의 분석은 오늘날에 더 광범위하게 적용될 수 있을 것이다.

40. Niebuhr, *Irony of American History*, 585.

41. Niebuhr, *Irony of American History*, 585.

42. Niebuhr, *Irony of American History*, 586.

43. Niebuhr, *Irony of American History*, 587.

2장 인간 마음의 역사

1. Barry Lopez, *Arctic Dreams: Imagination and Desire in a Northern Landscape* (1986; repr., New York: Vintage, 2001), 20. 《북극을 꿈꾸다: 빛과 얼음의 땅》(봄날의책).

2. Lopez, *Arctic Dreams*, 29.

3. Lopez, *Arctic Dreams*, 29.

4. Peter Wayne Moe, *Touching This Leviathan* (Corvallis: Oregon State University Press, 2021), 120.

5. Moe, *Touching This Leviathan*, 121.

6. Moe, *Touching This Leviathan*, 48.

7. Moe, *Touching This Leviathan*, 106, Kathleen Jamie, *Sightlines* (London: Sort of Books, 2012), 97를 인용함. 《시선들: 자연과 나눈 대화》(에이도스).

8. Thomas Wolfe, *You Can't Go Home Again* (New York: Scribner, 1934)을 보라. 《그대 다시는 고향에 못 가리》(청목).

9. Heidegger, *Being and Time*, trans. John Macquarrie and Edward Robinson (New York: Harper & Row, 1962), 183. 하이데거는 '주체'가 아니라 문자적으로 번역하면 '거기 있음'을 뜻하는 현존재*Dasein*를 인간을 묘사하는 용어로 사용한다. 인간은 자리 잡고 있음에 의해, 즉 언제나 시간과 장소의 교차 지점에 살아가는 유한한 피조물로서 독특하게 규정된다. 그런 취지에서 어쩌면 우리가 시간 안에 자리 잡고 있다고 말하기 위해 현존재를 '그때에 있음*Dannsein*'으로 설명할 수도 있을 것이다.

10. Martin Heidegger, *Being and Time*, trans. Joan Stambaugh (Albany, NY: SUNY Press, 1996), 135.

11. Heidegger, *Being and Time*, 135 (trans. Stambaugh, 약간 수정함). 나는 하이데거가 사용하는 현존재라는 용어를 1인칭 대명사 "나"로 바꾸었다.

12. Wendell Berry, "Manifesto: The Mad Farmer Liberation Front", *The Selected Poems of Wendell Berry* (Berkeley: Counterpoint, 1998), 87-88.

13. 나는 수치의 독특한 시간적 동학에 관해 말하고 있다. 더 충실한 논의로는 Brené Brown, *I Thought It Was Just Me (But It Isn't)* (New York: Avery, 2007), 특히 "수치심 회복탄력성"을 다룬 부분을 보라. 《수치심 권하는 사회》(가나출판사).

14. 고린도후서 12:1-10과 레너드 코헨Leonard Cohen의 노래 "Anthem"을 보라. *Leonard Cohen: Poems and Songs*, ed. Robert Faggen (New York:

Knopf, 1993), 188.

15. Brené Brown, *The Gifts of Imperfection: Let Go of Who You Think You're Supposed to Be and Embrace Who You Are* (Center City, MN: Hazelden, 2010)을 참고하라. 《불완전함의 선물: 자신이 바라는 인간상에서 벗어나 그대로의 자신을 받아들여라》(청하).

16. Nicholas Samaras, "Beloved Ghosts of Geography", *Image* 108 (2021): 91. 허락을 받고 수록함. 시인이 직접 낭독하는 시를 들으려면 https://imagejournal.org/article/beloved-ghosts-of-geography을 방문하라.

17. 나는 애팔래치아 산맥 출신 소설가 크리스탈 윌킨슨Crystal Wilkinson과의 인터뷰를 통해서 산코파에 관해 알게 되었다. "Go Back and Fetch It: A Conversation with Crystal Wilkinson", *Image* 108 (2021): 71, https://imagejournal.org/article/go-back-and-fetch-it-a-conversation-with-crystal-wilkinson에서 읽을 수 있음.

18. "마치 내가 한 번도 죄를 짓지 않은 것처럼"이라고 가르치는 기독교 수련회식의 '칭의'와 비교해 보라.

19. 이와 관련해 새로운 피조물을 전하는 사도 바울조차도 이전에 자신이 경험한 인격적 형성 과정을 근거로 자신이 하는 사역의 정당성을 주장한다는 점을 주목할 만한 가치가 있을 것이다(고후 11:21-30).

20. Christine Smallwood, *The Life of the Mind* (New York: Hogarth, 2020), 104-105.

21. Karl Ove Knausgaard, *Winter*, trans. Ingvild Burkey (New York: Penguin, 2018), 128.

22. 철학 애호가들을 위해 나는 하나님이 우리의 역사를 '취하신다'라는 이 개념을 헤겔의 핵심 용어인 동사 지양aufheben을 염두에 두고 사용했음을 밝혀 두고자 한다. 19세기부터 번역자들은 지양이라는 동사를 번역하는 데 애를 먹었다. 이 동사는 취소/보존/고양이라는 복합적인 움직임을 뜻하며, '가져가 버림'과 자기 것으로 만듦이라는 의미에서 '취함'을 뜻한다. 이 복합적인 동학이 바로 역사 안에서 이뤄지는 하나님의 구속 행위가 지닌 이상한 능력이다.

23. "Every Time I Hear That Song", words and music by Brandi Carlile, Phil Hanseroth, and Tim Hanseroth, Copyright © 2018 Universal Music Corp. and Southern Oracle Music, LLC, all rights administered by Universal Music Corp., all rights reserved, used by permission, reprinted by permission of Hal Leonard LLC.

24. Margaret Renkl, *Late Migrations: A Natural History of Love and Loss* (Minneapolis: Milkweed Editions, 2019), 217.

묵상 2

1. Annie Dillard, *For the Time Being* (New York: Vintage, 2000), 88.

3장 '카이로스'의 거룩한 접힘

1. Olivier Clément, *Transfiguring Time: Understanding Time in the Light of the Orthodox Tradition*, trans. Jeremy N. Ingpen (Hyde Park, NY: New City, 2019), 39.
2. Michael Scholz-Hänsel, *El Greco: Domenikos Theotokopoulos* (Los Angeles: Taschen, 2011), 51.《엘 그레코》(마로니에북스).
3. Gaspar de Crayer, *Virgin with Child and Saints Maria Magdalen, Cecilia, Dorothea, Catherina, and Augustine*, 1638, Kunsthistorisches Museum Wien, Vienna, Austria, https://www.khm.at/objektdb/detail/555.
4. Clément, *Transfiguring Time*, 46, 48-49.
5. Søren Kierkegaard, *Philosophical Fragments / Johannes Climacus*, ed. and trans. Howard V. Hong and Edna H. Hong (Princeton: Princeton University Press, 1985), 61.
6. Markus Bockmuehl, "Introduction: Watching Luke Paint the Virgin" 과 "The Wisdom of the Implied Exegete", *Seeing the Word: Refocusing New Testament Study* (Grand Rapids: Baker Academic, 2006), 13-25, 75-99를 참고하라.
7. Kierkegaard, *Philosophical Fragments*, 59.
8. Kierkegaard, *Philosophical Fragments*, 59-60.
9. Kierkegaard, *Philosophical Fragments*, 60.
10. Kierkegaard, *Philosophical Fragments*, 63.
11. Kierkegaard, *Philosophical Fragments*, 64-65.
12. Kierkegaard, *Philosophical Fragments*, 67.
13. Kierkegaard, *Philosophical Fragments*, 69.
14. Kierkegaard, *Philosophical Fragments*, 106.
15. Christine Smallwood, *The Life of the Mind* (New York: Hogarth, 2021),

13, 104.

16. Smallwood, *Life of the Mind*, 15.

17. Smallwood, *Life of the Mind*, 226.

18. Daniel Weidner, "Prophetic Criticism and the Rhetoric of Temporality: Paul Tillich's Kairos Texts and Weimar Intellectual Politics", *Political Theology* 21, nos. 1-2 (2020): 72.

19. Tomáš Halík, *I Want You to Be: On the God of Love*, trans. Gerald Turner (Notre Dame, IN: University of Notre Dame Press, 2016)을 참고하라. 이 책을 나에게 선물해 준 스티븐 퍼슬에게 감사드린다.

20. Søren Kierkegaard, *Repetition, Fear and Trembling/Repetition*, ed. and trans. Howard V. Hong and Edna H. Hong (Princeton: Princeton University Press, 1983), 148-149. 앞서 키르케고르는 '회상recollection'과 '반복repetition'을 대조함으로써 자신이 주장하는 바의 역설적 성격을 강조하고자 했다. "반복과 회상은 방향이 정반대라는 점을 제외하면 동일한 움직임이다. 회상하는 바는 존재해 왔으며 뒤로 반복되는 반면, 진정한 반복은 앞으로 회상된다"(131).

21. *A Theology of Liberation: History, Politics, Salvation*, rev. ed., trans. Sister Caridad Inda and John Eagleson (Maryknoll, NY: Orbis, 1988), 86-109에서 성육신을 창조의 "성취"라고 말하는 구스타보 구티에레스의 설명을 참고하라.

22. Robert Alter, *The Five Books of Moses: A Translation and Commentary* (New York: Norton, 2004), 872. 이 관점을 나에게 알려 준 비토 아이우토 Vito Aiuto에게 감사드린다.

23. 찰스 윌리엄스Charles Williams가 교회사를 다룬 자신의 책에 쓴 놀라운 헌사를 생각해 보라. "상호내재하는 동료들에게." Williams, *The Descent of the Dove: A Short History of the Holy Spirit in the Church* (New York: Longmans, Green, 1939).

24. Daniel Rosenberg, "Time", *Curiosity and Method: Ten Years of Cabinet Magazine* (New York: Cabinet Books, 2012), 398-399에서 재인용. 로젠버그의 글에는 탁월한 시각 자료, 연대표의 연대표가 첨부되어 있다.

25. Rosenberg, "Time", 399.

26. Henri Bergson, *Matter and Memory*, trans. N. M. Paul and W. S. Palmer (New York: Zone Books, 1988), 207. 《물질과 기억》(아카넷).

27. 지속 안에서 "융해"되는 시간이라는 베르그송의 개념에 관해서는 Henri

Bergson, *Creative Evolution* (Mineola, NY: Dover, 1998), 9–10를 보라. 《창조적 진화》(아카넷). 베르그송에 관한 흥미로운 논의로는 메트로폴리탄 미술관Metropolitan Museum of Art의 2020년 연례 전시회의 전시 도록에 실린 토머스 마틴Thomas Martin의 글 "On Time", *About Time: Fashion and Duration*, ed. Andrew Boulton (New Haven: Yale University Press, 2020), xx–xxi를 보라.

28. 이 단락에서 내가 요약한 역사는 Allen W. Palmer, "Negotiation and Resistance in Global Networks: The 1884 International Meridian Conference", *Mass Communication and Society* 5, no. 1 (2002): 7–24에 빚을 지고 있다.

29. Palmer, "Negotiation and Resistance in Global Networks", 13.

30. Lewis Mumford, *Technics and Civilization* (1934; repr., New York: Harcourt, Brace, 1963), 14. 《기술과 문명》(책세상).

31. Clair Wills, "Stepping Out", *New York Review of Books*, August 20, 2020, 4–5, https://www.nybooks.com/articles/2020/08/20/ stepping-out에서 읽을 수 있음. 이곳과 아래의 인용문은 모두 이 글에서 가져왔다.

4장 덧없음을 받아들이기

1. Margaret Renkl, "Our Days Have Always Been Running Out", *New York Times*, September 20, 2020, https://www.nytimes.com/2020/09/20/ opinion/our-days-have-always-been-running-out.html.

2. Charles Baudelaire, "The Painter of Modern Life", *The Painter of Modern Life, and Other Essays*, trans. Jonathan Mayne (New York: Phaidon, 1964), 13. 《현대의 삶을 그리는 화가》(은행나무). 계속해서 보들레르는 "덧없음, 변하기 쉬움, 우연성"은 근대주의에 관한 이야기의 절반에 그칠 뿐이다. "나머지 절반"은 "영원함과 변치 않음"이라고 그는 말한다(13).

3. 사실 이것은 내가 처음으로 쓴 책에서 했던 주장이다. *The Fall of Interpretation: Philosophical Foundations for a Creational Hermeneutic* (Downers Grove, IL: InterVarsity, 2000). 《해석의 타락》(대장간).

4. Sally Mann, *Hold Still* (New York: Little, Brown, 2015), 300–302.

5. The Nashville Sound, Southeastern Records / Thirty Tigers, 2017에 수록된 제이슨 이스벨Jason Isbell의 노래 〈우리가 뱀파이어라면If We Were

Vampires〉을 들어 보라.

6. Søren Kierkegaard, *Fear and Trembling / Repetition*, trans. Howard V. Hong and Edna H. Hong (Princeton: Princeton University Press, 1983), 41.

7. 이상하고 논쟁적일 수도 있지만 물질적이고 신체적인 예를 들어 보자. 부활하신 예수께서는 배고픔을 느끼고 음식을 드신다(눅 24:43, 요 21:12-15). 뿐만 아니라, 인류의 소망은 어린 양의 혼인 잔치를 위한 식탁에 앉는 것이다(계 19:9). 변화가 없다면 소화도 없고, 시간이 없었다면 변화가 없다.

8. Augustine, *Confessions* 11.20.26, trans. Henry Chadwick (Oxford: Oxford Classics, 1992), 235.

9. Augustine, *Confessions* 11.28.38 (trans. Chadwick, 243).

10. Augustine, *Confessions* 11.31.41 (trans. Chadwick, 245). 널리 인정되듯이 아우구스티누스는 궁극적으로 이런 확장을 유감스러운 일로, 우리가 타락했음을 말해 주는 표지로, 우리가 탈피하기를 바라야만 하는 무언가로 본다. 나는 이렇게 주장할 때 그가 아우구스티누스적이기보다 플라톤적이라고 생각한다. 이와 관련해 내가 아우구스티누스를 비판한 글로는 *The Fall of Interpretation: Philosophical Foundations for a Creational Hermeneutic*, 2nd ed. (Grand Rapids: Baker Academic, 2012), 154-156를 보라.

11. *Resounding Truth: Christian Wisdom in the World of Music* (Grand Rapids: Baker Academic, 2007), 163-176에 실린 올리비에 메시앙 Olivier Messiaen 의 〈시간의 종말을 위한 사중주 Quartet for the End of Time〉에 관한 제러미 벱비 Jeremy Begbie 의 논의를 참고하라. 또한 그의 중요한 저작인 Begbie, *Theology, Music and Time,* Cambridge Studies in Christian Doctrine 4 (Cambridge: Cambridge University Press, 2000)을 보라.

12. Peter J. Leithart, *Solomon among the Postmoderns* (Grand Rapids: Brazos, 2008), 66-68.

13. Robert Hudson, *The Poet and the Fly: Art, Nature, God, Mortality, and Other Elusive Mysteries* (Minneapolis: Broadleaf, 2020), 37. 그는 Kobayashi Issa, *The Spring of My Life and Selected Haiku,* trans. Sam Hamill (Boston: Shambhala, 1997), xii에 수록된 샘 해밀 Sam Hamill 의 소개 글을 인용한다.

14. Yoshida Kenkō, *Essays in Idleness: The Tsurezuregusa of Kenkō,* trans. and ed. Donald Keene (New York: Columbia University Press, 1967), 7.

15. The Nun Abutsu, "The First Order of Things: Feelings", trans. Hiroaki Sato, *The Bliss of Reading: 40 Years of Poetry East*, ed. Richard Jones (Chicago: Poetry East, 2020), 128.

16. Elizabeth Bishop, "One Art", *Poems* (New York: Farrar, Straus & Giroux, 2011), 198. Copyright © 2011 by The Alice H. Methfessel Trust. Publisher's Note and compilation copyright © 2011 by Farrar, Straus and Giroux. Reprinted by permission of Farrar, Straus and Giroux. All rights reserved. 〈한 가지 기술〉, 《시로 납치하다》(더숲) 중에서.

17. George Bradley, "Penicillin and the Anthropocene Apocalypse", Paris Review 237 (Summer 2021), https://www.theparisreview. org/poetry/7811/penicillin-and-the-anthropocene-apocalypse-george-bradley을 참고하라.

18. Augustine, *Confessions* 4.9.14 (trans. Chadwick, 61), 토비트 13:18을 인용함.

19. John Terpstra, *Skin Boat: Acts of Faith and Other Navigations* (Kentville, Nova Scotia: Gaspereau, 2009), 106.

20. Terpstra, *Skin Boat*, 19.

21. Augustine, *Of True Religion* 35.65, *Augustine: Earlier Writings*, trans. and ed. John H. S. Burleigh (Philadelphia: Westminster, 1953), 258. 《참된 종교》(분도출판사).

5장 마음의 계절

1. '시간 없음의 관점'에 관해서는 Jimena Canales, *The Physicist and the Philosopher: Einstein, Bergson, and the Debate That Changed Our Understanding of Time* (Princeton: Princeton University Press, 2015), 102-103를 보라.

2. Alice Waters, *We Are What We Eat: A Slow Food Manifesto* (New York: Penguin, 2021), 124-125.

3. Waters, *We Are What We Eat*, 125.

4. Waters, *We Are What We Eat*, 125.

5. Waters, *We Are What We Eat*, 122.

6. Waters, *We Are What We Eat*, 120.

7. Waters, *We Are What We Eat*, 125.

8. 들을 귀가 있는 이들은 〈매트릭스Matrix〉에 대한 암시를 알아차릴 수 있을 것이다.

9. Pope Francis, *Gaudete et exsultate* §166, Vatican, March 19, 2018, https://www.vatican.va/content/francesco/en/apost_exhortations/documents/papa-francesco_esortazione-ap_20180319_gaudete-et-exsultate.html.《기뻐하고 즐거워하여라》(한국천주교중앙협의회).

10. Pope Francis, *Gaudete et exsultate* §170.

11. Pope Francis, *Gaudete et exsultate* §169.

12. E. M. Forster, Spencer Reece, *All the Beauty Still Left: A Poet's Painted Book of Hours* (Brooklyn, NY: Turtle Point, 2021)에서 재인용(쪽수 표기 없음).

13. 모든 분별은 궁극적으로 공동체적인 분별이라고 말해야만 한다. 왜냐하면 나의 '개인적' 삶조차도 다른 이들과 얽혀 있기 때문이다. 나는 섬이 아니다.

14. 널리 읽힌 이 기사에서 그렇게 말했다. Adam Grant, "There's a Name for the Blah You're Feeling: It's Called Languishing", *New York Times*, April 19, 2021, https://www.nytimes.com/2021/04/19/well/mind/covid-mental-health-languishing.html.

15. Apsley Cherry-Garrard, *The Worst Journey in the World: Antarctic, 1910-1913** (Guilford, CT: Lyons, 2004), 115-116.

16. 헤아릴 수 없이 많은 다른 사건이 아니라 이 살해 사건이 마침내 촉매제가 되어야 했다는 사실은 그 자체로 역사의 신비다.

17. 우리는 부모보다는 나이가 더 많은 친구로부터 그런 지혜를 더 잘 받아들이는 이유에 관해 이야기해 볼 수 있다.

18. 예를 들어 Larry Diamond, "Democracy's Deepening Recession", *Atlantic*, May 2, 2014, https://www.theatlantic.com/international/archive/2014/05/the-deepening-recession-of-democracy/361591 을 보라.

19. 교황 프란치스코, 2018년 10월 3일 젊은이, 신앙과 성소 식별을 주제로 한 주교대의원회 개회식에서 행한 연설, https://www.vatican.va/content/francesco/en/speeches/2018/october/documents/papa-francesco_20181003_apertura-sinodo.html.

20. 교황 요한 23세, 1962년 10월 11일 제2차 바티칸 공의회 개회식에서 행한 연설, 교황 프란치스코, 2018년 10월 3일 젊은이, 신앙과 성소 식별을 주제로 한 주교대의원회 개막식에서 행한 연설, https://www.vatican.va/

content/francesco/en/speeches/2018/october/documents/papa-
francesco_20181003_apertura-sinodo.html에서 재인용.

21. Michel Foucault, "Nietzsche, Genealogy, History", *Language, Counter-
Memory, Practice: Selected Essays and Interviews*, trans. Donald F.
Bouchard and Sherry Simon (Ithaca, NY: Cornell University Press, 1977),
146.

22. Igor Levit, interview by Ari Shapiro, "Igor Levit: Tiny Desk Concert",
November 22, 2019, https://www.npr.org/transcripts/781276601.

23. 이에 관한 논의로는 Richard I. Sugarman, *Levinas and the Torah: A
Phenomenological Approach* (Albany, NY: SUNY Press, 2019)을 보라.

24. 관련된 논의로 Esau McCaulley, *Reading While Black: African American
Biblical Interpretation as an Exercise in Hope* (Downers Grove, IL:
InterVarsity, 2020)을 보라.《진리는 나의 집에 있었다: 흑인 그리스도인
의 삶과 성경 해석, 소망 연습》(IVP).

25. 필리스 트리블Phyllis Trible의 고전적 연구서 *Texts of Terror: Literary-
Feminist Readings of Biblical Narratives* (Philadelphia: Fortress, 1984)을
보라.《공포의 텍스트: 성서에 나타난 여성의 희생》(도서출판 100).

26. 윌다 개프니Wilda C. Gafney는 *Women's Lectionary for the Whole Church: A
Multi-Gospel Single-Year Lectionary* (New York: Church Publishing, 2021)
에서 그러한 읽기를 위한 영적 훈련을 제시한다. 나에게 이 책을 환기해 준
디애나 스미스Deanna Smith에게 감사드린다.

27. Rita Felski, *Hooked: Art and Attachment* (Chicago: University of Chicago
Press, 2020), 54-55, 75.

28. Felski, *Hooked*, 55, Daniel Cavicchi, *Tramps like Us: Music and Meaning
among Springsteen Fans* (Oxford: Oxford University Press, 1998)을 언급
한다.

29. Felski, *Hooked*, 58.

30. Marcel Proust, *Swann's Way*, trans. Lydia Davis (New York: Viking,
2002), 146.《스완네 쪽으로》(문예출판사).

31. Proust, *Swann's Way*, 146-147.

6장 시간보다 앞서 살아가지 않는 법에 관하여

1. David Hume, *Enquiries Concerning Human Understanding and*

Concerning the Principles of Morals, 3rd ed., ed. P. H. Nidditch (Oxford: Clarendon, 1975), 18. 《인간 오성의 탐구》(고려원).

2. Hume, *Enquiries Concerning Human Understanding*, 18-19.

3. 이러한 전망에 관한 고전적 논의로는 Richard J. Mouw, *When the Kings Come Marching In: Isaiah and the New Jerusalem*, rev. ed. (Grand Rapids: Eerdmans, 2002)을 보라. 《왕들이 입성하는 날: 이사야가 전망하는 하늘 나라》(SFC).

4. Barry Lopez, *Arctic Dreams: Imagination and Desire in a Northern Landscape* (1986; repr., New York: Vintage, 2001), 75.

5. Lopez, *Arctic Dreams*, 75.

6. Augustine, Letter 189.5, *Letters 156-210*, trans. Roland Teske, ed. Boniface Ramsey, *The Works of Saint Augustine* II/3 (Hyde Park, NY: New City, 2004), 261.

7. 2 Clement 6:3, 5-6, *The Apostolic Fathers*, 3rd ed., ed. and trans. Michael W. Holmes (Grand Rapids: Baker Academic, 2007), 145.

8. Gustavo Gutiérrez, *A Theology of Liberation: History, Politics, Salvation*, rev. ed., trans. Sister Caridad Inda and John Eagleson (Maryknoll, NY: Orbis Books, 1988), 124. 《해방신학》(분도출판사).

9. Gutiérrez, *Theology of Liberation*, 115.

10. 이에 관한 더 자세한 논의로는 *On the Road with Saint Augustine* (Grand Rapids: Brazos, 2019), 36-55에 실린 "난민의 영성"에 관한 나의 글을 보라. 《아우구스티누스와 함께 떠나는 여정: 불안한 영혼을 위한 현실 세계 영성》(비아토르).

11. Gutiérrez, *Theology of Liberation*, 132-133.

12. Edmund Husserl, *The Phenomenology of Internal Time-Consciousness*, trans. James S. Churchill (Bloomington: Indiana University Press, 2019), 23. 《에드문트 후설의 내적 시간의식의 현상학》(서광사).

13. Husserl, *Phenomenology of Internal Time-Consciousness*, 95.

14. Heidegger, *Being and Time*, trans. John Macquarrie and Edward Robinson (San Francisco: Harper & Row, 1962), 329. 《존재와 시간》(까치).

15. Heidegger, *Being and Time*, 373 (약간 수정하여 1인칭으로 서술함).

16. 하이데거가 말하듯이, "앞을 내다보는 결단은 실존이 행동을 취할 때 환경적으로 바로 활용할 수 있는 것에 용의주도하게 관심을 기울이는 방식으

로 '거기'의 현재 상황을 드러낸다."Heidegger, *Being and Time*, 373. 다시 말해서, 내가 부르심을 받은 미래에 대한 기대는 나의 현재 상황을 드러내고, 조명하며, 그것을 다른 틀에서 바라볼 수 있게 한다. 하지만 내가 미래를 향해 **행동할** 때만 그런 일이 일어난다.

17. Heidegger, *Being and Time*, 374.

18. Martin Heidegger, *The Phenomenology of Religious Life*, trans. Matthias Fritsch and Jennifer Anna Gosetti-Ferencei (Bloomington: Indiana University Press, 2004), 71-72 (약간 수정함).《종교적 삶의 현상학》(누멘).

19. Heidegger, *Phenomenology of Religious Life*, 72.

20. Heidegger, *Phenomenology of Religious Life*, 73.

21. 이런 주제에 관한 더 심층적인 탐구로는 James K. A. Smith, *Awaiting the King: Reforming Public Theology* (Grand Rapids: Baker Academic, 2017)을 보라.《왕을 기다리며》(IVP).

22. Augustine, *The City of God* 10.17, trans. Henry Bettenson (New York: Penguin, 1984), 397-398.

23. Augustine, *City of God* 1.28 (trans. Bettenson, 39).

24. Augustine, *City of God* 5.preface (trans. Bettenson, 179).

25. Augustine, *City of God* 5.12 (trans. Bettenson, 196).

26. 아우구스티누스는 참된 예배가 있는 곳에만 참된 정의가 있을 수 있다고 생각한다. 지상의 도성의 전초 기지인 이교 제국은 결코 참된 예배의 자리가 될 수 없으므로 절대로 참된 정의가 깃들 수 있는 집이 될 수 없다. 하지만 그렇다고 해서 아우구스티누스가 그 제국의 선을 인정하지 않은 것은 아니다. 그는 **상대적으로 말해** 제국의 선이 무정부 상태보다 더 낫다고 보았다. 이에 관한 논의는 *City of God* 19.21-25 (trans. Bettenson, 881-891)을 보라.

27. Jesse McCarthy, "Language and the Black Intellectual Tradition", *Who Will Pay Reparations on My Soul?* (New York: Liveright, 2021), 151.

28. McCarthy, "Notes on Trap", *Who Will Pay Reparations on My Soul?*, 131.

29. Martin Luther King Jr., "I Have a Dream", speech, August 28, 1963, Washington, DC, "Read Martin Luther King Jr.'s 'I Have a Dream' Speech in Its Entirety," NPR, updated January 14, 2022, https://www.npr.org/2010/01/18/122701268/i-have-a-dream-speech-in-its-entirety에서 들을 수 있음.

30. Oliver O'Donovan, *Desire of the Nations: Rediscovering the Roots of Political Theology* (Cambridge: Cambridge University Press, 1996), 151.

31. 이를 더 자세히 다룬 글로는 James K. A. Smith, "Faithful Compromise: The Lost Art of Brokered Effectiveness in Public Life", *Comment* (Spring 2014): 2-4를 보라.

32. O'Donovan, *Desire of the Nations*, 212.

33. 이 주제에 관한 더 자세한 논의는 Smith, *Awaiting the King*, 91-124를 보라.

34. Gutiérrez, *Theology of Liberation*, 125.

35. William Gibson, NPR's *Fresh Air*, 1993, Natasha Stagg, "Painting the End of the World", *Frieze*, April 20, 2021, https://www.frieze.com/article/natasha-stagg-chris-dorland에서 재인용.

36. 테리 이글턴Terry Eagleton이 지적하듯이, "전문적인 혹은 정식으로 인정받은 낙관주의자는 특정한 상황에 관해 낙천적으로 느낀다. 왜냐하면 그는 일반적으로 낙천적으로 느끼는 경향이 있기 때문이다." *Hope without Optimism* (Charlottesville: University of Virginia Press, 2015), 1. 계속해서 그는 그들의 공표하는 정치적 입장이 무엇이든 "낙관주의자들은 상서로운 미래에 대한 그들의 믿음이 현재가 본질적으로 건전하다는 믿음에 뿌리를 내리고 있기 때문에 보수주의자들"이라고 정확하게 지적한다(4).《낙관하지 않는 희망》(우물이있는집).

37. Eagleton, *Hope without Optimism*, 4.

38. Reinhold Niebuhr, *The Irony of American History* (1952), *Reinhold Niebuhr: Major Works in Religion and Politics*, ed. Elisabeth Sifton (New York: Library of America, 2015), 510.

39. Winn Collier, *A Burning in My Bones: The Authorized Biography of Eugene H. Peterson* (Colorado Springs: WaterBrook, 2021), 149에서 재인용.

40. Calvin Seerveld, "Ordinary Aesthetic Life: Humor, Tastes and 'Taking a Break'", Calvin Seerveld, *Normative Aesthetics: Sundry Writings and Occasional Lectures*, ed. John H. Kok (Sioux Center, IA: Dordt College Press, 2014), 121.

41. Marilynne Robinson, *The Givenness of Things: Essays* (New York: Farrar, Straus & Giroux, 2015), 125.

후기

1. Olivier Clément, *Transfiguring Time: Understanding Time in the Light of the Orthodox Tradition*, trans. Jeremy N. Ingpen (Hyde Park, NY: New City, 2019), 79.

2. Augustine, *Confessions* 9.3.6, trans. Henry Chadwick (Oxford: Oxford University Press, 1992), 159.

옮긴이 박세혁

서울대학교 서양사학과를 졸업하고 연세대학교와 에모리대학교에서 신학을, GTU(Graduate Theological Union)에서 미국 종교사를 공부했다. 옮긴 책으로는 제임스 스미스의 《습관이 영성이다》, 《아우구스티누스와 함께 떠나는 여정》과 "문화적 예전" 시리즈 《하나님 나라를 욕망하라》, 《하나님 나라를 상상하라》, 《왕을 기다리며》를 비롯하여 《바울의 발자취를 따라》, 《예수의 발자취를 따라》, 《천상에 참여하다》, 《말씀 아래서 드리는 예배》, 《배제와 포용》 등 다수가 있다.

시간 안에서 사는 법

제임스 스미스 지음 | 박세혁 옮김

2024년 6월 13일 초판 1쇄 발행

펴낸이 김도완
등록 제2021-000048호
　　　(2017년 2월 1일)
전화 02-929-1732
전자우편 viator@homoviator.co.kr

펴낸곳 비아토르
주소 서울시 종로구 삼일대로 428, 500-26호
　　　(우편번호 03140)
팩스 02-928-4229

편집 이지혜
제작 제이오

디자인 김진성
인쇄 (주)민언프린팅

제본 다온바인텍

ISBN 979-11-91851-97-7 03230

저작권자 ⓒ 비아토르, 2024